LES NOUVEAUX ENFANTS DU SIÈCLE

ALEXANDRE DEVECCHIO

LES NOUVEAUX ENFANTS DU SIÈCLE

Djihadistes, identitaires, réacs :
enquête sur une génération fracturée

LES ÉDITIONS DU CERF

© *Les Éditions du Cerf*, 2024
www.editionsducerf.fr
24, rue des Tanneries
75013 Paris

ISBN 978-2-204-16537-2

*À mes grands-pères, Mario et João,
sans qui je n'aurais pas eu la chance
de devenir français.*

DIX ANS APRÈS

« C'était la première fois qu'un journaliste me proposait de déjeuner », devait-il m'avouer une décennie plus tard. En 2014, lors de notre première rencontre, Jordan Bardella était encore un tout jeune homme occupant des fonctions subalternes au sein du Front national dont Jean-Marie Le Pen restait le président d'honneur. Ce jour-là, cependant, il ne paraissait pas le moins du monde intimidé. S'exprimant avec une assurance peu commune pour ses 18 ans, il était convaincu que l'avenir appartenait à sa mouvance et qu'il jouerait un rôle dans cet essor. Bluffé par son culot et sa maturité, je brossais son portrait dans le présent ouvrage en « Rastignac du nouveau millénaire ». Comme le célèbre personnage de Balzac, il venait d'un milieu modeste et je pressentais qu'il connaîtrait une ascension fulgurante. Bien sûr, je ne pouvais imaginer qu'en moins de dix ans il prendrait la tête du Rassemblement national, lequel serait devenu entretemps le premier parti de France. Mais je devinais qu'il ne resterait pas longtemps inconnu et je vis immédiatement en lui le symbole d'une recomposition générationnelle en marche.

Avec des parents immigrés et un prénom de série américaine, Bardella ne ressemblait guère au cliché du jeune militant FN que les médias aimaient alors à portraiturer. Je comprenais d'autant mieux d'où il venait que son parcours m'était familier. Comme moi, il avait des origines italiennes. Comme moi il venait du 9.3. À quelques années d'écart, nous avions fréquenté le même collège à Saint-Denis. À l'instar de tout jeune ayant grandi dans une cité, il avait été témoin de la violence urbaine. Confronté à l'insécurité physique et culturelle, il avait été obligé de baisser la tête. Bardella n'était pas le rejeton d'une idéologie, mais l'enfant de la banlieue. Il s'exprimait non pas avec l'accent pointu de la bourgeoisie d'ultradroite, mais parlait la langue des classes populaires. Il n'était pas le nom de la bête immonde mais le fruit de l'inquiétude de ces Français, de toutes origines, qui ne reconnaissaient plus la France et se sentaient désormais étrangers dans leur propre pays.

Pour les besoins de mon enquête, je rencontrais et j'interrogeais également Marion Le Pen (celle que je qualifiais de « Daniel Cohn-Bendit du mai 1968 conservateur » n'avait pas encore pris le nom de Maréchal), mais aussi François Xavier-Bellamy ou encore une certaine Sarah Knafo. Si la première d'entre eux était à l'époque la plus jeune députée de France et bénéficiait d'une réelle notoriété liée à son patronyme, les deux autres étaient de quasi-inconnus. Parallèlement à son poste d'enseignant en philosophie dans un lycée sensible, François-Xavier Bellamy avait certes entamé une carrière politique, quoique discrète, en tant qu'adjoint au maire de Versailles. Qui, alors, aurait pu anticiper qu'un jour ce jeune normalien, proche de la Manif pour tous, serait tête de liste LR aux élections européennes ? Sarah Knafo, elle aussi enfant de la banlieue, était étudiante à Sciences Po et animait une association souverainiste nommée Critique de la Raison européenne. « En tant que Française israélite je me reconnais dans le parcours d'assimilation d'Éric Zemmour », m'avait-elle confié sans savoir que celui-ci serait candidat à la présidentielle et qu'elle deviendrait à la fois sa conseillère et sa compagne. Là encore je ne pouvais imaginer le destin de ces trois-là mais, comme Bardella, ils m'apparaissaient représentatifs d'une génération émergente dont je pressentais qu'elle serait l'antithèse de celle des *boomers*.

Dix ans après, alors que les élections européennes de juin 2024 devaient achever de les arrimer et pour longtemps à la scène politique, le Cerf a cru bon de rééditer un essai qui a dix ans lui aussi et que Jean-François Colosimo avait alors accueilli. Sans doute parce que cet ouvrage permet d'éclairer un peu les causes de leur ascension et, plus largement, de la reconfiguration politique actuelle. Pour le comprendre, il faut toutefois s'extraire des anciennes catégories et des procès en sorcellerie. Leurs références intellectuelles ne sont ni Marx, ni Maurras mais bien Houellebecq ou Guilluy. Comme il le rappelle dans un entretien au magazine *Causeur*, Bardella appartient à « la génération rue des Canettes » : tous les samedis soir, se retrouvaient dans cette petite rue du 6e arrondissement de Paris, les jeunes étudiants de la Droite populaire, de Debout la France et autres groupes souverainistes. « On a grandi dans le même bain intellectuel, en lisant Onfray, Michéa, Buisson, explique-t-il. Et aussi, il faut bien le dire, Zemmour qu'en plus on regardait dans *On n'est pas couché.* »

Malgré les différences sociologiques ou idéologiques qui les séparent, Bardella, Bellamy, Maréchal, Knafo sont avant tout les fils et les filles de leur temps. Tous sont nés entre l'agonie du communisme et l'apparition du djihadisme. Leur monde devait être celui de la fin de l'histoire et de la mondialisation heureuse. Il fut au contraire marqué par le retour du tragique. Si les soixante-huitards et leurs descendants sont les pupilles des Trente Glorieuses, la génération des nouveaux enfants du siècle n'est pas seulement celle des réseaux sociaux, mais aussi du choc des civilisations et de la dépression économique, de l'identité malheureuse et du réchauffement climatique.

Leur imaginaire a été façonné par la crise, des attentats du 11 septembre 2001 à New York aux attentats de 2015 à Paris en passant par les émeutes de 2005 dans les banlieues françaises. Bardella lui-même dit se souvenir « comme si c'était hier » de s'être senti chaque fois « au cœur du réacteur », décrivant ici « les voitures calcinées au bas de l'immeuble, les cris, les tirs de mortier le soir », là « le réveil à quatre heures par l'hélicoptère qui tournait au-dessus de Saint-Denis avec le projecteur ». Les casseurs encapuchés, les voitures incendiées, les policiers caillassés de 2005 sont restés dans la mémoire des plus jeunes qui, en se rendant à l'école, se retrouvèrent alors en première ligne, particulièrement ceux issus des classes populaires et appelés à se construire en réaction à cette fureur. Laquelle, comme l'a montré Gilles Kepel, annonçait la radicalisation religieuse d'une partie des cités.

Si *Les Nouveaux enfants du siècle* conserve aujourd'hui une modeste utilité, c'est parce que j'y explorais, parallèlement à la genèse d'une génération dite « réac », la sécession d'une jeunesse islamisée en rupture avec la culture française. Jeunesse que j'avais surnommée « génération Dieudonné » et que l'on pourrait qualifier aujourd'hui de « génération Médine », du nom de ce rappeur qui se définit lui-même comme « islamo-caillera » et qui a été l'invité vedette des universités d'été de La France insoumise et d'Europe Écologie Les Verts. Au-delà des cas extrêmes constitués par les djihadistes que je tentais d'analyser, j'observais un phénomène de désintégration et de partition plus large. Bien que le concept de wokisme ne fût point encore à la mode et que LFI n'existât que dans les limbes, je montrais comment ce phénomène était alimenté par une gauche communautariste qui, sous couvert d'antiracisme, flirtait avec l'antisémitisme. Une gauche susceptible de rassembler les jeunesses des centres-villes gentrifiés et des banlieues islamisées. Autant d'analyses confirmées par les évolutions de ces dix dernières années, encore plus depuis le pogrom commis par le Hamas le 7 octobre 2023 et ses répercussions dans notre pays.

Rétrospectivement, ce livre peut se lire comme une plongée dans l'imaginaire français jusqu'aux sources mêmes des fractures actuelles. La conclusion laissait présager des lendemains chaotiques. J'y annonçais notamment l'effacement des partis traditionnels et du clivage entre la droite et la gauche au profit de nouveaux mouvements et de nouveaux antagonismes fondés sur des enjeux économiques et sociaux, mais aussi identitaires, communautaires, confessionnels. Dix ans après, il apparaît que la recomposition ne fait que commencer et que la confrontation entre la génération « réac » et la génération « woke » pourrait dominer le mitan du XXIe siècle.

C'est toute la situation paradoxale et, à terme, la position intenable d'Emmanuel Macron. Le plus jeune président de la Ve République n'a jamais été pour autant le président des jeunes et il ressort toujours plus comme le représentant du vieux monde dont il a rassemblé les barbons politiques de centre gauche et de centre droit. Ainsi que le montrent les enquêtes, si seuls les 18-34 ans avaient voté au premier tour en 2017 et en 2022, il ne se serait pas qualifié pour le second qui, par deux fois, aurait opposé Marine Le Pen et Jean-Luc Mélenchon.

Les études sur les élections européennes de juin 2024 dessinent la même tendance. Selon un sondage IFOP, Jordan Bardella, qui pèse un million d'abonnés sur TikTok, récolterait 27 % chez les 18-24 ans et 33 % chez les 25-34 ans, ce taux de progression dépassant sa dynamique nationale et laissant présager une inscription durable dans le paysage politique. Or, la liste du camp présidentiel est créditée de seulement 7 % d'intentions de vote auprès des 18-35 ans, signe à l'inverse d'un décrochage prévisible du bloc central. Cette désaffection profite notamment à Raphaël Glucksmann qui récupère également une partie des électeurs de Jean-Luc Mélenchon, mais les plus âgés d'entre eux. Certes, il n'est pas certain que le comportement électoral de ces jeunesses s'ancre dans le temps. Mais, pour elles, la ligne de partage se situe désormais entre la droite souverainiste du Rassemblement national et la gauche communautariste de La France insoumise.

Doit-on mettre un signe d'égalité entre jeunesse « woke » et jeunesse « réac » ? Il y a dix ans, je refusais de céder à cette facilité. Je n'ai pas changé d'avis. Les « woke » sont dans une logique de déconstruction, voire de destruction. Ils entendent dissoudre les structures anciennes des sociétés occidentales, qu'ils jugent racistes et patriarcales, pour faire émerger un nouveau monde qu'ils présentent comme plus inclusif, quitte pour cela à nouer alliance avec un islamisme et un antisémitisme meurtriers. Les « réacs » sont au contraire dans une logique de conservation et de refondation. Certes, une minorité d'entre eux peut céder à un certain essentialisme ou se complaire dans une posture folklorique, mais pour la plupart ils n'aspirent qu'à défendre pacifiquement un héritage social et culturel auquel ils sont attachés et dans lequel ils voient un bien commun. Dès lors, les renvoyer dos à dos m'apparaît comme une forme d'amalgame ou, plus précisément, de déni de réalité.

Pour autant, si le débat devait se cristalliser autour d'enjeux purement identitaires, ce ne serait pas une bonne nouvelle. D'abord parce que sur fond de mondialisation malheureuse, comme l'ont récemment montré le mouvement des gilets jaunes ou celui des agriculteurs, les problèmes économiques ou sociaux s'avèrent impératifs et ne doivent pas être éludés. Ensuite parce que les conflits matériels sont plus aisément surmontables que les conflits symboliques, la recherche d'un compromis sur des questions considérées comme substantielles se révélant souvent impossible. Enfin, parce que le risque ressort démesuré qu'une société tout entière en vienne à se décomposer sous l'affrontement de factions irréconciliables.

Il y a dix ans, dans le sombre tableau que je dressais, je laissais cependant entrevoir une lueur d'espoir. Si la génération « réac » et la génération « woke » semblent s'opposer en tout, elles ont néanmoins pour héritage commun le vide spirituel engendré par l'effondrement des utopies et le bond de la globalisation marchande. Ces deux jeunesses demeurent liées par leur recherche de sens. Elles partagent un même besoin d'idéal et de récit, d'autorité et de verticalité. Elles sont unies, malgré elles, par la quête d'une appartenance d'ordre non pas seulement ethnique ou communautaire, mais aussi métaphysique et existentiel. Dépasser les identités particulières pour s'arrimer à plus grand, trouver une matrice commune suffisamment puissante pour éviter que la France ne se défasse, tel est le défi des nouveaux enfants du siècle.

A.D.
Paris, avril 2024.

Introduction

LA FIN DE « LA FIN DE L'HISTOIRE »

« Tout ce qui était n'est plus ; tout ce qui sera n'est pas encore. Ne cherchez pas ailleurs le secret de nos maux », écrit Alfred de Musset dans *La Confession d'un enfant du siècle*. Depuis les Temps modernes, chaque âge doit recommencer la chronique de sa jeunesse désespérée, en quête de sens, d'engagement et d'absolu. Mais le monde est toujours plus désenchanté et au dandysme d'avant-hier, au militantisme d'hier, s'est substitué le « radicalisme » d'aujourd'hui. L'image a supplanté l'écrit et quel poète saurait trouver les mots pour dire la peine à vivre de la présente génération ? Pour raconter la destinée de ce gosse anonyme ayant grandi comme tant d'autres dans une famille sans histoire, au sein d'une région coutumière de la France de toujours ? De ce gamin de l'école républicaine ayant fait sa première communion, puis sa profession de foi à l'église du village ? De ce minot du bocage normand que les filles du coin, à la suite de sa petite sœur, surnommaient Lalou ? Ce fut sur leurs écrans de télévision que, le 16 novembre 2014, les trois mille habitants de Bosc-Roger-en-Roumois découvrirent que l'enfant du pays était parti au Levant pour y devenir djihadiste, que Maxime Hauchard, 24 ans, se nommait désormais Abou Abdallah al-Faransi, « le Français », et que les vidéos de propagande de l'État islamique le montraient, couteau à la main, parmi les bourreaux de dix-huit soldats syriens et de l'otage américain Peter Kassig lors d'une décapitation rituelle. Vertige.

Pour autant, de siècle en siècle à la suite des Lumières, la dérive renouvelée des descendants ne cesse de faire écho au mal-être originel des précurseurs. Persiste une même soif d'idéal, un identique désir de conversion sans retour à une croyance qui donnerait sens à l'existence, qui permettrait de refaire corps, de surmonter le gouffre du nihilisme. Aux pôles extrêmes du spectre, domine certes l'abolition de soi, le fanatisme ou le suicide. Mais dans l'entre-deux se presse désormais une foule multiforme composée des beurs et blacks des territoires perdus arborant en adeptes du salafisme la bannière coranique, des petits blancs des zones pavillonnaires saluant dans chaque victoire électorale du Front national un acte de reconquête, des étudiants bon genre de province réclamant à coups de manifestations inédites le retour aux valeurs traditionnelles. Bien que tout les oppose, ils forment une seule et même génération. C'est sur elle que se penche le présent essai car ses fractures reflètent celles de la société française et présentent, en miroir, la menace d'éclatement qui pèse sur son avenir.

Qu'ont en commun ces jeunes, toutefois ? Quand les rejetons de l'identité ne jurent que par la nation au nom de l'héritage et de la filiation, les surgeons de l'immigration revendiquent un ailleurs fantasmé et une allégeance lointaine. Quand les identitaires sacralisent le sol, les chrétiens et autres croyants lèvent les yeux vers le ciel, leur ultime patrie. Quand les catholiques charismatiques lisent dans l'Évangile qu'il faut tendre l'autre joue, les musulmans fondamentalistes retiennent du Coran les versets qui justifient le recours au cimeterre. Quand les Veilleurs manifestent silencieusement devant l'Assemblée nationale pour défendre la vie, les Takfiristes s'abîment dans la pulsion de mort et se livrent au carnage des Terrasses. Aucun signe d'égalité n'est de mise ici, n'en déplaise aux classes dirigeantes qui en avancent volontiers l'hypothèse pour mieux se maintenir au pouvoir. Elles ont néanmoins raison de s'inquiéter non pas d'un front commun mais d'une éruption générale car, précisément, ces jeunesses ont en partage aversion, colère et rage à l'encontre de leurs grands aînés, les rebellocrates de Mai 68 décidés à ne laisser pour seul héritage qu'un monceau de non-sens métaphysiques, d'errances morales et de dettes économiques ou environnementales.

Tous ont de fait en commun d'avoir une vingtaine d'années et d'être nés à la fin du XXe siècle. Le mur de Berlin venait de chuter, les totalitarismes promettaient d'être cantonnés au devoir de mémoire et le traité de Maastricht allait être signé. Francis Fukuyama pronostiquait la fin de l'histoire et la mondialisation heureuse devait inaugurer une ère infinie de paix et de prospérité. Dans la vieille Europe particulièrement, porteuse du souvenir de Verdun, d'Auschwitz et du Goulag, la nouvelle génération était appelée à se constituer en avant-garde d'une humanité à jamais plurielle, métissée et festive, en pionniers du culte planétaire du vivre-ensemble, de la consommation et des technologies de masse.

Le scénario ne s'est pas déroulé comme prévu : le progrès social a cédé la place à la crise économique ; la promesse multiculturaliste a débouché sur le choc des civilisations ; l'Europe des normes et du marché a creusé le vide laissé par l'effacement des nations et des systèmes. À l'empire du bien a succédé l'empire du rien. Seule la jeunesse des beaux quartiers, voguant d'aéroport en aéroport, communicant par tablettes interposées, servant sans états d'âme les trusts transfrontaliers, a fait sienne cet univers hors-sol. Les autres jeunesses ont subi diversement le rouleau compresseur du déracinement et de la désintégration, mais c'est unanimement qu'elles pensent avoir raison de se révolter.

Ce retournement, beaucoup ne se l'expliquent pas, à l'instar du maire de Bosc-Roger-en-Roumois, la commune dont est originaire Maxime Hauchard, invoquant que « chez nous la jeunesse n'est pourtant pas désœuvrée : il y a le basket, le judo, le karaté ».

Hélas, un club ne fait pas communion et le sport ne suffit pas à fortifier l'âme. Pas plus que l'ouverture des supermarchés le dimanche et la distribution de smartphones à bas prix ne permettront d'éteindre le feu qui couve. « Le désert des valeurs fait sortir les couteaux », selon la formule de Régis Debray après les attentats de janvier 2015 contre *Charlie Hebdo* et l'Hyper Cacher.

Que s'est-il passé ? Lorsqu'en 1836, Alfred de Musset publia son roman autobiographique, il instruisit le testament de tout un siècle qui avait commencé avec la Révolution française en 1789 et s'était achevé avec la défaite puis la mort, en 1821, de celui qui s'était rêvé l'Empereur du monde, Napoléon Bonaparte. De ce siècle qui avait promulgué la religion du progrès, il ne resterait pour longtemps que des enfants héritiers de la foi positive en un devenir historique nécessairement radieux. Notre siècle, au contraire, ne fait que commencer, non pas parce qu'il vient de s'ouvrir mais parce que nul ne peut dire sur quoi il a ouvert. Si ce n'est, unique certitude, que l'idéologie progressiste connaît sous nos yeux la plus convulsive des agonies.

Avec les attentats qui ont ravagé la France, l'histoire pleine de bruit et de fureur a frappé de nouveau à la porte. La sidération que causent ces entreprises mortifères vient de ce qu'elles concentrent, sur le mode de la terreur, les enjeux et les angoisses de notre époque prise entre flux migratoires, effondrements culturels, impuissances politiques et réveils ethniques, religieux ou communautaires. Le grand Vendredi annoncé par

Hegel est advenu, mais en lieu et place du couronnement dialectique annoncé, il a consisté en cet infernal 13 novembre 2015 qui a marqué, comme l'a écrit Alain Finkielkraut, « la fin de la fin de l'Histoire ». En assassinant Cabu et l'Oncle Bernard, les frères Kouachi ont voulu éradiquer la part voltairienne et libertaire de l'esprit français. Mais le Bataclan restera comme le tragique tombeau de la génération soixante-huitarde. Daniel Cohn-Bendit et ses camarades rêvaient d'une société où il serait interdit d'interdire et où l'on jouirait sans entraves. Leur progéniture a payé du prix du sang la facture de leur utopie.

Les habitués de La Bonne Bière, de La Belle Équipe et autres troquets de ce carré de l'insouciance qu'est devenu le 11ᵉ arrondissement de Paris, naguère faubourien et manufacturier, participaient de cette jeunesse bienveillante qui, quelques mois plus tôt, avait cru que badges, slogans et marches blanches suffiraient à congédier les ombres maléfiques du présent. Cette même jeunesse qui, en une nuit d'épouvante, a découvert de la plus cruelle des façons que le monde en marche écrase indistinctement les êtres, les existences et les destinées. Par une volonté d'exorcisme en forme de déni, le surlendemain du drame, *Libération*, le journal fétiche des adolescents refusant de grandir, exaltait la « génération Bataclan » qui « ouverte, cosmopolite, tolérante », quoique née dans le sang et les larmes, ne manquerait pas d'incarner une « nouvelle génération morale », de se rallier au mot d'ordre « Je suis terrasse » et de résister à la barbarie un verre de mojito dans une main, une marguerite fanée dans l'autre.

Ce n'était pas seulement mentir pour faire œuvre d'idéologie plutôt que de journalisme. C'était surtout oublier que les bourreaux des attentats de Paris étaient dans la fleur de l'âge comme leurs victimes, qu'ils appartenaient à la même génération et que ce n'est pas là le moindre aspect glaçant de ce drame incommensurable : « J'ai pu regarder l'un des assaillants, il m'a semblé très jeune, c'est ce qui m'a tout de suite frappé. Ce visage juvénile, extrêmement déterminé », témoignera Julien Pearce, journaliste à Europe 1 et présent dans la salle de concert lors de cette ordalie.

La globalisation soustrait la tragédie de la nouvelle génération aux règles classiques : elle fragmente l'unité d'action, de temps, mais aussi de lieu. La République n'est plus indivisible jusque dans ses territoires. Le 13 novembre 2015, le mal a trouvé un puissant relais dans les quartiers délabrés de la banlieue à quelques kilomètres à vol d'oiseau des quartiers branchés de la capitale. Une jeunesse plutôt défavorisée et enfiévrée par l'islamisme a visé une jeunesse plutôt privilégiée et assoupie par l'hédonisme. Néanmoins, l'arrière-pays dont elle a surgi est lui-même fragmenté. Une autre jeunesse y gronde, paupérisée, qui se considère punie de n'être pas assez aisée pour vivre à l'abri protecteur des métropoles, d'être condamnée à la relégation dans des villes dortoirs où les barres de béton encerclent les ensembles pavillonnaires, d'être la première victime de l'insécurité physique et culturelle liée à l'immigration. Enfin, une troisième jeunesse, guère mieux nantie, souvent de confession catholique et plus largement d'inspiration traditionnelle, occupe une ultime marge, celle des zones vertes, urbaines ou rurales dont la paix apparente n'empêche pas qu'elle se sente également méprisée dans son être et ses valeurs. Bien avant Charlie et l'explosion de nos géographies mentales, la géographie physique de la France a été diffractée. La nouveauté tient à ce que ces enfants des périphéries convergent désormais vers le centre pour y demander des comptes.

Aussi, s'il faut lui trouver un nom, cette génération apparaît-elle celle de l'identité malheureuse, à l'instar du malaise français mais dont elle offrirait de surcroît l'image d'un futur irrémédiablement fracturé. Or, elle pourrait aussi bien être, demain, celle du sursaut après le chaos, de la sagesse retrouvée de la limite après la folle tentation de l'illimitation, du retour de la nation, de la démarcation, de l'universalité concrète en créditant le sens de faire sens. Le délire meurtrier des djihadistes, en effet, n'a pas seulement emporté sur son passage des vies, des corps et des âmes, mais également le monde d'hier.

François Hollande l'aurait-il pressenti confusément ? Quelques heures après le carnage, le fils spirituel de l'européiste Jacques Delors fermait les frontières sans demander la permission à Madame Merkel ou Monsieur Juncker. Un peu plus tard, le promoteur du social-libéralisme, si indifférent par nature à la symbolique de l'État, invitait les Français à accrocher un drapeau bleu-blanc-rouge aux fenêtres. Quelques jours encore et le président de la gauche bobo proposait aux parlementaires de déchoir les terroristes de leur nationalité. Un élan patriotique qui a fait long feu, mais qui laisse supposer un plus vaste retournement. Ce que n'ont pas manqué de noter Jean-Pierre Chevènement et Jacques Sapir, derniers oracles de la gauche républicaine, en évoquant « un moment souverainiste », « une nouvelle ère idéologique » où la notion « d'autorité » reprend « signification ».

« C'est pour la jeunesse de notre pays que je veux présider la France. Si je reçois le mandat du pays d'être le prochain président, je ne veux être jugé que sur un seul objectif [...] : est-ce que les jeunes vivront mieux en 2017 qu'en 2012 ? » avait déclaré le candidat Hollande lors de son discours du Bourget. Sans doute n'imaginait-il pas l'effroyable scénario qui suivrait. Sans doute pensait-il tout au contraire que cette génération « trahie, sacrifiée, abandonnée » lui serait facilement acquise puisque ses aînés, depuis Mai 68, avaient toujours choisi le « camp du bien » : contre Giscard en 1981, contre le racisme en 1983, contre Juppé en 1995, contre Jean-Marie Le Pen en 2002, et contre toutes les tentatives de réforme de l'Éducation nationale entre-temps. Sans doute n'avait-il pas perçu le grand basculement idéologique dont les premiers signes étaient apparus dès 2005.

Deux événements majeurs contribuèrent cette année-là à former et déterminer la génération de la fracture. Le premier fut le référendum sur le Traité constitutionnel européen en mai 2005 qui fit voler en éclats l'antique division entre la droite et la gauche au profit du clivage entre la France du Oui et la France du Non, les gagnants de la globalisation et les perdants de la mondialisation, les partisans des frontières nationales et les apôtres du village planétaire. En octobre, la banlieue brûla à la suite de la mort accidentelle de deux adolescents dans un transformateur électrique alors qu'ils cherchaient à éviter un contrôle de police et l'incendie gagna avec son cortège de casseurs encagoulés, de voitures calcinées, de forces de l'ordre caillassées. Pour les commentateurs d'alors, aveuglés par leur prisme politique dépassé, l'opposition à l'Europe était un facteur résiduel et les émeutes sociales dans leur essence. Ils s'entêtèrent à perpétuer le schéma binaire de la Guerre froide dont la guerre d'Algérie fut un épisode, passant ainsi à côté des nouveaux conflits idéologiques. Ils ne virent pas la double brèche ouvrant à des zones de rébellion et dans laquelle allaient s'engouffrer le vote protestataire et l'islamisation radicale de jeunes tous étrangers à ce passé d'ores et déjà hostiles les uns aux autres.

L'illusion de l'avenir se survivant en dépit de l'évidence, la fondation Terra Nova, proche du Parti socialiste, estimera dans son rapport controversé *Gauche, quelle majorité électorale pour 2012 ?* que la jeunesse reste un indispensable levier dans la conquête de l'Élysée car elle est la dépositaire naturelle des « valeurs progressistes ». Ce que contestera Olivier Vial, président de l'Union nationale interuniversitaire, organisation étudiante proche de la droite, dans une étude contradictoire, elle aussi publiée en vue de la présidentielle : « Il a existé durant des décennies de forts clivages entre les jeunes et leurs aînés sur certaines valeurs comme la famille, l'autorité, le sentiment national. Ces clivages s'estompent. Les valeurs des jeunes ont changé, elles se sont rapprochées de celles de la droite. » Mieux, là où la jeunesse accordait habituellement une prime de près de dix points au candidat de la gauche par rapport à la moyenne des Français, « l'évolution du vote des jeunes suit sensiblement la même pente que celui des ouvriers qui, après avoir été un électorat captif de la gauche, est aujourd'hui de plus en plus éclaté et pour une part séduit par le vote Front national ». En 2012, pour ce qui est des 18-24 ans, François Hollande arrive certes en tête avec 29 % des suffrages exprimés, mais Nicolas Sarkozy obtient 27 % et Marine Le Pen 18 %, chiffres homothétiques à leur score national et surtout meilleurs que les précédents. De surcroît, François Hollande ne l'emporte massivement que parmi les jeunes des banlieues, mais davantage par le rejet de son concurrent qu'en vertu d'une adhésion à sa personne ou à son programme, par ailleurs peu notable sur les autres segments.

Le tournant qui s'annonce a pour héraut Hordalf Xyr, blogueur dont l'avis de rupture avec la gauche est alors partagé des dizaines de milliers de fois sur les réseaux sociaux au point que *Rue 89* en vient à le republier tandis que *Atlantico* demande à Jean-François Kahn de le décrypter. Issu d'une famille traditionnellement socialiste, âgé de 15 ans lors de la présidentielle de 2002, ayant défilé contre Jean-Marie Le Pen entre les deux tours, le jeune homme qui se cache sous cet étrange pseudonyme s'apprête, dix ans plus tard, à voter pour la fille de ce dernier, Marine. Il faut le lire pour prendre la mesure de ses raisons : « Moi, je ne suis pas dans le "champ républicain" ? Je vous emmerde, la gauche. Je vous ai appartenu corps et âme assez longtemps pour avoir le droit de le dire, haut et fort. Je n'ai aucune leçon à recevoir de vous. Je ne suis pas le fils d'Hitler mais celui des jeunesses antiracistes. Je suis le fils de votre matrice [...]. Je suis le zapping, Karl Zéro et les Guignols de l'Info, Jack Lang et Mitterrand. Vous m'avez fait, puis abandonné, je suis votre propre créature qui vous a échappé. Je ne suis que la dernière conséquence de votre racisme contre tout ce qui ressemble, de près ou de loin, à un Européen. Je suis une erreur dans votre système, je suis votre électeur FN. »

Le divorce entre les jeunes et la gauche est consommé quelques mois après l'élection de François Hollande. Ce n'est pas seulement que, jadis hostiles au Front national, ils le plébiscitent et en font le premier parti de France chez les moins de 35 ans. C'est aussi qu'ils fournissent le plus gros bataillon européen de candidats au djihad à partir de ces territoires perdus de la République où 45 % des 15-24 ans sont touchés par le chômage. C'est enfin que, censés applaudir au mariage gay, ils se lèvent pour protester contre ce qu'ils conçoivent comme une mutation infondée des mœurs et, à terme, une marchandisation de la vie qu'ils entendent contrecarrer en descendant massivement dans la rue à l'occasion de la Manif pour tous. Les attentats contre *Charlie Hebdo* et l'Hyper Cacher accentuent le décrochage, le Parti socialiste échouant à retrouver le souffle des grandes marches antiracistes des années 1980. Mais ils révèlent aussi l'étendue de la fracture au sein de la jeunesse : celle musulmane renâcle à dire « Je suis Charlie », tandis que celle identitaire préfère se proclamer « Charlie Martel » et que celle chrétienne, prise entre solidarité et distanciation, souligne qu'elle se sent Française avant de se sentir « Charlie ». L'esprit du 11 janvier invoqué par François Hollande et Manuel Valls s'évanouit aussi vite que les mânes convoqués par quelque médium autour d'une table tournante. Comme les classes populaires dix ans plus tôt, face au néant intellectuel, culturel et spirituel de la gauche, les jeunes ont décidé de pratiquer la chaise vide et de déménager.

Assiste-t-on à l'émergence d'une « génération réac », comme l'annonce *Le Nouvel Observateur* en une de son numéro du 13 février 2014, pourtant consacré à la seule Manif pour tous ? Ou d'une même « génération radicale », selon l'intitulé du rapport remis à Matignon en juin 2015 par Malek Boutih, député PS de l'Essonne, qui intègre aux djihadistes, son premier et véritable objet, les militants frontistes et les protestataires catholiques, quitte à ne consacrer que trois lignes aux violences des groupes gauchistes ? S'il est bienvenu de prendre acte de cette lame de fond, peut-on pour autant mettre sur le même plan le petit blanc qui glisse un bulletin lepéniste dans l'urne, la jeune normalienne qui lit Bernanos à haute voix sur une place publique et l'islamiste encore mineur qui s'initie sur Internet à la confection de ceintures explosives ? Il est bien commode de réduire ces trois jeunesses au retour de la « bête immonde » désormais tricéphale et de supposer un front commun des nouvelles radicalités afin de mieux en appeler à la formation d'un néofront fasciste. Mais la facilité est ici spécieuse et, pour le coup, dangereuse.

Les nouveaux enfants du siècle se divisent en trois groupes qui, tour à tour, peuvent incidemment se croiser, c'est-à-dire se rencontrer, se rapprocher ou se confronter, mais la typologie de chacun d'entre eux est trop distincte pour que s'établissent des passerelles durables. Au contraire, les visions du monde qu'ils engagent se révèlent *in fine* antagoniques. Plutôt que de les désigner par un terme générique forcément contestable, mieux vaut les baptiser du nom de la figure tutélaire de dissidence au sein de la génération précédente dans laquelle ils se reconnaissent et dont ils estiment qu'elle leur a ouvert la voie.

La « génération Dieudonné », pour commencer. Elle est le produit de l'échec de l'antiracisme des années 1980 dont l'humoriste a longtemps été l'un des promoteurs avant d'en devenir le golem. Mais l'engagement militant, sincère à la base, marionnettiste au sommet, en faveur de la tolérance conduit à troquer le modèle traditionnel d'assimilation contre le système multiculturaliste anglo-saxon, l'égalité contre la diversité et la laïcité contre l'identité, ouvrant ainsi la porte aux communautarismes. Ghettoïsés, frustrés de ne pas avoir accès à la société de consommation, nourris de ressentiment victimaire, les jeunes de banlieue n'ont pas su trouver leur place dans le roman national, si ce n'est en tant que nouveaux damnés de la terre d'une France coloniale éternellement coupable. Déracinés, déboussolés, désintégrés, ils ont fait sécession et se cherchent une identité de substitution dans l'islam radical. Pour une partie d'entre eux, Mohammed Merah, Mehdi Nemmouche ou Amedy Coulibaly ne sont pas des terroristes ou des assassins, mais des combattants, voire des héros. Certains se contentent de brandir #JesuisKouachi comme un étendard, mais les plus fanatiques partent grossir les rangs de Daech.

La « génération Zemmour », ensuite. Elle est née du sentiment de l'urgence à préserver l'identité nationale face au rouleau compresseur de l'Europe, de l'immigration, du marché et de la mondialisation. Pour la première fois, elle a trouvé dans le chroniqueur de l'émission de Laurent Ruquier, *On n'est pas couché*, une personnalité médiatique qui mettait des mots sur ses maux et qui, sans céder aux intimidations du politiquement correct, osait dire tout haut ce que les petits blancs pensaient tout bas. Devenu leur porte-parole, l'auteur du *Suicide français* leur a redonné le goût de se battre sans baisser les yeux. Il leur a fait découvrir des intellectuels de divers horizons, dont ils ignoraient tout : l'historien monarchiste Jacques Bainville et le géographe chevènementiste Christophe Guilluy, mais aussi Karl Marx et Carl Schmitt. Issus de milieux souvent modestes, se considérant en première ligne de l'insécurité physique, économique et culturelle, ne croyant plus aux clivages politiques anciens, ils se montrent davantage préoccupés par l'ouverture des frontières et l'échec de l'intégration que par les questions éthiques. Fascinés par la revanche sanglante de Robespierre sur les élites, ils s'identifient volontiers aux soldats de Valmy tout en rêvant à l'ascension de Bonaparte.

La « génération Michéa », enfin. Elle a éclos avec la Manif pour tous. La principale référence intellectuelle des jeunes contestataires de la loi Taubira n'est ni le pape François, ni même le très admiré Benoît XVI, mais bien Jean-Claude Michéa, philosophe classé à la gauche de la gauche et commentateur avisé d'Orwell. Comme l'auteur de l'*Impasse d'Adam Smith*, ils fustigent à la fois les dérives sociétales de la gauche libertaire et la soumission au marché de la droite libérale. Par-delà la question du mariage gay, ils veulent imposer une révolution culturelle qui, alliant la doctrine sociale de l'Église à la théorie politique conservatrice, serait à même de renverser l'idéologie dominante conçue comme une entreprise de déshumanisation. Traditionnalistes sur le plan des valeurs, ils dressent une critique sans concession de la globalisation économique dont l'écologie intégrale est la pierre angulaire. Catholiques de confession ou d'inspiration, ils nourrissent leur imaginaire d'une mystique chevaleresque sans sectarisme. Héritiers de la petite bourgeoisie enracinée et provinciale, leur rapport au pays est charnel et leur cœur bat pour la France des cathédrales, des batailles de Jeanne d'Arc et de la révolte des Chouans.

Entre ces trois jeunesses rebelles, la conjonction est improbable, mais l'affrontement est-il impossible ? Peuvent-elles précipiter la guerre du tous contre tous que prophétisent de nombreux essayistes ? Pour être souvent plausibles, les scénarios apocalyptiques sont rarement certains et toujours évitables. Est-ce là d'ailleurs la juste manière d'appréhender le phénomène ? Ne faut-il pas plutôt se demander si, mis à part le cas plus qu'extrême des djihadistes passés à l'acte, le bouillonnement inhérent à ces trois composantes ne serait pas porteur d'une promesse inavouée ? Et si, loin de contresigner la destruction de la France, elle préfigurait son réveil ?

Le livre que voici n'entend pas trancher dans cette question dont seul l'avenir nous apportera la réponse. Il n'engage pas plus de jugement moral sur cette génération qui a pour grande partie charge de ce futur. Le propos est bien ici de jeter un coup de projecteur sur la scène, le jeu, les acteurs et de laisser chacun d'eux dérouler son texte en précisant autant que de besoin le contexte. *In vivo* et sans fard. En croisant le reportage de faits et le reportage d'idées, quitte parfois à choquer. Avec pour unique certitude que le siècle qui a commencé de s'ouvrir ne se fera pas sans ses turbulents enfants qu'il s'agit moins, dans les pages qui suivent, de confesser que d'entendre pour ce qu'ils ont à nous dire.

1.

Génération Dieudonné

De la banlieue rouge à la banlieue verte

Les médias feront état d'un « déplacement chahuté ». Mais, ce mardi 20 octobre 2015, La Courneuve a tout d'un théâtre de guerre. Le décor en est le quartier de la Tour, dans le secteur sud des 4 000, où trône une barre de 15 étages de haut et de 180 mètres de long. La scène se déroule au pied de l'immense façade lépreuse couverte de paraboles, entre un centre commercial décati et une place sur laquelle zonent des jeunes encapuchonnés. Douze camions de gendarmerie sont garés à l'entour. Les forces de l'ordre, arborant gilets et boucliers, ainsi que les officiers du renseignement, peu empressés de se camoufler, sont aux aguets. Cela n'empêche pas Mohammed de parader au côté d'un pitbull sans muselière. « Il paraît que François Hollande vient nous parler d'emploi. Le seul travail que je connais ici, c'est ambulancier : pour ramasser les cadavres ! » Le jeune caïd a beau plastronner devant les journalistes, ses propos traduisent le climat délétère qui étreint la cité et qui éclate en cet après-midi d'automne.

C'est ici que le président de la République a choisi de lancer, en personne, l'Agence nationale de développement économique, énième dispositif d'État pour tenter d'enrayer le chômage dans les quartiers sensibles. La date et la ville n'ont pas été choisies au hasard. La visite a lieu presque dix ans, jour pour jour, après le début des émeutes de banlieue dont La Courneuve avait été l'un des épicentres. Trois ans plus tôt, en 2012, par antisarkozysme, elle avait accordé 75 % de ses suffrages au candidat socialiste, soit presque autant que les 77 % de Bobigny et plus que les 72 % qu'il avait atteints à Clichy-sous-Bois ou Aubervilliers, entre autres banlieues lui ayant fourni ses meilleurs scores.

La visite officielle sera toutefois de courte durée. François Hollande, entouré de près par ses gardes du corps, est hué et bousculé par les jeunes qui lui crient : « Le changement c'est pour quand ? » Pour être verbal, ce n'est pas moins un lynchage. Dans ces anciens bastions de la gauche, le PS est désormais rejeté et l'abstention grimpe : 60 % à Clichy-sous-Bois, 59 % à Bobigny, 58 % à Pierrefitte-sur-Seine aux municipales de mars 2014 et 65 % lors des départementales en Seine-Saint-Denis. La persistance du chômage, deux fois et demie plus important que dans le reste de la France, n'est pas la seule cause de cet éloignement. Pour Zohra Bitan, qui fut la porte-parole de

Manuel Valls pendant la primaire de 2011 avant de rompre avec le Parti socialiste, les habitants des quartiers, en particulier les jeunes, n'adhèrent plus au « discours victimaire et paternaliste » d'une certaine gauche. « Ils ont besoin qu'on leur dise qu'ils sont capables de réussir de grandes choses, pas qu'on les enferme dans un statut humiliant d'éternels assistés. » Le mariage pour tous est également l'une des raisons du divorce. Pour le maire de Montfermeil, Xavier Lemoine, cette loi a heurté les musulmans de sa commune qui ont voté majoritairement pour François Hollande en 2012 : « l'électorat de banlieue est beaucoup plus conservateur qu'on ne le croit », rappelle-t-il. En janvier 2014, à l'appel de Farida Belghoul, ancienne figure de proue de SOS Racisme devenue proche du polémiste antisémite Alain Soral, des centaines de familles musulmanes ont retiré leurs enfants de l'école publique pour protester contre l'enseignement de la « théorie du genre ». Enfin, les garçons, abreuvés de rap et de prêches homophobes, considèrent le mariage gay et autres mesures qu'ils jugent permissives comme autant de provocations adressées à leur virilité mythifiée.

La stratégie du *think tank* Terra Nova, victorieuse en 2012, revient comme un boomerang affaiblir le PS. Elle consistait à entériner le manque de « progressisme » des catégories populaires et en premier lieu de la classe ouvrière, leur sortie consécutive de l'électorat de gauche et de leur remplacement, au sein d'une « nouvelle coalition », celle de « la France de demain », rassemblant « les jeunes, les minorités et les quartiers populaires, les diplômés et les femmes ». Ce qui s'est révélé un mirage, comme l'explique le politologue Laurent Bouvet dans un entretien publié par le *FigaroVox* le 24 mai 2015 : « Ni les intérêts économiques ni même les valeurs de ces "groupes" ne sont politiquement convergents. » Concilier l'urbanité métropolitaine favorable aux réformes sociétales et la dureté banlieusarde attachée aux reconstructions identitaires, ou si l'on préfère le Marais et les Minguettes, relève de l'équation impossible. De surcroît, les quelques victoires électorales par défaut de la droite ne sauraient pallier le cocktail explosif qui domine ces territoires, mêlant économie illégale et communautarisme affiché.

Toutefois, plus encore que l'échec des calculs électoraux de la gauche, il y va, lors de cette visite officielle, du fossé béant entre une minorité et la majorité des Français, entre une jeunesse et toutes les autres de la France, entre le pays et son envers. La crise de l'intégration s'est transformée en pile de désintégration. Pourtant le président de la République, confronté à l'évidence qui s'étale sous ses yeux à La Courneuve, la nie. « Il n'y a pas de quartier perdu dans la République, il n'y a pas une France périphérique », martèle-t-il. La réalité ne pas va pas tarder à le démentir de la manière la plus tragique qui soit.

Trois semaines plus tard, des cris et des larmes emplissent Paris tandis que le sang est répandu sur les trottoirs de la capitale. Ce vendredi 13 novembre, la

France est frappée par l'attaque terroriste la plus meurtrière de son histoire. Les assassins ne viennent pas d'un ailleurs lointain, mais ont les visages de jeunes gens qui ont grandi dans ces zones de non-droit dont une partie de la classe dirigeante et médiatique nie l'existence mais qui, depuis les émeutes de 2005, n'ont cessé de grandir et s'aggraver. « Il y a un toboggan dans lequel on est installé depuis plusieurs années qui nous amène à l'irréparable, puisque maintenant ces quartiers produisent des terroristes », constate sur BFM TV Malek Boutih, député de l'Essonne et ex-président de SOS Racisme. Mais admettre l'effet explosif des flux migratoires, du regroupement familial, des mutations dues à la mondialisation suffit-il pour autant ? Ne faut-il pas reconnaître aussi l'implosion préalable du modèle traditionnel d'assimilation à laquelle les élites ont consenti en promouvant aveuglément le système multiculturel qui ne pouvait qu'aboutir à l'éclatement communautariste ? C'est encore marxiser que d'imputer aux facteurs économiques de pures défaillances politiques.

Dès 1983, Renaud avait pourtant annoncé la catastrophe à venir en dressant la triste chronique d'un gamin de banlieue déraciné dans sa chanson *Deuxième génération* : « J' m'appelle Slimane et j'ai 15 ans, j' vis chez mes vieux à La Courneuve. J'ai mon CAP d' délinquant. » La description ne laissait déjà guère d'espoir à vue humaine : « Des fois, j' me dis qu'à 3 000 bornes de ma cité, y a un pays que j' connaîtrai sûr'ment jamais. Que p't'être c'est mieux, p't'être c'est tant pis. Qu' là-bas aussi, j' s'rai étranger. Qu' là-bas non plus, je s'rai personne. Pour m' sentir appartenir à un peuple, à une patrie, j'porte autour de mon cou, sur mon cuir, le keffieh noir et blanc et gris. » Le refrain résonnait d'une tonalité quasi prophétique : « J'ai rien à gagner, rien à perdre. Même pas la vie. J'aime que la mort dans cette vie d' merde. J'aime c' qu'est cassé. J'aime c' qu'est détruit. J'aime surtout tout c' qui vous fait peur. La douleur et la nuit. »

Cette même année 1983, les 4 000 eurent à pleurer leur premier mort tombé à cause de ce désastre encore sans nom, le petit Toufik, 10 ans, tué d'un coup de carabine à plomb tiré par un voisin excédé par le bruit. François Mitterrand effectua une visite « surprise » dans cette banlieue rouge qui était encore celle des ZUP, des voleurs de mob et de « Touche pas à mon pote ». En vain. Au fil des années, tandis que s'ouvrirent les frontières, les dernières usines fermèrent, entraînant dans leur sillage le patronage catholique, l'école publique, le parti communiste et les « loubards » laissèrent la place aux « racailles », le haschisch à l'héroïne, l'antiracisme à l'antisionisme.

Six ans après le drame de La Courneuve, en 1983, l'affaire du voile de Creil signa, en 1989, l'entrée en scène de l'islam militant. On ne retint pas que le collège Gabriel-Havez comptait 500 musulmans sur 876 élèves répartis en 25 nationalités et autant de langues ou de cultures, mais que trois adolescentes avaient été suspendues de la fréquentation des cours pour port du hijab, ce qui divisa la France. La carence de l'État fit perdre dix précieuses années en attendant que la multiplication des cas conduisît à la loi sur la laïcité de 2004 promulguant l'interdiction du voile à l'école, pour que l'on comprît enfin que ce bout de tissu cachait une manœuvre fondamentaliste afin de tester la République ou, pour le dire avec Gilles Kepel dans son essai *Quatre-vingt-treize*, que les Frères musulmans avaient trouvé là un étendard apte à fédérer une « communauté militante ».

En 1995, la France découvrit stupéfaite que Khaled Kelkal, l'auteur des attentats du métro Saint-Michel, avait grandi à Vaulx-en-Velin, dans la banlieue lyonnaise, où étaient advenues dans les années 1970 les premières émeutes urbaines à caractère ethnique. La même année, sortit au cinéma *La Haine*, le film de Mathieu Kassovitz. Pour la première fois l'univers des cités était montré sur grand écran au bénéfice de superbes images en noir et blanc, d'un scénario fiévreux et puissant rythmé par la réplique en forme de leitmotiv « jusqu'ici tout va bien », jusqu'à l'explosion de violence finale désignant la banlieue comme une bombe à retardement, mais en quelque façon fascinante. Une œuvre pourtant vite désuète à éluder l'islamisme, l'antisémitisme et les formes inversées de racisme pour mieux portraiturer l'amitié entre un *black*, un *beur* et un *feuj* désœuvrés mais solidaires, fratrie aujourd'hui malheureusement improbable.

En 1996, le démantèlement du « gang de Roubaix » montra pour la première fois combien les liaisons dangereuses entre le gangstérisme et l'islamisme pouvaient être menaçantes et que l'ensemble des banlieues françaises, à commencer par celles du Nord, étaient propice à l'éclosion de mouvements qui, déjà, se réclamaient de la lutte armée djihadiste, alors inspirée par le GIA algérien.

En 2001, le 11 Septembre constitua aussi un tournant de ce côté-ci de l'Atlantique. « Nous sommes tous Américains » proclama *Le Monde,* même si nombre de jeunes Français d'origine immigrée virent dans les attentats d'Al-Qaïda un juste châtiment contre les États-Unis, mais aussi contre l'Occident, et donc à leurs yeux la France. Pour toute une génération, l'*Oumma* devint une patrie de substitution, le conflit israélo-palestinien un combat qu'il fallait transposer et bientôt transporter dans l'hexagone et Ben Laden le Che Guevara de l'islam, voire « notre père » comme l'afficherait encore une décennie plus tard le webzine *Le Bondy Blog.* Signe avant-coureur, dès le 6 octobre 2001, lors d'un match de football entre la France et l'Algérie, la Marseillaise fut sifflée, la pelouse envahie et Lionel Jospin, alors Premier ministre, malmené.

En 2002, soit à peine un an plus tard, la première protestation écrite des professeurs de l'enseignement secondaire fut accueillie par les milieux politiques et médiatiques par un silence poli cachant mal le soupçon et l'hostilité. Leurs témoignages rassemblés sous la direction de Georges Bensoussan dans *Les Territoires perdus de la République* mettaient pourtant en lumière un délitement éducatif et culturel sans précédent. Ils y décrivaient leurs difficultés à endiguer la montée de la violence, à contenir la poussée racisme, voire simplement à enseigner le génocide des juifs d'Europe dans les classes à forte composante d'origine maghrébine. « Nous nous sommes vite heurtés à ce refus d'entendre qui plombe la société française », se souvient Georges Bensoussan, directeur de l'ouvrage. « La stigmatisation, venue d'une partie de la gauche, nous priva de parole publique et nous valut d'être qualifiés d'"islamophobes". Ce terrorisme intellectuel nous a fait perdre vingt ans, car les premiers signes du malaise dataient du début des années 1990 », renchérit celui qui est aussi le responsable éditorial du Mémorial de la Shoah, non sans rappeler que les futurs terroristes Mohammed Merah et Mehdi Nemmouche étaient alors des enfants scolarisés au collège. Jusqu'à la qualification de Jean-Marie Le Pen au second tour de l'élection présidentielle, quelques mois après cette parution, ne suffit pas à rompre l'aveuglement volontaire qui avait pris force de loi.

En 2005, au mois de juin, l'histoire bégayant de manière sinistre et un enfant de La Courneuve étant à nouveau tombé mort d'une balle perdue, Nicolas Sarkozy, alors ministre de l'Intérieur, se rendit sur place pour promettre de « nettoyer la cité au Kärcher ». La promesse resta sans lendemain, mais à l'automne de la même année, le 27 octobre 2005, à Clichy-sous-Bois, la mort accidentelle de deux adolescents, Zyed et Bouna, dans le transformateur électrique où ils s'étaient cachés pour échapper à un contrôle de police, devait déclencher l'embrasement des banlieues. Durant vingt jours, les violences et les dégradations au sein des cités, comptabilisant 200 membres des forces de l'ordre blessés et 10 000 véhicules incendiés, firent que pour la première fois depuis la guerre d'Algérie, Matignon, en la personne de Dominique de Villepin, décréta l'état d'urgence. Les observateurs qualifièrent ces émeutes de « révolte sociale », omettant qu'aucun sans-culotte de 1789 n'avait crié « Nique la France ! » et que nul communard de 1871 n'avait brûlé de bibliothèque. Or, à suivre Gilles Kepel dans *Banlieue de la République* ou Malika Sorel dans *Décomposition française*, ce fut une grenade lacrymogène tirée par la police près d'une mosquée, alors que le ramadan battait son plein, qui assura la propagation du mouvement. L'incident, grossi et rapporté comme « le gazage de la mosquée Bilal », fut interprété par une partie de la jeunesse de banlieue comme une déclaration de guerre à l'islam et raviva le ressentiment des anciens conflits coloniaux qu'avait favorisé et entretenu le culte là encore aveugle d'une repentance immodérée. « On s'accorde sur le fait que les émeutes n'ont que peu ou pas du tout de lien avec l'islam ou avec la présence historique de la France dans certaines zones du monde islamique. On assiste à un refus manifeste de voir que ces événements peuvent être considérés comme un défi lancé à l'État français », devait noter à rebours l'historien britannique Andrew Hussey dans *Insurrections en France*.

En 2006, à Bagneux, dans les Hauts-de-Seine, Ilan Halimi fut torturé et assassiné parce qu'il était juif par Youssouf Fofana et son « gang des barbares », classés dans la délinquance ordinaire. En 2012, à l'école Ozar Hatorah de Toulouse, Jonathan Sandler, rabbin et professeur, ses deux fils, Gabriel, et Aryeh, ainsi que Myriam, tous des enfants en bas âge, sont assassinés par Mohammed Merah, présenté comme un « psychopathe » ou « un loup solitaire ». Là encore, le déni fut de mise et on préféra passer sous les silences les graffitis à la gloire du meurtrier qu'on pouvait lire sur certains murs de province de même que les incidents, qui émaillèrent la minute de silence demandée par le ministère de l'Éducation nationale. En 2015, au mois de janvier, la vague d'émotions justement soulevée par les attentats contre *Charlie Hebdo* et l'Hyper Cacher permit encore une fois d'obérer le refus d'une partie de la jeunesse des banlieues de communier avec le reste de la population. Il fallut le carnage du vendredi 13 novembre pour que l'illusion vînt définitivement se fracasser sur le réel lorsqu'il apparut que les djihadistes étaient parvenus à se fondre dans les squats de Saint-Denis, la ville des rois de France, grâce à l'appui de Jawad Bendaoud, un affranchi qui contrôlait le quartier.

« Là où le PCF régulait autrefois, c'est désormais les caïds d'un côté et de l'autre la religion qui font la loi », dit Philippe Galli, le préfet du 9-3. La banlieue rouge est devenue verte. Les territoires perdus de la République sont désormais des territoires gagnés par les islamistes. Un nouvel ordre social y domine, celui des voyous et des gourous. Une partie de la jeunesse, plus nombreuse et plus radicale que par le passé, a fait sécession. Elle n'écoute plus Renaud, mais Alain Soral, Dieudonné, Houria Bouteldja et, de manière plus prosaïque et plus inquiétante, le premier imam venu, forcément improvisé mais immanquablement radical. S'il fallait écrire aujourd'hui une chanson intitulée *Troisième génération*, Sliman ne serait pas Charlie, il aurait la haine de la France, des Juifs et sans doute rêverait-il de s'envoler pour la Syrie.

Ni Charlie, ni Paris

Ceux qui ont grandi dans les années 1990 s'en souviennent. L'illustrateur Martin Handford publiait *Où est Charlie ?*, le premier ouvrage d'une série de livres-jeux à succès où les enfants étaient mis au défi de retrouver le personnage éponyme au sein d'une image foisonnante et complexe. Au lendemain des 7 et 9 janvier 2015, Charlie paraît aussi difficile à trouver en banlieue que dans les albums de naguère. Une semaine après les attentats, alors que les Français pleurent leurs morts et communient dans le refus de la barbarie, la banlieue, en autarcie, oscille entre délire paranoïde et ressentiment accru.

Charlie, le journaliste David Le Bailly l'a poursuivi en parcourant le 93 en tramway sur la ligne T1, Gennevilliers, Saint-Denis, La Courneuve, Drancy, Bobigny, Noisy-le-Sec. La lecture des témoignages qu'il recueille pour *L'Obs* est éprouvante tant le pire y abonde. Le complotisme, d'abord : « Il y a beaucoup de choses étranges dans cette histoire. La carte d'identité oubliée, ces frères qui sortent de nulle part. Sur les réseaux sociaux, certains se demandent si ce n'est pas une manipulation, pour faire remonter Hollande, pour que les gens ne se soucient plus de l'économie » ; ou selon un schéma encore plus fantasmagorique : « Les frères Kouachi, ils sont morts en Syrie, pas ici ! S'ils avaient voulu, les francs-maçons, ils auraient empêché ça ! » Le nouvel antisémitisme, ensuite : « Je ne suis absolument pas Charlie. Je ne comprends pas le deux poids, deux mesures sur la liberté d'expression. À l'égard des musulmans, on tolère les caricatures, ce qui nous touche au tréfonds de notre âme. Et de l'autre côté, il y a Dieudonné. Est-ce normal que les journalistes juifs soient autant représentés ? 87 % de journalistes juifs. » La justification de l'innommable, enfin, dans la version modérée « Ils n'avaient pas à se moquer de notre Prophète ! Le Prophète, il est mieux que notre père, il est mieux que notre mère ! » ; mais aussi intransigeante : « Les tuer, non, ça ne se fait pas. Leur couper un doigt, oui. Ou leur couper la langue. Ces types de Charlie, ils n'ont aucun respect de la religion, d'eux-mêmes, de leur descendance, de l'humanité » ; ou encore maximaliste : « Fallait pas tuer

12 personnes. Fallait en tuer 50 ! » La solidarité pour les tueurs présentés comme des victimes dans presque tous les cas : « Mes parents sont illettrés. De voir ces dessins, ils en ont pleuré. Après l'attentat contre Charlie, ma mère a prié, prié, pour que les Kouachi ne soient pas attrapés vivants et qu'on ne les torture pas. » Le tout, à l'exception de quelques rares lueurs dans l'obscurité : « Oui, je suis Charlie. Quand mes parents sont arrivés en France, ils m'ont inculqué une éducation, un savoir-vivre. Je veux que mes enfants puissent s'exprimer dans la liberté. »

Marie-Estelle Pech, elle aussi, a eu du mal à trouver Charlie. La journaliste du *Figaro* est partie de son côté enquêter à la Grande Borne, à Grigny, où a grandi Amedy Coulibaly. Un quartier gangrené par le trafic de drogue qui alimente régulièrement la rubrique des faits divers et qui s'affiche à l'occasion en une, comme lors de l' « attaque de diligence du RER D » menée en 2013 par une quinzaine d'adolescents du collège local. « On a tous fait pleurer la prof de maths en lui disant qu'on n'était pas Charlie ! Avec les caricatures du Prophète, les journalistes l'ont bien cherché. Elle a renvoyé toute la classe mais on s'en fiche », se félicite un gamin de 15 ans d'origine malienne à l'instar du terroriste de l'Hyper Cacher et qui partage son patronyme. « C'est n'importe quoi. Ces dessinateurs salissaient notre religion. Ils sont allés trop loin, ont été avertis plein de fois, pourquoi n'ont-ils pas arrêté ? », lance Kellyna, 16 ans. Mieux encore, pour Aminata, 17 ans : « À Grigny, on n'est pas Charlie. D'ailleurs personne n'est allé à la manifestation. C'est un truc fait pour les bourgeois, les Blancs. Vous en avez vu beaucoup des Noirs et des Arabes, là-bas ? Moi non. » Quand ils ne prennent pas la défense des djihadistes, les lycéens de la Grande Borne adhèrent eux aussi à la théorie du complot. Nourris aux vidéos de Soral et Dieudonné, ils estiment que les attentats ont été organisés par le gouvernement avec la complicité d'Israël et la bénédiction des États-Unis en options dans les versions longues. Selon eux, Ahmed Merabet, le policier musulman assassiné par les Kouachi, n'est pas mort d'une balle dans la tête. « Il est mort d'une crise cardiaque, c'est certain, sinon on aurait vu du sang. C'est une mise en scène, un complot pour nous monter les uns contre les autres. Un musulman n'attaque pas un autre musulman », affirme un lycéen.

L'effacement de Charlie à Grigny est loin d'être un cas isolé. Toujours dans *Le Figaro*, Augustin, professeur de langue espagnole en banlieue parisienne, raconte les sept heures de cours qu'il a passées, le lendemain de la tuerie, à tenter d'en expliquer la gravité à ses élèves. Un épisode qui aura mis à l'épreuve, dit-il, sa « foi d'enseignant » et que résume la formule définitive de l'un d'entre eux : « Douze morts, c'est rien à côté de ce qui se passe en Palestine. » « La Syrie, la Palestine, les attentats, Nabilla, Dieudonné. Tout se confond dans leur esprit et tout se vaut », constate Augustin qui est rentré chez lui liquéfié. « Il y en a toujours un qui finit par t'expliquer que les mecs de Charlie l'ont bien cherché », conclut-il dépité.

Charlie est demeuré introuvable mais son spectre est réapparu lors des deux cents « incidents » officiellement répertoriés à l'Éducation nationale durant la minute de silence pour les victimes des attentats. En Seine-Saint-Denis, 80 % des élèves d'une classe de primaire ont refusé de s'y associer. À Lille, un élève de quatrième a lancé à son enseignante : « Je te bute à la kalache ». Le 11 janvier, alors que quatre millions de Français sont descendus dans la rue pour dire « Non » à l'islamisme, les jeunes de banlieues sont restés dans une grande majorité à « zoner » chez eux. La caricature est un blasphème, le blasphème est un crime, la punition du crime, même si cruelle, est justice. « Ce moment émouvant d'union nationale a dévoilé la réalité effrayante de la déchirure française », consigne alors Alain Finkielkraut.

La déchirure se creuse après la nuit sanglante du vendredi 13 novembre. Que l'image du Prophète ne soit plus en question, que l'on compte des musulmans parmi les victimes n'y change guère. Les accrocs dans les établissements perdurent, peut-être plus sporadiques, certainement moins médiatisés. À Orléans, le compte rendu de la réunion postattentat entre le rectorat et les syndicats enseignants fait état de 45 incidents signalés auprès de la préfecture lors de la minute de silence, allant *crescendo* des 18 considérés « anodins », des *Allahou Akbar !* lancés à la ronde, aux 5 jugés « préoccupants », dénotant un processus de radicalisation installé. On y évoque également l'intrusion dans un lycée professionnel de « femmes voilées » et d'« individus étrangers » qui auraient hurlé des « slogans très graves » et n'ont pu être interpellés.

Le récit d'Alexandra Laignel-Lavastine est plus alarmant. Dans le *FigaroVox*, l'essayiste de *La pensée égarée*, raconte son « jour d'après le 13 novembre dans un quartier sensible de Seine-Saint-Denis ». Dans les propos de ses jeunes interlocuteurs, on retrouve le désormais traditionnel cocktail « complotisme, antisémitisme, communautarisme », avec comme toujours un zeste de victimisation. Premièrement, « tout est bidon ». « Tu fais pitié, tu crois quand même pas ce qu'ils nous racontent ! lui intime Malik. Réfléchis trois secondes : un musulman, ça tue pas. Tuer, chez nous, c'est *haram*. C'est marqué dans le Coran ». Deuxièmement, les juifs sont « derrière tout ça ». « T' sais quoi, Madame, avec tout mon respect : les gros salauds, les barbares, les criminels qu' faudrait régler à la kalache, c'est les Juifs ! Mais ça, tu pourras pas l'écrire dans ton journal vu qu'ils contrôlent tout, s'énerve Réda avant de nuancer. Les Juifs, enfin les sionistes plutôt. C'est eux les grands caïds. Même l'État français est une marionnette entre leurs mains. » Enfin, les musulmans sont « les principales victimes ». « De toute façon, ils sont tous islamophobes, faut arrêter de nous stigmatiser », conclut Kamel. Et Alexandra Laignel-Lavastine de citer Hannah Arendt : « C'est dans le vide de la pensée et l'incapacité d'être ému que le Mal s'inscrit. »

Derrière le « Je ne suis pas Charlie » ou le « Je ne suis pas Paris » des jeunes de banlieue, il faut aussi entendre un « Je ne suis pas Français ». Par ailleurs, la formule « Je suis Français » n'a jamais été celle des manifestants qui auront pourtant été tour à tour « Juifs », « Policiers », « Terrasses », « Gays » et même « Catholiques ». Pareille absence, même inconsciente, traduit à elle seule le profond malaise culturel qui mine la nation. Pour Georges Bensoussan, « une partie de la population française, née en France, souvent de parents eux-mêmes nés en France, a le sentiment de ne pas appartenir à celle-ci. Alors qu'ils sont Français depuis deux générations pour beaucoup, certains adolescents dans les collèges et lycées, comme aussi certains adultes, n'hésitent plus à affirmer que la France n'est pas leur pays, ajoutant : Mon pays c'est l'Algérie, ou la Tunisie, etc. Dans la longue histoire de l'immigration en France, cet échec à la troisième génération est un fait historique inédit. Certains historiens font remarquer, à juste titre, qu'il y eut toujours des problèmes d'intégration, même avec l'immigration européenne. Mais pour la première fois dans l'Histoire nous assistons à un phénomène de désintégration, voire de désassimilation », explique ce spécialiste d'histoire culturelle de l'Europe des XIXe et XXe siècles avant de conclure sur une note sombre : « Toute une partie de la jeunesse de notre pays se reconnaît de moins en moins dans notre culture. Elle lui devient un code culturel étranger, une langue morte et pas seulement pour des raisons sociales. Nous sommes en train d'assister en France à l'émergence de deux peuples au point que certains évoquent des germes de guerre civile. »

Lui, qui a dirigé en 2002 la parution des *Territoires perdus de la République*, s'étonne de la cécité et de la surdité qui ont prévalu dans les hautes sphères pendant treize ans et de la stigmatisation inversée qu'ont eu à subir ses auteurs tout ce temps. « La réalité nouvelle d'un antisémitisme d'origine arabo-musulmane était difficile à voir. Notre logiciel intellectuel était bloqué sur l'extrême droite et le régime de Vichy, un schéma simple qui nous permettait sans risque de camper dans le camp du Bien en rejouant sur le mode moral et fantasmé la Seconde Guerre mondiale, analyse encore Bensoussan. Un schéma qu'aggravait aussi notre ignorance de la tradition antisémite du monde arabe, laquelle se diffusait par le biais des familles, des paraboles, des satellites et de certaines mosquées. À l'heure de la globalisation, les télévisions du monde arabe diffusent en effet jour après jour des émissions, entretiens, prêches, émissions pour enfants ou séries télévisées, dans lesquelles un antisémitisme rabique constitue une part substantielle du programme. En Occident, peu nombreux sont ceux qui acceptent cette réalité et moins encore ceux qui acceptent de la voir. Les causes de ce refus d'entendre sont multiples. Qu'il s'agisse de la mauvaise conscience coloniale liée à la guerre d'Algérie ou d'un déni des cultures au bénéfice d'un facteur social exclusif, tout a concouru à nourrir une incompréhension des réalités sociales et culturelles nouvelles de la France pour aboutir au discours ronronnant de la cécité volontaire. »

Un autre rendez-vous a été raté deux ans plus tard, en 2004, lorsque le rapport de Jean-Pierre Obin, inspecteur général de l'Éducation nationale, a été enterré par le ministre d'alors, François Fillon. « Tous les constats que nous faisions à l'époque, de la contestation de la laïcité dans certaines disciplines au prosélytisme à la cantine, en passant par le déni ou le refoulement des enseignants et l'avènement dans certains quartiers de contre-sociétés sont d'actualité », explique-t-il aujourd'hui. En revanche, la sécession d'une partie des élèves, ceux dont nous relevions qu'ils se revendiquaient d'une « identité musulmane », se démarque désormais par une hostilité accrue. Dans certains quartiers, se sont construites des contre-sociétés, où certaines organisations politico-religieuses ont développé un sentiment d'appartenance à une « nation musulmane », ce qu'on appelle l'Oumma. Certains élus n'ont pas hésité à donner le pouvoir à des « grands frères ». Selon lui, la faillite de l'école est en partie à l'origine de cette décomposition. Si en renonçant à son ambition de transmettre, en faisant de l'enfant le constructeur de son propre savoir, l'école a fabriqué des incultes, en abandonnant le roman national, elle a fait le lit des communautarismes. Cet échec a touché les enfants de toutes origines et de tous milieux mais ceux dont les parents ne possédaient pas toujours les codes de la culture française en ont été cependant les premières victimes. Dans le meilleur des cas, ils se sont retrouvés tiraillés entre deux appartenances ; dans le pire, submergés par un néant existentiel, divisés entre deux non-appartenances, deux incultures : déshérités, déracinés, désintégrés. L'importance des flux migratoires a abouti à l'émergence de ghetto urbain ethniquement homogène dont le sentiment d'exclusion a été exacerbé par un antiracisme militant qui n'aura eu de cesse de souffler les braises. Le basculement dans l'ère du vide a ouvert la porte à l'islamisme. « La dérision, l'obsession de la transparence, le déni de toute valeur à tout ce qui n'a pas un prix préparent le terrain à une forme dénaturée du sacré qui s'exprime sous sa forme la plus radicale dans le fanatisme religieux de nos djihadistes mais qui contamine déjà une partie beaucoup plus importante de la jeunesse en quête d'identité, commente Jean-Pierre Obin. Quel adulte deviendra l'enfant de 10 ans qui dit ''ils n'auraient dû tuer que les dessinateurs et pas les autres'' ? Sur le terreau de l'anomie, de l'absence de repères, du relativisme moral poussent le pire des obscurantismes et une violence sacrée sans limite qui, au ricanement et à la dérision, opposent le meurtre de sang-froid. »

L'erreur de diagnostic

D'ores et déjà en 2005, les émeutes manifestent l'étendue de la désintégration culturelle en cours, mais l'on s'obstine encore à les analyser dans les termes purement économiques d'un traditionnel conflit de classe. Comme souvent, Jean-Pierre Le Goff fait preuve, dans *La France morcelée*, de plus de clairvoyance que la plupart de ses collègues sociologues. « Les événements des banlieues relèvent moins de la pauvreté et de la misère telles qu'on a pu les connaître dans le passé que de phénomènes de destructions identitaires qu'on a le plus grand mal à aborder. L'histoire de la France a vu d'autres périodes de chômage de masse, comme dans les années 1930, sans qu'on assiste pour autant à de pareils phénomènes de destruction. Les chômeurs de l'époque ne s'attaquaient pas, que l'on sache, aux organismes qui pouvaient les aider, comme l'on fait ces bandes en détruisant des écoles, des gymnases, des centres sociaux, des bus, souligne-t-il. Les violences des bandes de jeunes des banlieues révèlent de façon paroxystique une désaffiliation due à l'érosion des appartenances qui inscrivaient l'individu dans une collectivité et le structuraient : famille, collectivité de travail, classes sociales, appartenance nationale... Autant d'éléments, qui sont aujourd'hui érodés ou en crise et qui, contrairement aux discours angéliques ''postmodernes'' sont constitutifs des identités individuelles et collectives. » Si les violences de 2005 ne peuvent être qualifiées d'« émeutes islamistes » comme l'ont fait abusivement les médias anglo-saxons, si la percée du salafisme en banlieue n'en est alors qu'à ses débuts, l'identitarisme religieux n'en est pour autant absent.

Or, quelle est alors la réponse de l'État ? Le plan acté par Jean-Louis Borloo, alors ministre de la Cohésion nationale, et axé sur la rénovation urbaine ! Les enjeux culturels que soulèvent les émeutes sont éludés. Pire encore, ils sont inversés selon un tropisme durable que partage la gauche puisque après les attentats de janvier 2015, le Premier ministre Manuel Valls parlera, lors de ses vœux à la presse, d'« apartheid social, ethnique et territorial » comme si la France avait entériné et promu un système de ségrégation ethnique là où la logique communautariste résulte surtout des dynamiques migratoires et démographiques ainsi que de la volonté séparatiste de certaines populations immigrées ou d'origines immigrées au nom de motifs cultuels ou culturels. Probablement, comme le souligne Christophe Guilluy, en usant de cette expression, l'hôte de Matignon, longtemps élu de banlieue et auteur à Évry de la petite phrase sur « le manque de Blancs », a voulu affronter la réalité de l'angoisse et de l'insécurité identitaire que trop d'hommes politiques refusent de voir. Pour autant, sa réponse politique, comme celle de Jacques Chirac, Dominique de Villepin et Jean-Louis Borloo en 2005, se résumera malheureusement à une formule magique qui ne fait plus illusion : « la politique de la ville ».

Depuis quatre décennies, à chaque fois que la crise de l'intégration explose au grand jour, les dirigeants y reviennent sans succès. Dès 1977, dans une lettre adressée aux préfets, Raymond Barre affirmait le besoin d'« enrayer la dégradation physique et sociale » des grands ensembles dont il redoutait la « ghettoïsation ». Il en sortit le premier plan banlieue piloté par le ministre du Logement Jacques Barrot. Une longue série allait suivre. Il y eut les zones d'éducation prioritaire (ZEP) sous François Mitterrand après la flambée de violence aux Minguettes en 1981 ; la création du ministère de la Ville en 1990, le plan Borloo de rénovation urbaine en 2003 après la qualification de Jean-Marie Le Pen au second tour de la présidentielle, le renforcement du plan Borloo en conséquence des émeutes de 2005 ; le plan espoir banlieue de Fadela Amara initié en 2008 par Nicolas Sarkozy. Cette fois, en février 2015, François Hollande débloque 5 milliards de crédit pour un énième programme de rénovation urbaine et en octobre 2015, à l'occasion des dix ans des émeutes de 2005, le président de la République annonce une nouvelle batterie de mesures. Si l'on s'en tient aux dix dernières années, 43 milliards d'euros auront été ainsi injectés dans les programmes ZFU, ZUS, loi SRU, Halde, plan égalité des chances, ACSEE, commissariat à la diversité, emplois d'avenir, PNRU, NPNRU et autres mécanismes technocratiques. Les sommes pharamineuses investies par l'État ont été englouties et la politique de la ville transformée en « châtiment du tonneau des Danaïdes » au jugement de Malika Sorel mais aussi au sentiment des Français qui, selon un sondage de l'institut Harris paru le 19 février 2015, sont seulement 10 % à considérer qu'elle a porté quelque fruit.

Comment expliquer un tel décalage entre l'ampleur des moyens déployés et la minceur des résultats obtenus ? Pour avoir enquêté, dans *Banlieue de la république*, sur l'agglomération de Clichy-sous-Bois et Montfermeil d'où sont nées les émeutes de 2005 et qui a bénéficié du plus important programme de rénovation urbaine pour un montant de 600 millions d'euros, Gilles Kepel a su en faire parler les habitants. Écoutons Murat, chef d'entreprise prospère d'origine turque, issu des quartiers pauvres et désormais propriétaire d'un beau pavillon : « Je ne pense pas que c'est parce qu'on a changé l'aspect des bâtiments qu'on a rénové la tête des gens. Je crains, et c'est ce que tout le monde craint, que, dans trois ou cinq ans, on se retrouve encore avec un quartier tout dégradé. Qu'on rénove les immeubles, qu'on investisse des millions, ce n'est pas cela qui va changer la façon de vivre des gens ! » La politique de peuplement ? Murielle, ancienne militante communiste, n'y croyait guère dès 2006 : « Ils remettent les mêmes populations qu'ils enlèvent d'un endroit pour les regrouper dans un autre. Le résultat va être le même ! On les met dans des jolies maisons, mais ils ont encore tendance à jeter les poubelles par la fenêtre. »

Autant dire que, depuis des années, les politiques publiques se sont concentrées sur l'urbanisme, à savoir les grands ensembles, et les questions sociales, souvent réduites à l'accessibilité et au sport, les améliorations les plus notables n'ayant pas empêché la ghettoïsation de nombre de quartiers, tandis que les problématiques du flux migratoire et de l'intégration culturelle ont été constamment sous-estimées : « Il faut se demander si la France peut continuer, tous les ans, d'accueillir définitivement sur son territoire

200 000 étrangers », s'interrogeait déjà Xavier Lemoine, le maire de Montfermeil, en 2005. La progression de l'islam radical dans certains quartiers, a également été négligée, voire niée. Dans un entretien accordé au *Point*, Malek Boutih est allé jusqu'à dénoncer la collusion entre certains élus de banlieue et les « islamonazis ». Comme si la politique de la ville, véritable industrie de la subvention, plutôt que de le réduire, avait mécaniquement accentué le désir schismatique.

Or l'affaire est aussi et d'abord idéologique comme le montre la référence constante et parfois obsessionnelle à Dieudonné parmi les jeunes de banlieue. La mise en scène de l'interdiction d'État de son spectacle *Le mur* par Manuel Valls, en janvier 2014 n'a sans doute fait que renforcer le statut de martyr de la liberté d'expression dont se pare l'« humoriste » qui continue de faire salle comble chaque soir au théâtre de la Main d'or. Les places peuvent être réservées à la Fnac pour cinq euros, mais il faut s'acquitter d'une trentaine d'euros en liquide à l'entrée, la maison n'acceptant ni les chèques, ni les cartes bleues. Le confort du public où se mêlent petits bourgeois bien mis, barbus en tenue salafiste et femmes voilées est néanmoins assuré puisqu'il est loisible de patienter en sirotant un mojito sans alcool ou un cocktail Mahmoud, en référence à Mahmoud Ahmadinejad, l'ancien président iranien. Celui qui avait fait monter sur scène le négationniste Robert Faurisson se montre désormais plutôt assagi, évite les propos antisémites et se moque indistinctement de toutes les religions avec un humour potache souvent drôle et un talent d'acteur certain. Quitte à frustrer la partie de ses fans venus pour « queneller le système », c'est-à-dire maudire la France et les juifs.

Dieudonné peut-il être tenu pour responsable de l'antisémitisme prégnant parmi les jeunes des banlieues ? Cette tendance était, avant lui, ancrée dans la culture musulmane, distillée par les chaînes satellitaires d'information continue en langue arabe, exacerbée par l'identification à la cause palestinienne et l'ancien camarade d'Élie Semoun, qui se présente volontiers en militant antisioniste a endossé la vague sans en être à l'origine. Peut-il constituer une force politique influente ? En 2009, la liste déjà « antisioniste » qu'il avait présentée avec l'idéologue Alain Soral aux élections européennes, n'avait obtenu que 1,30 % des suffrages en Île-de-France, même si elle avait réalisé des scores à deux chiffres dans certains bureaux de vote du 93. Réconciliation nationale, le parti qu'il a créé également avec Alain Soral fin 2014 a fait long feu, faute de financements, alors que le site *Égalité et Réconciliation* revendique la fréquentation de millions d'internautes. Pas de quoi faire trembler la République, donc. Le soralo-dieudonnisme est avant tout un business promu par les polémiques grâce auxquelles les deux complices font les poches aux gogos consentants que sont les énergumènes de banlieue, les radicalisés de l'islam et les fils à papa en quête de frissons qui y gagnent leurs galons d'« insoumis ». Livres, vidéos en ligne, tee-shirts, les deux hommes commercialisent toutes sortes de produits dérivés, y compris la quenelle, geste défini comme « antisystème » par Dieudonné et caractérisé comme un salut nazi inversé par la Licra, qui a fait l'objet de deux dépôts de marque selon le site *Slate*. En 2012, Les productions de la plume, la société de Dieudonné, réalisaient un chiffre d'affaires de plus de 1,8 million d'euros, trois fois et demie plus qu'en 2011, pour un résultat net de 230 000 euros en augmentation de + 61 %. En 2013, « l'humoriste » faisait pourtant appel à ses fans pour racheter sa maison qui aurait été saisie par le fisc.

Dieudonné n'est pas une cause, mais une conséquence et un symptôme. Avant d'expliquer que « les juifs sont des négriers reconvertis dans la banque » et de chanter *Shoah nanas*, il a d'abord été un « artiste citoyen » engagé dans l'antiracisme militant au point, lors des législatives de 1997, d'être candidat à Dreux contre le FN. À l'époque, Alain Jakubowicz, le président de la Licra, surnommait amicalement « Dieudo » celui qui, en 2016, le poursuivrait pour diffamation. Jakubowicz a raconté lors du procès comment, à partir de 2002, son ancien compagnon de route avait sombré, selon lui, dans l'obsession antisémitisme : « Il avait un très beau projet, monter un film sur le Code noir » afin de dénoncer l'esclavage se souvient-il, mais « il n'a pas trouvé les fonds nécessaires » et se serait mis en tête dès lors que l'industrie du cinéma était entre les mains des juifs qui voulaient financer des films « uniquement » sur la Shoah. « Nos victoires judiciaires contre lui sont des échecs. La véritable victoire serait que Dieudonné revienne parmi nous », conclut-il.

Or, précisément, Dieudonné incarne l'illusion du front commun et dissident black-beur-feuj et la folle fuite en avant de SOS Racisme. Né sous l'impulsion de François Mitterrand au mitan des années 1980 pour faire oublier la fermeture des usines sidérurgiques de Longwy et le tournant de la rigueur, ce mouvement va transformer le juste combat antiraciste en idéologie multiculturaliste d'importation, anti-universaliste et antirépublicaine. Dès 1993, le regretté Paul Yonnet, dans son *Voyage au centre du malaise français*, souligne le paradoxe qu'il y a à vouloir éteindre le racisme en exacerbant les identités. Il y voit une forme de discrimination à fronts renversés qui servira à essentialiser les individus en fonction de leur couleur de peau ou de leur origine et à transformer la société française en nouvelle tour de Babel. Yonnet paiera sa lucidité d'un ban de la vie intellectuelle après avoir été accusé par Laurent Joffrin d'être l'allié objectif de Le Pen. Ce qu'il prédit alors est néanmoins ce qui s'est produit depuis. Après trente ans d'antiracisme racialiste, la France n'a jamais été aussi divisée et fracturée.

Entre-temps, à l'idéologie antiraciste est venu s'ajouter le culte de la repentance. Les lois mémorielles, notamment la loi Gayssot sur la Shoah et la loi Taubira sur l'esclavage, ont ouvert la voie à la concurrence victimaire. Dieudonné et ses adeptes sont le produit de cette double culture de la division et du ressentiment qui caractérise la génération dite « morale ». Ils montrent également que les victimes d'hier peuvent être les tourmenteurs d'aujourd'hui. « J'adhérerai à SOS Racisme quand ils mettront un S à racisme. Il y a des racistes noirs, arabes, juifs, chinois et même des ocre-crèmes et des anthracite-argentés. Mais à SOS Machin, ils ne fustigent que le Berrichon de base ou le Parisien-baguette. C'est sectaire », ironisait Pierre Desproges.

Il faut enfin noter la collusion entre dieudonnistes et islamistes réconciliés par et dans un antisionisme que l'on peine à distinguer de l'antisémitisme. C'est ainsi que les uns et les autres ont communié aux cris de « Juif, la France n'est pas à toi », lors de la manifestation Jour de colère en janvier 2014. Dès 2009, Dieudonné et Soral avaient entamé un rapprochement avec les Frères musulmans de l'Union des organisations islamiques de France, l'UOIF. La même année, menant campagne pour leur liste antisioniste, ils étaient les vedettes du Congrès du mouvement et Soral, après avoir débattu avec Tareq Oubrou, l'imam frériste de Bordeaux, avait soutenu la construction de la grande mosquée dans la capitale girondine. Incidemment, cette alliance inattendue démontre la plasticité de la stratégie entriste des islamistes militants capable d'opérer des rapprochements avec l'ensemble du spectre politique, de l'extrême gauche, avec Olivier Besancenot, à l'extrême droite, avec Alain Soral, en passant par Alain Juppé et d'autres représentants notoires de la droite ou de la gauche gouvernementale pour mettre à profit le morcellement de la société française afin d'imposer leur vision du monde.

Le Parti des Indigènes de la République (PIR), qui prospère en banlieue parisienne, traduit, lui aussi, la dérive de l'antiracisme. *Les Blancs, les juifs et nous*, le titre du denier livre d'Houria Bouteldja, son chef de file, résume le caractère essentialiste d'un mouvement qui prétend pourtant lutter contre les discriminations. Les Indigènes et les soralo-dieudonnistes partagent les mêmes détestations à partir de deux grilles en apparence antagoniques : si les seconds se revendiquent ouvertement du « national-socialisme », les seconds se réclament d'un marxisme où l'affrontement des ethnies remplace la lutte des classes, le musulman, le prolétaire, et le mâle blanc occidental le capitaliste. Le mouvement est d'ailleurs soutenu par une partie de l'extrême gauche et voit graviter autour de lui des écologistes d'EELV, des altermondialistes d'Attac ou encore Alain Gresh, rédacteur en chef du *Monde diplomatique*.

Apparus en 2004, au moment du vote de la loi interdisant le voile à l'école, proclamant dans leur appel fondateur que « la France a été État colonial et reste un État colonial », les Indigènes de la République désignent les immigrés ou les enfants d'immigrés comme les assujettis d'aujourd'hui, en particulier les musulmanes qui seraient les cibles d'un appareil public « raciste et islamophobe ».

Ce faisant, ils entretiennent une dialectique victimaire qui nourrit la paranoïa des jeunes de banlieue, offre une explication simpliste à leurs difficultés d'intégration et les enferme dans leur identité particulière, voire dans une appartenance ethno-culturelle fantasmée. Ainsi aux yeux des Indigènes, un jeune garçon ou une jeune fille d'origine maghrébine qui choisit de s'identifier la culture et l'histoire de France est aliéné. Au mieux, il ou elle souffre du syndrome du colonisé, au pire, c'est un « collabeur ». À l'époque de l'Allemagne nazi, des commerces ou établissements étaient interdits aux juifs. Au temps de l'Amérique ségrégationniste, on pouvait lire des panneaux sur lesquels étaient inscrits « interdits aux noirs ». Dans la France post-Charlie des Indigènes de la République, un « camp d'été décolonial », censé former à l'antiracisme politique est interdit aux Blancs. Lors de certaines rencontres organisées à Paris VIII, l'université de Saint-Denis, il était précisé : « paroles non blanches ». Bien que groupusculaire, le mouvement rencontre un vrai écho d'autant plus que sa rhétorique n'est pas si éloignée des discours d'intellectuels reconnus et s'en légitime. Dans *Pour les musulmans*, Edwy Plenel crée ainsi une équivalence anhistorique entre l'islamophobie et l'antisémitisme pour faire du musulman d'aujourd'hui le juif d'hier. Dans *Qui est Charlie ?*, Emmanuel Todd réduit les marches du 11 janvier 2015 à une manifestation antimusulmane, quitte à portraiturer Mahomet en « personnage central de la religion d'un groupe faible et discriminé ». Il n'est pas sûr que les jeunes des banlieues lisent leurs livres, mais il est certain que les plaintes des uns et les théories des autres forment un accord symphonique. Ce que les islamistes ont bien intégré, décidés qu'ils sont à faire de la lutte supposée contre l'islamophobie un puissant levier pour interdire toute critique de l'islam.

Moins d'un mois après les attentats du 13 novembre 2015 les Indigènes de la République ont organisé un meeting pour protester « contre les dérives racistes et islamophobes de l'état d'urgence, la politique guerrière de la France, le tout sécuritaire et l'état d'exception liberticide ». À la tribune figurait notamment Tariq Ramadan. « On connaît les sources de l'islamophobie, on sait d'où ça vient. Elles sont liées à des associations prosionistes mais on n'a pas le droit de le dire » a-t-il notamment déclaré à cette occasion. Quelques jours plus tôt, il avait déclenché la polémique avec ce tweet provocateur en forme de slogan : « Je ne suis ni Charlie, ni Paris ».

Tariq Ramadan et ses petits frères

Ce dimanche 7 février 2016, Tariq Ramadan est seul sur la scène du Grand Palais de Lille devant un public de trois mille personnes, dont de nombreuses femmes voilées et une poignée de barbus portant le *qamis*, l'uniforme salafiste censé imiter la vêture du Prophète de l'islam. « Vous avez la capacité culturelle de faire que la culture française soit considérée comme une culture musulmane parmi les cultures musulmanes », exhorte l'élégant prédicateur qui ne va pas sans évoquer une possible doublure de Mohammed Ben Abbes, le président musulman de *Soumission*, le roman de Michel Houellebecq. Le thème de son intervention ? « Clarifier le discours, une nécessité pour une jeunesse en quête de sens. » La neuvième Rencontre annuelle des musulmans du Nord (RAMN), organisée par l'Union des organisations islamiques de France (UOIF), a elle-même pour objet : « Les jeunes musulmans ». Dans une région sinistrée par la désindustrialisation et le chômage de masse où le Front national fait ses meilleurs scores, l'enjeu est de s'adresser à une génération qui a soif d'identité et de l'enrôler.

Hassan el-Banna (1906-1949), le fondateur des Frères musulmans, tenait l'éducation des enfants et des jeunes pour une priorité. Instituteur en parallèle à ses fonctions de prédicateur, il considérait la jeunesse comme l'avenir de son mouvement et de son projet islamiste. Tariq Ramadan, son petit-fils, ainsi que les dirigeants de l'UOIF, ses héritiers, ont retenu la leçon. En France, depuis la fin des années 1980, les Frères ont largement contribué à réislamiser et à radicaliser les jeunes issus de l'immigration maghrébine de la deuxième et de la troisième génération, alors même que leurs « darons » étaient adeptes d'un islam populaire et discret. Parfois considérés, à tort, comme des modérés par les médias occidentaux, ils constituent au contraire l'une des principales matrices de l'islam politique. Leurs structures associatives sont les mieux organisées et propagent une idéologie qui doit être qualifiée de totalitaire.

Un tel qualificatif peut sembler un raccourci hâtif. Néanmoins, comme le nazisme et le communisme au XXᵉ siècle, le projet des Frères musulmans se conçoit comme l'accomplissement de la fin de l'histoire à l'échelle planétaire par la conquête de l'ensemble des peuples et leur reddition à la vérité que détient le mouvement. Ce dernier travaille donc à l'instauration et à la domination d'un État islamique mondial qui gouvernera toute l'humanité, y compris l'Occident, sous l'égide de la charia, de la loi coranique et des autres représentations du système islamiste censé régenter tout un chacun et déterminer en totalité chaque aspect de l'existence humaine. Pour la philosophe Hannah Arendt, l'emprise totalitaire se distingue en effet de la dictature classique en tant qu'elle ne vise pas « seulement » à contrôler l'activité des hommes, mais aussi leur conscience en leur imposant une pensée hors l'observance volontaire de laquelle ils sont considérés comme ennemis de la communauté. Autrement dit de s'immiscer dans la sphère intime au point de priver la personne de tout libre arbitre.

En projetant l'avènement de l'Oumma, de la communauté islamique totale, universelle et obligatoire sous le double régime confondu du religieux et du politique, l'idéologie d'Hassan el-Banna correspond point par point à cette définition. L'Oumma est le devenir du monde et l'individu n'existe plus qu'à travers l'Oumma. Le programme en cinquante revendications qu'il publia en 1936 et qui n'a jamais été remis en question depuis par les Frères musulmans se veut exhaustif ou presque des implications pratiques de sa doctrine ; il faut notamment « inciter les gens à respecter la morale publique en prévoyant de lourdes peines en cas d'infraction » ; faire campagne contre le port de vêtements inconvenant et contre les conduites relâchées ; éduquer les femmes sur ce qui est convenable ; interdire la mixité entre étudiants et étudiantes ; traiter les fréquentations entre jeunes gens en âge de se marier comme un crime qui doit être puni ; proscrire la danse et tout contact gestuel entre hommes et femmes ; inspecter les théâtres et les salles de cinéma ; censurer les chansons ; confisquer les livres érotiques et ceux qui sèment le doute ; considérer la mise sur pied d'une police des mœurs responsable de punir ceux qui transgressent la doctrine islamique, ou encore « envisager l'imposition d'un code vestimentaire uniforme pour toute la nation ». Le monde rêvé des Frères musulmans ressemble à celui dépeint par Orwell dans *1984*. Un *Big Brother* islamiste y quadrille les espaces publics, s'invite dans les salons, se glisse dans les chambres à coucher et fracture même les tréfonds des âmes.

Or, comme le rappelle entre autres le documentariste et historien Michaël Prazan dans *Frères musulmans, la dernière idéologie totalitaire*, Hassan el-Banna s'inspire des mouvements fascistes qui traversent l'Europe dans les années 1930, emprunte au modèle nazi des jeunesses hitlériennes, et crée des chemises vertes à l'instar des « chemises brunes » des SA, les sections d'assauts hitlériennes. Autre proximité non fortuite, lorsqu'éclate la Seconde Guerre mondiale, le grand mufti de Jérusalem, Haj Mohammad Amin al-Husseini, fondateur des Frères musulmans en Palestine, se rend en Allemagne, noue une alliance avec le Führer, affirme à la radio berlinoise le 28 novembre 1941 que les juifs sont les ennemis communs de l'islam et du Reich pour le compte duquel il formera des bataillons SS parmi les musulmans de Bosnie. Aux yeux du romancier Boualem Sansal dont *Le village de l'Allemand* opère un jeu de miroir entre hier et aujourd'hui et dont *2084* imagine le monde de demain gouverné par la charia, la frontière entre les deux est mince. « Nazisme et islamisme sont deux totalitarismes fondés sur le culte du héros et du martyre, la glorification du Guide suprême, l'organisation de masse disciplinés, l'idéologie érigée en religion, l'antisémitisme érigé en dogme », explique l'auteur de *Gouverner au nom d'Allah*.

Contrairement à une idée reçue, le djihad est également au cœur de la Confrérie qui se divise en une branche politique pacifique à la périphérie et une branche de lutte armée au centre. La devise officielle des Frères musulmans est limpide : « Le Coran est notre constitution. Le jihad est notre voie, mourir dans le sentier d'Allah est notre plus grand espoir. » Dans *L'Épître du Jihad*, traduit en français par Mohamed Louizi, Hassan el-Banna fait l'apologie de l'engagement armes à la main : « Allah a prescrit le jihad à tout musulman de manière ferme, inéluctable et inévitable. Il en a appelé de ses vœux vigoureusement, écrit le fondateur des Frères musulmans en 1938. Il a promis une grande récompense aux moudjahidines et aux martyrs. Il leur a octroyé ce qu'il n'a jamais octroyé à d'autres, à savoir de nombreux avantages spirituels et matériels, dans l'ici-bas et dans l'au-delà. » Cependant, les Frères musulmans misent moins sur la force et la violence que sur le temps long et la constitution d'un puissant réseau pour imposer leur idéologie. Ils cooptent de jeunes recrues qui après un parcours initiatique leur prêtent allégeance. Authentiques « islamo-trotskistes », ces prosélytes ont pour vocation de devenir l'élite islamiste qui porte la vision des Frères musulmans dans la société, notamment en occupant des postes clefs dans les rouages de l'État et en accédant au pouvoir politique.

Cette stratégie des petits pas, qui peut s'accommoder dans un premier temps du jeu démocratique, fait passer les Frères musulmans pour des modérés. Islamistes peut-être, mais légalistes et non violents. Or, la différence entre les Frères musulmans et les groupes militarisés tels qu'Al-Qaïda, Daech ou Al-Nosra, est une différence de degré et de méthode, non pas de nature. « Il y a ceux, comme les groupes qui usent de la violence maintenant et ici. Les Frères les soutiennent, directement ou indirectement, et peuvent y recourir le moment venu », explique Mohamed Louizi, ancien membre de l'UOIF et ex-président des Étudiants musulmans de France à Lille. « Je rappelle que l'appel au jihad en Syrie a été lancé, depuis Le Caire, le 13 juin 2013, par une coalition composée de Frères musulmans et de salafistes. » En Égypte précisément, les Frères musulmans ont réussi à prendre le pouvoir par les urnes en 2012 et à s'y maintenir en 2013 dans la suite des Printemps arabes, avant d'en être chassés sous la double pression de l'armée et du peuple. Ils y sont à nouveau considérés aujourd'hui comme une organisation extrémiste à tendance terroriste.

En France, le porte-étendard des Frères musulmans est l'UOIF. Reconnue par les pouvoirs publics, l'organisation demeure cependant controversée. Créée en 1983 par un petit groupe d'étudiants et d'activistes islamistes en exil, son tremplin historique aura été l'affaire des collégiennes de Creil et du foulard islamique en octobre 1989. Pour souder l'Oumma et la dresser contre la société française, l'UOIF, fidèle à la stratégie des Frères, a instrumentalisé les jeunes. « La première "affaire du voile" a été soutenue et rendue publique par l'organisation à l'automne 1989, rappelle Gilles Kepel dans *Quatre-vingt-treize*. La France fêtait le bicentenaire de la Révolution, tandis que le mur de Berlin tombait en entraînant dans sa chute le communisme qui socialisait encore beaucoup de jeunes d'origine immigrée en banlieue, et après que l'affaire Rushdie avait dopé la dynamique communautariste outre-manche. » Cette année 1989 est aussi celle qui suit la réélection, un an plus tôt, de François Mitterrand qui, outre ses qualités tacticiennes, doit sa victoire au travail idéologique réalisé par SOS Racisme.

La France abandonne alors son modèle historique d'assimilation précisément hérité de la Révolution de 1789 et se prépare à la signature, quelques années plus tard, du traité de Maastricht, à l'ouverture européenne et au néolibéralisme mondialisé qui, conjugués, déliteront le fait national. Pour les Frères, c'est une bénédiction qui leur permettra de détourner à leur profit une jeunesse en mal de repères. Comme l'écrit à l'époque Alain Finkielkraut dans *Le Monde*, les islamistes, aidés par les idiots utiles de la gauche morale, « retournent les droits de l'homme contre l'école laïque et contre la culture comme monde commun en confondant droit de l'homme et droit des tribus ».

Pour comprendre le phénomène, il est utile de donner la parole à ceux qui, un temps du moins, ont été séduits par l'islamisme avant d'en revenir. Ce fut le cas de Farid Abdelkrim. Dans *Pourquoi j'ai cessé d'être islamiste, itinéraire au cœur de l'islam en France*, il raconte comment il a été endoctriné par les Frères musulmans. Gamin sans histoire, parfaitement intégré, Farid bascule après la mort de son père en 1980. L'adolescent n'a alors que 13 ans, et ce décès précoce lui cause un profond bouleversement existentiel. Ce Franco-Algérien s'interroge sur ses origines. Il ne se sent plus « ni d'ici, ni de là-bas ». C'en est terminé des parties de foot avec Cyril, Thierry, Olivier, Christophe. « C'est à cette époque que j'ai commencé à me prendre pour un arabe. Bien avant d'être désigné comme tel par qui que ce soit, écrit-il. Or être cet arabe me suggérait de me couper des non-Arabes. Honte à celui qui oserait fréquenter les blancs et ainsi se compromettre ». Farid Abdelkrim sèche les cours et commence sa carrière de délinquant : bagarres, vols, braquages. Son modèle est alors Tony Montana, le mafieux cubain en guerre contre l'Amérique incarné par Al Pacino dans *Scarface* de Brian De Palma. En 1985, sa vie bascule une deuxième fois. Son ami Rédouane est tué par un gendarme. Sa quête de sens reprend. Avec un de ses camarades, ils commencent par poser un tapis dans une pièce du centre socioculturel de Bellevue, le quartier nantais où tous deux habitent, se mettent à écouter en boucle une cassette contenant des versets du Coran et se retrouvent à la mosquée pour rendre un dernier hommage à Rédouane. Là, les jeunes gens rencontrent un imam irakien. « Au lieu de nous aider à faire notre deuil, il nous parle du conflit israélo-palestinien », se souvient Farid Abdelkrim. Quelques mois plus tard, ce même imam lui fait prêter allégeance aux Frères musulmans. « J'ai vécu ce moment comme une élection. Je ne pouvais que dire oui », avoue aujourd'hui le repenti. Il croit avoir enfin trouvé la « cohérence » qu'il recherche. Mais loin de lui donner l'équilibre auquel il aspire, le discours binaire de la Confrérie ne fait qu'aggraver son malaise. « Les Frères musulmans nous font comprendre que l'athéisme, le communisme, l'Occident sont contre la religion de l'islam – la "vérité vraie" –, qu'une compatibilité est impossible. Ils nourrissent ce discours par les thèmes de la colonisation, l'immigration, la discrimination, l'affaire du foulard, décrypte Farid Abdelkrim. Cet islam aux allures de bouclier identitaire construit un eux contre nous. » L'opposition manichéenne du Bien contre le Mal entraîne une dialectique infernale dans laquelle il s'enferme. « Ma seule préoccupation était de prouver ma fidélité à l'Oumma, à mes frères et sœurs qui souffraient en Palestine, en Afghanistan ou ailleurs. Et je m'y employais. En dénonçant, de l'intérieur, l'Occident et la France. En me désolidarisant. En développant et en entretenant une aversion à leur égard. » C'est ce même conflit intérieur, attisé par les islamistes, qui pousse aujourd'hui une partie de la jeunesse à se radicaliser.

Depuis les années 1980, l'UOIF a assis son emprise idéologico-politique. Alors que la crise n'a cessé de s'aggraver et le chômage de battre des records, l'organisation a structuré un réseau d'associations qui œuvrent dans tous les domaines de la vie sociale, sur l'ensemble du territoire et particulièrement dans les quartiers dits sensibles. Selon un article de la *Voix du Nord*, datant du 22 juin 2013, l'UOIF compterait 280 associations et 65 mosquées soit 22 associations et 5 mosquées par région. Le voile étant aujourd'hui prohibé dans les écoles publiques, les Frères musulmans ont étendu leur influence sur les écoles confessionnelles transformées, pour l'occasion, en laboratoire de l'islamisme. Toujours l'emprise sur la jeunesse, mais à quel prix ? Après les attentats de janvier 2015, Soufiane Zitouni claque la porte du lycée Averroès de Lille que mène personnellement

Amar Lasfar, le président de l'UOIF et le recteur de la mosquée de Lille-Sud. Dans une tribune publiée par *Libération*, le professeur de philosophie en rupture de ban définit ce lycée comme « un territoire musulman sous contrat avec l'État » et dénonce le « double jeu de la direction », « l'antisémitisme culturel et obsessionnel des élèves » ainsi que « la diffusion de manière sournoise et pernicieuse d'une conception de l'islam qui n'est autre que l'islamisme ».

Pour autant, une telle montée en puissance de l'UOIF aurait été impossible sans le clientélisme actif des élus locaux et la complicité passive de l'État. Pour Mohamed Louizi, les politiques ont une responsabilité dans l'influence des Frères musulmans. « Ils ont favorisé la communautarisation des musulmans en espérant pouvoir les solliciter lors des élections », analyse le Roubaisien, auteur d'un remarquable *Pourquoi j'ai quitté les Frères musulmans* qui dévoile les rouages et les méthodes de l'organisation. Dans sa ville natale, la commune métropolitaine la plus pauvre du pays souvent qualifiée de Molenbeek français, l'une des mosquées est gérée par l'UOIF tandis qu'une autre flirte avec les salafistes et quatre candidats au djihad sont partis pour la Syrie. « Les politiques ont choisi les interlocuteurs qui avaient un discours de victimisation et pas ceux qui avaient un discours de responsabilisation » conclut-il sévèrement, mais justement.

En 2003 Nicolas Sarkozy, alors ministre de l'Intérieur, permet à l'UOIF d'intégrer le Conseil français du culte musulman (CFCM) que lui-même vient de créer. Le pari est d'institutionnaliser l'organisation la plus nombreuse et la plus disciplinée pour mieux la contrôler et, *in fine*, la normaliser. Toutefois, au printemps de la même année 2003, le 19 avril, au Bourget, lors des Rencontres des musulmans de France qu'animent les Frères, les vingt mille participants payants sifflent Nicolas Sarkozy lorsqu'il revient sur l'interdiction du voile en prenant l'exemple des photographies sur les cartes d'identité. Quatre ans plus tard, à l'occasion des élections présidentielles, Fouad Alaoui, alors secrétaire général de l'UOIF, donne discrètement l'ordre à ses troupes de voter François Bayrou, jugé plus compatible avec les revendications islamistes.

En réalité, l'UOIF n'est jamais sortie de l'ambiguïté. Ses dirigeants tiennent un habile double langage : relativement modéré envers les institutions et les médias, beaucoup plus radical auprès des militants et des sympathisants. Tariq Ramadan, qui n'est pas officiellement membre de l'UOIF, mais se voit inviter à chacun de ses congrès, est passé maître dans l'art d'adapter son discours à l'auditoire. D'un côté, le théologien se présente comme un réformiste, de l'autre le prédicateur refuse de condamner la lapidation des femmes. D'un côté, l'islamologue dénonce le djihadisme, de l'autre l'islamiste n'est « ni Paris, ni Charlie ». Docteur Tariq demande la nationalité française, Mister Ramadan fustige l'« État raciste et islamophobe ». D'autres membres de l'organisation, moins controversés que Tariq Ramadan, ont un positionnement tout aussi ambivalent. C'est notamment le cas d'Amar Lasfar. Le président de l'Union des organisations islamiques de France depuis juin 2013 dénie tout lien entre l'UOIF et les Frères musulmans dans *Libération* avant d'affirmer le contraire à *France Maghreb*; il demande aux jeunes musulmans de ne pas rejoindre le Front syrien et invite des prédicateurs appelant au djihad et au meurtre de l'apostat lors de l'une des Rencontres du mouvement; il prône en français un islam de France et en arabe un islam de la charia.

Il en va également ainsi de Tareq Oubrou, certes présenté comme l'ambassadeur d'un islam ouvert et tolérant, fait chevalier de la Légion d'honneur par Alain Juppé et désormais menacé par Daech. Pour autant, l'imam de Bordeaux a plusieurs visages. Un jour, le clerc participe à un voyage au camp d'Auschwitz-Birkenau en Pologne, le lendemain il fait meeting commun avec l'antisémite Alain Soral. Il se prononce à la télévision pour une « visibilité discrète de l'islam », mais à la mosquée El-Houda où il officie, des jeunes filles non pubères portent le hijab. Ses supporters prétextent qu'il a évolué. Ce qui paraît en effet non seulement incontestable, mais encore heureux lorsqu'on écoute la conférence qu'il donna dans les années 1990 sur les principes de l'islam selon Hassan el-Banna, que l'on peut encore trouver sur Dailymotion. « Le Califat est une obligation, et la réunion des musulmans autour de ce Calife est une obligation, et tant que les musulmans ne sont pas réunis autour du Califat, ils sont des pécheurs, sauf ceux qui œuvrent pour instaurer ce Califat, explique-t-il doctement. La frontière entre deux pays musulmans est une hérésie méprisable par l'islam. Les Frères musulmans ne reconnaissent pas les frontières entre les peuples musulmans. Ils reconnaissent une communauté qui doit être réunie autour d'un Califat qui a ses représentants dans ces différents pays. » Pour le futur imam préféré des médias, il est alors interdit d'interpréter le Coran : « Tout est à prendre au premier degré dans le Coran : on n'entre pas dans le commentaire car c'est un champ hors de notre portée par rapport à notre raison, affirme-t-il avant de préciser : Ce n'est pas une innovation de la part de El-Banna car c'est une attitude qui a été adoptée par Mahomet et ses compagnons. » Tarek Oubrou soutient aujourd'hui qu'il ne s'agissait pas pour lui d'exprimer ses idées propres, mais de restituer la pensée d'El-Banna. Quel penseur ne rêverait d'une telle présentation ne souffrant ni contextualisation, ni interprétation et encore moins la plus minimale prise de distance critique ? Le fait est que l'imam de Bordeaux, dans lequel certains voient le futur mufti de la République, demeure lié en quelque façon aux Frères musulmans et à l'UOIF et n'a pas renoncé à son admiration pour le fondateur de la Confrérie.

Enfin, moins connu du public profane, Hassan Iquioussen, longtemps imam d'Escaudain et cofondateur des Jeunes musulmans de France (JMF), branche dédiée de l'UOIF, est le prédicateur star des grandes mosquées. Celles de Montpellier, Aulnay-sous-Bois, Mantes-la-Jolie, Roubaix, Dunkerque ou Cergy notamment, l'invitent régulièrement pour des conférences, enregistrées ou filmées et postées sur Internet pour certaines d'entre elles, entre autres sur Dailymotion et YouTube. L'échantillon est cependant suffisant. Le 14 janvier 2013 à la mosquée de Saint-Denis de La Réunion, parlant de l'engagement au sein de la société, Iquioussen fait l'apologie du djihad : « Préférez l'au-delà... Si vous ne voulez pas vous engager, vous allez souffrir, sur terre et dans l'au-delà, martèle-t-il. Les vieillards s'engagent, vous entendez les jeunes ? » Dans une autre conférence, donnée le 24 mars 2014, disponible sur YouTube, il justifie le meurtre d'apostats qui critiqueraient l'islam : « C'est une cinquième colonne, ce sont des traîtres, ce sont des collabos, et chez nous en France les collabos ont leur met 12 balles. » Il est en cela fidèle au mot d'ordre initial et stratégique d'Ahmed Jaballah, cofondateur de l'UOIF, qui siège dans l'appareil directeur, et qui affirmait en 1991 : « L'UOIF est une fusée à deux étages. Le premier étage est démocratique, le second mettra en orbite une société islamique. »

Toutefois, les Frères musulmans sont désormais débordés par plus radicaux qu'eux. Ils ont préparé le terrain aux militants du salafisme politique dont la lecture du Coran est plus littéraliste et la stratégie plus brutale. Le mouvement salafiste a le vent en poupe, confirme Farid Abdelkrim. À coup de dollars, l'Arabie saoudite a réussi à faire entendre son discours wahhabite jusqu'ici. Désormais, plus le discours est ancré dans une tradition lointaine, plus il est radical et donne l'impression d'être authentique, plus il a du succès. À l'inverse, plus il est contemporain, moderne et proche de la France, moins il a d'attrait. Dans l'imaginaire d'une partie de la jeunesse radicalisée des cités, Mohammed Merah, les frères Kouachi ou encore Abdelhamid Abaaoud sont en passe de remplacer Tony Montana, Hassan el-Banna et même Tariq Ramadan. Faut-il pour autant voir ces deux courants comme des adversaires ? Pas forcément. « Il n'y a pas de cloison étanche entre les Frères musulmans et les salafistes, explique Mohamed Louizi. Dans les moments de difficultés, salafistes et Frères musulmans se prêtent mutuellement secours. » Il ne faut donc pas les concevoir comme deux entités à part, mais tels les deux branches d'un même arbre : l'islamisme.

Ce qui explique pourquoi Amar Lasfar, président de l'UOIF, voulait donner à Roubaix, en mars 2016, une conférence commune avec le très controversé imam de Brest, Rachid Abou Houdeyfa, connu pour ses prêches outranciers. En 2012, il avait sous-entendu qu'une femme qui ne portait pas le voile s'exposait au viol : « Si la femme sort sans honneur, qu'elle ne s'étonne pas que les hommes abusent de cette femme-là » ; et, en septembre 2015, il avait affirmé devant une assemblée d'enfants : « Écouter de la musique vous transformera en singe ou en porc. » Amar Lasfar a annulé son intervention « in extremis » et remplacé son invité par Ahmed Miktar, le recteur de la mosquée de Villeneuve-d'Ascq lui aussi membre de l'UOIF. Le titre de l'intervention est resté invariable, tel un message subliminal : « l'union dans la diversité ».

Du salafisme au djihadisme

Chez Idriss Sihamedi, l'habit fait le moine. Le dirigeant de l'organisation non gouvernementale (ONG) humanitaire et islamique BarakaCity se présente comme « un musulman normal ». Il arbore pourtant la panoplie vestimentaire et comportementale du salafiste : crâne rasé et barbe longue non taillée, pantalon sarouel, il refuse aussi bien de serrer la main aux femmes que de répondre à une quelconque question embarrassante que, proteste-t-il, on n'aurait jamais osé poser à un juif. Invité avec, entre autres, Najat Vallaud-Belkacem, sur le plateau du *Supplément* de Canal +, le 24 janvier 2016, il hésite ainsi longuement à se prononcer lorsqu'un chroniqueur lui demande s'il est capable de condamner Daech sans équivoque. C'est avec une gêne palpable qu'il finit par concéder : « Ce n'est pas qu'on ne condamne pas l'État islamique. S'ils tuent, s'ils brûlent des gens dans des cages, je ne vais pas vous dire "non je ne condamne pas". Donc je pense que oui... » Alors que la France pleure encore les victimes du 13 novembre 2015, la ministre de l'Éducation nationale ne réagit que du bout des lèvres : « Je crois que c'est une association qui porte une façon de voir les choses qui n'est pas la mienne », se contente-t-elle d'indiquer. « Najat Vallaud-Belkacem aurait pu au moins faire cette justice aux Français de confession musulmane de dire clairement que non, le leader de BarakaCity n'est pas un « musulman normal », mais un militant de l'islamisme le plus radical déguisé en humanitaire », regrette Céline Pina, ancienne élue PS de banlieue et désormais essayiste, dans l'entretien qu'elle accorde au *FigaroVox*.

Alors que cette séquence provoque l'indignation d'une large frange de la classe politique et de l'opinion publique, Idriss Sihamedi engrange soutiens et promesses de dons sur les réseaux sociaux. Avec 48 000 abonnés Twitter, 650 000 *like* sur Facebook et 16 millions d'euros récoltés en cinq ans, BarakaCity sait rassembler les jeunes musulmans comme s'en réjouit le site *Street Press*. Mais sous couvert d'humanitaire, l'ONG est une vitrine du salafisme. Dès décembre 2014, RTL a estimé, dans un sujet consacré au *djihad business*, que l'association pourrait servir à « financer le terrorisme ». En 2015, ses locaux sont perquisitionnés à deux reprises, notamment dans le cadre de l'État d'urgence, et Idriss Sihamedi se voit fiché par la direction générale de la sécurité intérieure (DGSI).

Le vendredi 11 septembre de cette même année, l'association est présente au salon de la femme musulmane qui se tient à Pontoise et au cours duquel des prédicateurs salafistes promettent « aux femmes coquettes et parfumées » un « châtiment atroce » tout en leur enjoignant de « se voiler pour éviter le viol ici-bas et l'enfer dans l'au-delà ». Ceux qui s'arrêtent devant le stand rutilant de BarakaCity assistent à une harangue non moins dérangeante : sur des écrans géants défilent des images insoutenables d'enfants syriens tués tandis que de jeunes barbus aux crânes rasés interpellent la foule et vilipendent les pays de la coalition, les accusant d'être responsables de tous les malheurs du monde musulman. Cette mise en scène racoleuse permet d'ériger un « nous » et un « eux », l'Oumma persécutée par l'Occident criminel. Le cas Idriss Sihamedi est symptomatique. Il révèle la banalisation du salafisme en France, son influence grandissante auprès de la jeunesse, ainsi que l'impuissance, voire la complaisance des politiques face à ce phénomène. Sa croissance ne laisse pas, en effet, d'inquiéter. Selon l'ancien haut fonctionnaire et sociologue Bernard Godard, auteur de *La question musulmane en France*, sur les 2 500 mosquées recensées en France, hors des salles de prières anarchiques ou clandestines, deux centaines d'entre elles, soit une sur dix, représenteraient des centres activistes : cent seraient sous l'influence directe du mouvement et cent seraient travaillées de l'intérieur par des cellules contestataires. Au regard des estimations les plus basses des spécialistes, le nombre des adeptes, chiffré à une dizaine de milliers au milieu des années 2000, aurait été multiplié par cinq au cours de la dernière décennie. Plus inquiétante encore, l'enquête de l'Institut Montaigne sur les musulmans de France, publiée en septembre 2016 et basée sur un sondage de l'Ifop, révèle que 83 % d'entre eux estiment que leurs enfants devraient pouvoir manger halal dans les cantines scolaires, 65 % que les filles devraient avoir le droit de porter le voile à l'école. Pire, 28 % sont partisans de la charia, se plaçant ainsi en rupture totale de la République, adeptes du *niqab*, de la *burka* et de la polygamie. Pas moins de la moitié des 15-25 ans se range dans cette catégorie, ce qui témoigne d'une indéniable dynamique de radicalisation. Pourtant, pour un esprit rationnel, une telle propagation demeure au premier abord incompréhensible. L'idéologie salafiste s'apparente en effet à un bond en arrière de quatorze siècles. Elle prône le retour à un islam des origines souvent fantasmé, l'adoption des mœurs reconstruites de la société tribale de l'Arabie du VIIe siècle et l'imitation du Prophète et de ses compagnons, les *salaf* ou « pieux ancêtres », au point de porter leurs tenues vestimentaires supposées telles que le *qamis* pour les hommes et le *niqab* pour les femmes. Cette volonté de revivifier l'islam primitif, ou à tout le moins la représentation qu'ils s'en font, induit chez les salafistes une lecture littéraliste du Coran prohibant toute interprétation. Au vu de quoi, ils rejettent intégralement la modernité, prêchent un rigorisme incompatible avec les sociétés occidentales contemporaines, récusent la démocratie et ne reconnaissent qu'une seule loi, celle de la charia. La doctrine salafiste est au sens typologique un revivalisme, mais au sens religieux et politique un fondamentalisme.

Toutefois, cette révision repose aussi et d'abord sur une suspension de l'histoire réelle au profit de la légende déréalisée, car ce courant s'est structuré à partir de plusieurs mythes fondateurs qui revêtent néanmoins une valeur programmatique. Le premier est celui de l'Âge d'or révolu qu'il faut restaurer : au commencement a régné un pur islam d'intégrité et d'harmonie avant que ne viennent les temps de la décadence et du déclin. Le deuxième tient dans l'unité sacrée perdue qu'il s'agit de rétablir : à l'Oumma, à la communauté islamique première et indivise, ont succédé des siècles de division. Le troisième procède de la paix universelle combattue qu'il faut imposer : la juste lutte pour islamiser le monde s'est heurtée à l'adversité acharnée de l'Occident à jamais comploteur. Primauté de l'origine, de la fusion, du combat : dans *Le salafisme d'aujourd'hui*, le sociologue Samir Amghar montre l'incidence contemporaine de cette conception. D'une part, le retour à l'unité primordiale « exige d'en finir avec toutes les cultures locales : il ne peut y avoir qu'une seule identité » et ce, d'autant plus, que d'autre part « dans l'imaginaire salafiste, depuis le VIIe siècle, l'Occident aurait invariablement concentré ses attaques en direction du monde musulman dans le but d'empêcher l'influence grandissante d'un empire surpuissant. En effet, depuis les Croisades jusqu'à l'instauration de l'État d'Israël, en passant par la colonisation de l'Algérie, les guerres en Bosnie, en Irak, le but était et demeure le même : lutter contre l'islam ». On comprend comment une telle lecture fixiste, manichéenne et hostile peut déterminer la haine de certains jeunes pour la société qui les a vus naître, encourager leurs penchants conspirationnistes et, surtout, ne pas les dissuader de passer à l'acte.

Si la doctrine salafiste émerge au XIXe siècle comme un mouvement revivaliste, elle prend son véritable essor dans le monde arabo-musulman à partir des années 1970, faisant son lit dans le prosélytisme fondamentaliste propagé par l'Arabie saoudite grâce à la manne des pétrodollars. Elle bénéficie de l'échec alors patent du panarabisme, à tendance moderniste, sociale et laïque, qui domine depuis les années 1950 l'arc qui court du Maghreb au Levant et au sein duquel les rodomontades du Tunisien Bourguiba, de l'Égyptien Nasser, de l'Irakien Kassem ou du Syrien Jedid contre le ramadan ou le voile seraient aujourd'hui inimaginables. Cependant, les défaites des coalitions de 1967 et de 1973 contre Israël sonnent la défaite de l'utopie progressiste dans les têtes et les cœurs. Le délitement puis l'effondrement du bloc soviétique achèvent le mouvement. Le panislamisme, longtemps réprimé mais qui n'a jamais désarmé, se substitue au panarabisme, en séduisant une jeunesse dégoûtée par la corruption et l'impuissance de dirigeants arabes jugés être «à la solde de l'Occident». Dans le même temps, les Saoudiens, qui bénéficient de la protection des États-Unis au regard de leurs ressources énergétiques et sont devenus leurs partenaires actifs dans la lutte contre le communisme en Afghanistan, puis contre le khomeynisme en Iran, avancent leurs pions pour se disculper d'une telle accusation. En février 2005, James Woolsey, ancien directeur de la CIA, s'interrogeant devant l'American Enterprise Institute sur le fait de savoir si « cet allié déclaré ne serait pas en fait un ennemi déguisé », estimera ainsi que, depuis l'orée des années 1980, la monarchie gardienne des lieux saints coraniques a investi près de 90 milliards de dollars dans l'exportation de l'idéologie islamique sur les cinq continents.

Cette diplomatie d'influence, qui ressemble fortement à celle de l'ancien Komintern, va porter ses fruits dans les pays de tradition sunnite, mais aussi en Europe. Toutefois, et sur le même modèle, le courant dominant wahhabite ne va pas tarder à être dépassé par des mouvances encore plus ultras qui vont se greffer sur lui. C'est le cas du salafisme qui s'implante en France à la faveur de la construction des premières mosquées financées par la monarchie saoudienne, à commencer par celle de Mantes-la-Jolie en 1981 qui devient le siège français de la Ligue islamique mondiale, laquelle rayonne et agit depuis La Mecque. À partir de 1991, la guerre civile algérienne, où l'affrontement entre le pouvoir militaire nationaliste issu de la révolution et l'appareil insurrectionnel islamiste d'inspiration internationaliste comptera de 80 000 à 150 000 victimes, précipite le transfert du piétisme salafiste au salafisme de combat.

Les premières conséquences se font sentir de manière tragique dès 1995 à travers les attentats du métro Saint-Michel commis à l'instigation de Khaled

Kelkal, première figure du salafiste djihadiste français. La même année, les membres du gang de Roubaix, qui se sont connus à la mosquée, rejoignent la Bosnie pour combattre les Serbes comme soldats de l'islam. De retour en France en 1996, ils entament une carrière d'islamo-braqueurs au confluent du fondamentalisme et du banditisme avant d'être stoppés par le Raid. On découvre alors que deux convertis surnommés « les Ch'tis d'Allah » figurent parmi les dix criminels qui, de surcroît, ont séjourné à Molenbeek où ils ont puisé l'inspiration de leur dérive. Pour l'heure le salafisme armé reste marginal au point où l'État se satisfait de sa riposte policière à un épisode qu'il préfère considérer isolé tandis que les organismes publics et que les pouvoirs locaux délèguent aux imams la gestion de la jeunesse des quartiers afin de prétendument acheter la paix sociale. Mais le script de la suite est d'ores et déjà écrit.

Après le 11 Septembre 2001, la spirale du décrochage s'accélère. Au cri de « vive Ben Laden », les premiers *niqabs* émiratis apparaissent en banlieue pour concurrencer les capuchons Nike et à l'école, à l'hôpital, au stade se creuse une ligne de démarcation inédite en autant de signes en pointillé qui annoncent la défrancisation d'une partie des jeunes issus de l'immigration. Advient en 2005, avec les émeutes de banlieue, le deuxième tournant de cette *Terreur dans l'hexagone, genèse du djihad Français* qu'a parfaitement décrite Gilles Kepel. Elles sont à la fois sociales et confessionnelle en tant que les « kaïras » incendiaires sont les enfants d'une France où l'éducation a cédé la place à la consommation, le bien public à l'entreprise communautaire, l'appartenance solidaire à l'individualisme nihiliste et où la petite main jaune qui signifiait « Touche pas à mon pote » s'est inéluctablement muée en drapeau vert synonyme de « Touche pas à mon frère ». C'est en effet religieusement que chaque soir, en cette période de ramadan, tombe le rituel des flambées de violence censées exorciser la « profanation » par l'« État français néocolonialiste et islamophobe » d'un « territoire musulman » qui oblige le Premier ministre Dominique de Villepin à réactiver les dispositions de l'état d'urgence droit venues de l'époque de la guerre d'Algérie.

Cette même année voit la mise en ligne d'un *Appel à la résistance islamique mondiale* signé par un ingénieur syrien du nom d'Abou Moussab al-Souri. Ce texte n'intéresse guère alors les commentateurs qui le rangent au rayon de la surenchère rhétorique djihadiste. Il fixe néanmoins le cadre programmatique des attentats qui frapperont la France en 2015. « Al-Souri y théorise le terrorisme sur le sol européen, comme principal vecteur de la lutte contre l'Occident et identifie dans la jeunesse "mal intégrée" issue de l'immigration son instrument de prédilection », explique Gilles Kepel. Toujours en 2005, naît la plateforme de vidéo YouTube. Dans ce contexte déjà « glocal », à la fois global et local, émerge la troisième génération musulmane en France. Une génération déculturée, en voie de se réislamiser et prête à se radicaliser.

C'est de là qu'il faut dater l'expansion du salafisme non plus sécessionniste mais belligérant dans l'hexagone. Décrédibilisée depuis l'adoption de la loi sur le voile islamique en 2004, l'UOIF et les Frères musulmans perdent du terrain dans la bataille de l'islamisation. Une grosse décennie plus tard, la France compterait « une centaine de quartiers » qui présentent « des similitudes potentielles avec Molenbeek », selon Patrick Kanner, le ministre de la ville, de la jeunesse et des sports, interrogé le dimanche 27 mars 2016 lors du *Grand Rendez-vous* d'Europe 1-Le Monde-iTélé. De Roubaix à Lunel, d'un bout à l'autre du pays, le salafisme étend en effet son emprise sur les quartiers ghettoïsés.

Dans le Nord, l'ancienne capitale mondiale du textile, jadis fière de ses filatures « aux mille cheminées » et pionnière dans l'émancipation ouvrière, est devenue la ville à la fois la plus paupérisée, la plus musulmane et la plus jeune de France où les deux tiers des boucheries sont halal et les mosquées au nombre de six dont au moins deux représentent d'authentiques bouillons de culture islamiste. Abou Bakr se flatte d'attirer des milliers de fidèles venus de France, de Belgique, d'Allemagne et même des Pays-Bas, qui viennent écouter, sous la surveillance de la DCRI, de dangereux prédicateurs exaltés, dont en août 2013 les Saoudiens Salih Al-Souhaymi et Mohamed Ramzan Al-Hajiri pourtant interdis sur le territoire. Dawa, qui fut dans les années 1990 le quartier général des primo-djihadistes, se targue d'accueillir des petites filles en *jilbab* qui viennent prendre des cours d'arabe et de Coran. Roubaix et ses habitants semblent ainsi frappés d'extraterritorialité.

Au sud, l'ancienne « petite Jérusalem » des juifs du pape, la cité des félibres, friande de course camarguaise, est devenue la « capitale française du djihad ». Entre 2013 et 2014, cette bourgade de 25 000 habitants, située entre Montpellier et Nîmes, a vu vingt-cinq de ses jeunes partir pour la Syrie et l'Irak. L'islamisation de la cité a commencé il y a vingt ans avec la paupérisation de son centre-ville, suite à la construction de 25 % de logements qui a fait fuir la population locale. Petit à petit, les échoppes à kebabs ont remplacé les étals de tapenade ou de brandade et Lunel s'est transformée en une enclave communautaire et confessionnelle. La désertification du lieu a ainsi précédé l'appel du désert mortifère.

Que dire dès lors de Marseille et de ses quartiers nord dont salafistes et caïds se disputent le contrôle à grand renfort de kalachnikovs ? De Lyon et de sa banlieue où sont implantées vingt des cent mosquées salafistes françaises et d'où cent jeunes sont partis combattre sous la bannière du califat ? De Toulouse et son quartier des Izards dont était originaire Mohammed Merah et où s'est rendue incognito Latifa Ibn Ziaten, la mère du militaire qu'il avait tué de sang-froid pour y apprendre que les « enfants perdus » auxquels elle se consacre désormais considèrent l'assassin de son fils comme « un martyr, un héros de l'islam, qui a mis la France à genoux » ?

Que dire enfin de Saint-Denis, mitoyenne de Paris, autrefois symbole de la banlieue rouge, désormais emblème du 9-3 naufragé, et promue base-arrière par Abdelhamid Abaaoud, le coordinateur des attentats de novembre 2015 ? Chaque vendredi, 2 500 à 3 000 musulmans convergent vers la mosquée Tawhid et transforment la rue de la Boulangerie en salle de prière à ciel ouvert. Rue de la République défilent des silhouettes fantomatiques en *niqab* et des zélotes à longue barbe, calotte sur la tête et pantalon relevé sur les chevilles. Ils sont les meilleurs clients des librairies « étrangères » qui ont pour unique ouvrage en vente le Coran en mille et une versions reliées, des salons de coiffure « mixte » avec recoin à l'abri des regards pour le soin des femmes voilées, des magasins de la chaîne Daffah, « le numéro un mondial du *qamis* » et des boutiques Dubaï Center où l'on trouve des voiles pour fillettes « âge et taille quatre ans ». Le marché de Noël a disparu au profit d'une « Foire des savoir-faire solidaires » *(sic)* et même McDonald's plie devant le Mak-d'Hal qui, sur 400 m², propose des burgers 100 % hallal. Quant à l'Institut universitaire de technologie, fleuron d'une politique urbaine supposément correctrice, il a pour directeur Samuel Mayol, agressé physiquement à deux reprises et visé par pas moins de quinze lettres de menaces expédiées à son domicile, dont certaines rédigées en arabe comme celle commençant par cette exhortation : « J'appelle tous les musulmans à te punir. Tu dois payer, toi, tes proches, tes enfants. » Son crime ?

Avoir voulu mettre fin au prosélytisme d'une association estudiantine qui a notamment installé une salle de prière clandestine dans l'établissement dont il a la charge.

Qui croirait à l'exagération n'aura qu'à lire le constat dressé dans *Marianne*, en novembre 2016, par Fewzi Benhabib qui s'est installé à Saint-Denis en 1994 afin de fuir les islamistes de son Algérie natale et pour qui sa cité d'adoption surclasse désormais Oran en matière de communautarisme fondamentaliste : « Dans les années 1990, j'ai vu mes concitoyens algériens pareillement désemparés face à la redoutable machinerie intellectuelle et logistique des intégristes algériens, prévient-il. L'islamisme progressait à bas bruit, par petites audaces successives, d'abord soucieux de n'effrayer personne, avant de basculer, un jour, dans le terrorisme et la barbarie. »

Un prosélytisme oblique, numérique, impérieux

Les salafistes poursuivent avec les Frères musulmans le même objectif d'islamisation de la société, mais ils ne disposent ni d'une structure institutionnelle comme l'UOIF, ni d'une figure médiatique telle que Tariq Ramadan. Leur stratégie est celle de la contamination oblique et lente, par le bas. Peu à peu, ils grignotent une cité, un quartier, une ville et se taillent des enclaves à l'intérieur du territoire. Ils y imposent leurs marqueurs politico-religieux. Le voile, en particulier lorsqu'il est intégral, constitue un signal idéologique et un véhicule symbolique derrière lequel se rangent les militants et qui délimite l'occupation des espaces et des esprits. Le halal en est un autre. Plus que d'une simple coutume religieuse ou habitude alimentaire, il y va d'un instrument d'affirmation culturelle, d'un levier d'affiliation sectaire et d'une clôture identitaire à caractère de massification pour mieux souder et enfermer la communauté. L'éducation en est un troisième. Les mères les plus radicalisées retirent leurs enfants de l'école publique jugée « impure » pour les placer dans des centres scolaires clandestins, dont il est impossible d'évaluer le nombre exact, installés dans les caves et les garages. Les petits garçons et petites filles n'ayant connu rien d'autre que cet univers forclos et ayant été élevés dans la détestation d'une culture dont ils ignorent tout, sont autant de bombes à retardement disséminées aux quatre coins de la France de demain.

Les maires de banlieues qui ont accepté tous ces « accommodements déraisonnables » portent une lourde responsabilité dans l'assignation à résidence identitaire d'une partie de la jeunesse. « Des élus locaux corrompus ont pactisé avec les islamonazis », s'insurge le courageux Malek Boutih au lendemain des attentats contre *Charlie Hebdo*. Dans un entretien publié dans le *FigaroVox*, le 14 septembre 2015, Céline Pina raconte son expérience de conseillère régionale PS du Val d'Oise. « Tu ne sais pas où je vis et dans mon quartier, avoir mis le voile fait que mon fils ne se fait plus traiter de fils de pute et ma fille de fille des caves, et moi de pute tout court, avec les violences et la menace latente de viol qui va avec ces joyeusetés », lui confie une jeune femme voilée. Céline Pina lui explique alors qu'il y a des lois. « Il y a aussi une réalité, s'entend répliquer l'élue locale. Tu sais où on les croise le plus les politiques, c'est quand ils viennent faire leur marché à la mosquée et pour l'Aïd. Ils sont bras dessus bras dessous avec ceux-là mêmes qui nous mettent la pression. Entre dominants, ils se sont reconnus, et nous, ils nous ont passées par perte et profit. »

Le détournement de l'institution démocratique en machine électoraliste et clientéliste comme processus de conquête du pouvoir est une constante chez les fondamentalistes. De même que l'alliance de principes archaïques et d'outils postmodernes. Internet constitue ainsi un puissant relais de l'idéologie salafiste. Rachid Abou Houdeyfa, l'imam de Brest qui anathématise les enfants écoutant de la musique, utilise intensivement les nouvelles technologies pour étendre son influence au-delà de sa mosquée et ses performances sur les réseaux sociaux parlent d'elles-mêmes : 50 000 vues pour chacune de ses vidéos sur YouTube, 180 000 *like* sur Facebook, 10 800 *followers* sur Twitter. Mais la salafo-sphère ne relève pas que de l'artisanat et divers sites aussi structurés qu'influents diffusent une vision ultra-communautariste de l'islam politique sur la toile. Eux aussi ont pour fonction de marquer la frontière et de favoriser la conquête.

Parmi les plus connus figurent *Oumma.com*, proche des Frères musulmans, dont le nom fait ouvertement référence à la notion de « nation islamique », ou *Islam et Info* qui se définit comme défendant un « islam pur, éloigné des conceptions de la classe politique et de certains sites communautaires musulmans aux ordres ». Mais le plus emblématique demeure *Al-Kanz*, « le Trésor » en arabe. Fondé en 2006, ce site, qu'anime le blogueur Fateh Kimouche, affiche 350 000 visiteurs mensuels en période ordinaire et jusqu'à 1,5 million pendant le ramadan. Habilement, *Al-Kanz* se présente comme une sorte de *60 millions de consommateurs* halal ayant pour but d'aider les musulmans à déjouer les pièges du *marketing* consumériste. En réalité, il propose une vision politico-religieuse du monde.

Pour Fateh Kimouche, qui vit reclus à son domicile afin d'éviter la mixité entre les sexes et qui ne scolarise pas ses enfants afin de leur épargner « la bêtise de la promiscuité », le halal ne concerne pas seulement la nourriture, mais tous les aspects du quotidien. « En matière de tourisme par exemple, on privilégie des hôtels *all inclusive* qui offrent la possibilité de manger halal, qui proposent des piscines séparées, avec un Coran dans la chambre, éventuellement une mosquée », explique-t-il. Plus qu'une hygiène rituelle, le halal est conçu comme une hygiène existentielle, une manière de réguler toutes les sphères de la vie puisque le mot, dans l'islam, ne relève pas que du seul domaine des prescriptions alimentaires mais dénote tout ce qui n'est pas *haram*, c'est-à-dire interdit par la loi islamique. Sous couvert de guide de piété pratique, *Al-Kanz* propose de la sorte un manuel de la charia activiste. En discriminant la totalité du fait social, en établissant de manière obsessionnelle une dichotomie ente *halal* et *haram*, le licite et l'illicite, Fateh Kimouche promeut un apartheid culturel. Il trace délibérément une double ligne de démarcation : entre « les bons » et « mauvais » musulmans d'abord, entre les musulmans et le reste de la population ensuite. Pour une jeunesse en quête de repères, son site est à la fois un ferment de culpabilisation et une invitation à faire sécession. Il leur désigne également l'adversaire. Avec 247 000 tweets à son actif et plus de 40 000 abonnés, Fateh Kimouche est aussi des plus présents sur Twitter. Il s'y adonne à une sorte de Maccarthysme vert en instruisant les procès en « islamophobie » des « médias dominants » et des contempteurs de l'islamisme. Le journaliste Mohamed Sifaoui, la philosophe Élisabeth Badinter ou Gilles Clavreul, le délégué interministériel à la lutte contre le racisme et l'antisémitisme, sont régulièrement la cible de ses fatwas numériques, comme les internautes lambda qui ont le simple tort de ne pas partager sa vision rigoriste de l'islam.

Pour l'ensemble des salafistes, les réseaux sociaux constituent à la fois un outil de propagande, de censure et d'intimidation. Par un curieux mélange de revendication, d'excommunication et de victimisation, ils cherchent à discréditer en 140 signes la moindre critique en l'assimilant systématiquement à du racisme. Ils sont souvent relayés par des mouvements dits progressistes qui se font les complices volontaires ou involontaires d'une idéologie totalitaire. Enfin, comme au temps de la Terreur, les « mauvais musulmans » sont renvoyés dans le camp des traîtres, celui des « harkis », des « arabes de service » ou des « collabeurs ». Car il s'agit bel et bien pour tout un chacun de choisir son camp avant l'advenue du grand soir qui partagera l'humanité entre rédimés et damnés.

L'influence du salafisme auprès d'une partie grandissante de la jeunesse, notamment en banlieue, s'explique par ce manichéisme qui rend aisés la pression sociale et le formatage des esprits sur fond de désir d'appartenance et de besoin d'encadrement. Ce que note le journaliste Mohamed Sifaoui, pionnier courageux sur ces questions, qui y voit « un mouvement de fraternisation et de solidarité extrêmement fort » qui tend imposer dans les quartiers un « mécanisme moutonnier ». Ce nouveau conformisme a en effet pour lui de nombreux atouts dont celui de dépasser le modèle de virilité inhérent aux caïds et voyous qui fument, boivent, se droguent, fréquentent des filles, mais en viennent eux aussi à adopter les codes vestimentaires et culturels des salafistes pour faire preuve de lien et d'orthodoxie. Il constitue ainsi une réponse à l'individualisme contemporain par la contre-société qu'il promeut, bardée de règles rassurantes. « Ces mouvements fonctionnent comme des groupes d'allégeance, des refuges à l'intérieur desquels le membre trouve chaleur et fraternité. Cela rassure et apaise le jeune », explique Samir Amghar. Ce qui est pour les garçons l'est aussi, si ce n'est plus pour les filles. « J'ai commencé à porter le voile quand j'étais encore lycéenne. À l'époque j'étais aussi bénévole au sein d'une association musulmane. Toutes celles avec qui je travaillais étaient voilées. À force de les côtoyer, je me suis laissée convaincre que c'était l'exemple à suivre. La femme est un trésor qu'il faut cacher du regard des hommes me répétaient-elles sans arrêt, raconte Siham, étudiante de 22 ans en troisième année de psychologie à Paris-VIII qui a un temps envisagé de dissimuler intégralement son visage derrière un niqab. On ne s'en rend pas compte mais derrière cette apparente bienveillance, il y a une véritable pression de la communauté. Dès que j'ai porté le voile, les regards ont changé, j'étais au-dessus du lot. Considérée comme respectable, je n'ai jamais eu autant de demandes en mariage ! » Nadjet Cherigui, qui a recueilli ce témoignage pour *Le Figaro magazine*, a commencé à enquêter sur le salafisme à la fin des années 2000. En cinq ans, la journaliste a vu le paysage changer à une vitesse stupéfiante. « Il se passe quelque chose. Le phénomène de radicalisation s'accélère vraiment. Les jeunes ont besoin d'afficher leur appartenance. Il y a de la défiance dans cette affirmation, quelque chose de l'ordre de, il faut choisir son camp », analyse-t-elle.

Le salafisme se nourrit aussi de la frustration qu'il provoque et entretient pour s'en proposer le remède.

Pour des jeunes qui ont raté leur scolarité et n'ont pas réussi à s'intégrer à la société française, il fait office d'opium des *loosers*. En désignant l'Occident décadent, et en particulier la France coloniale, comme coupables de tous mes maux, il offre une explication commode à leur échec. Mais ce faisant, il leur ouvre également l'occasion de se venger. « Des jeunes se tournent vers le salafisme par ressentiment, explique l'historien Pierre Vermeren, spécialiste du Maghreb. Il y a aussi la honte que leurs parents aient eu besoin pour survivre de venir en France, pays qui les avait colonisés. Ce sentiment avait été occulté par la première génération et ressurgit aujourd'hui : qu'est-ce qu'on est venu faire ici dans un pays qu'on n'aime pas et qui ne nous aime pas ? » La conversion est vécue comme un retour aux sources, et ce bien que la doctrine et la pratique en cause n'aient pas grand-chose à voir avec la culture arabo-maghrébine. Mais le phénomène d'identification à une origine fantasmée et mythifiée fonctionne d'autant mieux.

Adopter les codes du salafisme permet donc d'afficher une appartenance, de retrouver une fierté et de s'opposer à une société dans laquelle ils n'ont pas réussi à s'insérer. Au bout de cette logique, certains rêvent inévitablement de prendre leur revanche en orchestrant une forme de « colonisation à l'envers ». L'adhésion se retourne alors en contradiction, et le spiritualisme en militantisme. Ce qu'illustre la trajectoire du rappeur Adil El Kabir, devenu salafiste après avoir crié sa haine des valeurs européennes et françaises dans sa chanson *Occident* : « Ça sent la souillure d' l'homme, d' l'âme, d' la nourriture, d' ce système vide-ordures où l'Homme n'est qu' déchet... » L'adversaire étant démonisé et désigné, comment se pourrait-il que l'on ne finisse pas par le combattre ?

Enfin, le salafisme brasse large. L'intérêt qu'il suscite ne concerne pas que les jeunes en mal d'intégration issus de l'immigration et de culture musulmane sur lesquels se concentrent les chefs arabophones des Frères musulmans. Au contraire, il attire aussi des « Français de souche » ou des immigrés d'autres aires culturelles. Selon certains spécialistes, ces derniers représenteraient près d'un salafiste sur trois. Les profils des convertis peuvent être très différents, mais là encore, Samir Amghar évoque d'abord un « phénomène plébéien qui se joue dans les quartiers à la faveur d'un esprit de groupe ». Pour les *kouffars*, les « Infidèles », devenus minoritaires dans certaines cités, partir ou se soumettre est souvent la seule alternative et le ralliement un moyen d'échapper à l'ostracisme, quand ce n'est pas à la persécution, et de gagner une place dans le corps collectif.

Samuel, « petit juif » d'une vingtaine d'années habite depuis l'enfance dans une cité sensible du 9-3. Il se fait désormais appeler Brahim. Sa mère célibataire avait une vie trop légère aux yeux de certains habitants du quartier. Il s'est converti à l'adolescence pour échapper à son statut de « fils de pute » et acquérir une certaine « respectabilité » pour user du mot que lui-même revendique. « Cela m'a permis de m'affirmer, explique-t-il. De me structurer également. Il m'arrivait de faire le *chouf* [le guetteur dans le trafic de drogue], je me sentais basculer du mauvais côté. » Le besoin de repères stables a également motivé Juliette, 19 ans, qui a choisi de porter le *djilbab* parce que sa mère « n'en n'avait rien à foutre qu'elle sorte toute la nuit à 13 ans ». D'autres jeunes filles, souvent d'un milieu plus aisé, cherchent au contraire « le frisson de la subversion » telle Éloïse, Versaillaise d'une vingtaine d'années dont la mère est avocate et le père pilote à Air France. Le facteur social ne rend donc pas compte de tout.

Il y a en effet ceux et celles qui se convertissent pour des raisons idéologiques. Elles sont politiques lorsqu'il s'agit d'adopter la religion des « dominés », quitte à retourner la haine de l'autre en haine de soi. C'est le cas de Lucie dont on peut lire le portrait dans *Le Monde* du 19 août 2015. Ces parents forment un couple d'intellectuels chrétiens, engagés à gauche. Ils pensent lui avoir transmis une sensibilité pour « les plus démunis ». La jeune fille devient travailleuse sociale. Elle intervient en banlieue, auprès des familles musulmanes et décide de se convertir. « Aujourd'hui, elle est toujours habillée en long, elle porte un voile qui cache son cou », raconte sa mère à Julia Pascual. Mais la quête de spiritualité, voire la recherche d'une mystique totalisante a aussi sa part dans le contexte plus général de réveil du fait religieux. Le père Jean Courtaudière, prêtre à Saint-Denis et responsable diocésain des relations avec l'islam, a observé des dizaines de cas de ce type au cours de ces dix dernières années. « Dans un monde de plus en plus globalisé et incertain, les garçons et filles de 18 à 25 ans sont perdus. Ils ne savent pas d'où ils viennent ni où ils vont. Ils ont besoin de trouver du sens, une réponse à un certain relativisme », commente-t-il. Au sein du département, où les musulmans représentent 45 % de la population, certains jeunes de tradition catholique préfèrent se tourner vers l'islam. « Ce sont souvent des jeunes de familles chrétiennes sociologiques qui n'ont pas forcément suivi un cursus important dans la foi. Certains reprochent à leurs parents de ne pas leur avoir donné plus, constate Jean Courtaudière. Cela me questionne en tant que prêtre. Dans l'islam, il y a un certain nombre d'interdits qui permette de définir un cadre alors que nous fonctionnons sur la liberté religieuse. » Parmi les premiers arguments avancés par ces jeunes pour justifier leur conversion, il y a la supériorité supposée de l'islam, monothéisme intégral et, bien que dernière religion révélée, première ontologiquement, à preuve le dynamisme de son expansion. L'émancipation rêvée n'est toutefois pas au rendez-vous. Si la conversion à l'islam ne vaut pas immanquablement basculement dans le salafisme, le père Courtaudière note qu'elle est souvent synonyme d'enfermement. « Je pense à une fille issue d'une famille chrétienne voilée qui s'est mariée uniquement selon le rite musulman et pas à la mairie car, selon elle, les droits de Dieu sont supérieurs aux droits des hommes. C'est inquiétant. Il y a une coupure avec le monde civil. » Le prêtre Courtaudière connaît aussi le cas d'une famille aux racines françaises dont le fils est parti pour le djihad ; « mais, c'est exceptionnel », précise-t-il.

Existe-t-il cependant un lien génétique entre salafisme et djihadisme ? Et que penser *in fine* de la distinction courante entre salafisme quiétiste et salafisme djihadiste ? Le premier serait orthodoxe, mais non violent. Le second, étranger au premier, serait l'aboutissement d'une dérive sociale ou psychologique et non pas théologico-politique. Entre les deux, subsisterait une frontière que Raphaël Liogier, auteur de *La guerre des civilisations n'aura pas lieu*, pose comme étanche en arguant que « plus on est fondamentaliste, moins on peut glisser dans l'action terroriste. » Les salafistes quiétistes mépriseraient, selon ce sociologue des religions, l'action violente considérée comme impure parce que trop moderne. Et d'ajouter : « le gouvernement devrait utiliser les salafistes dans la lutte contre le djihad plutôt que les poursuivre ». Dounia Bouzar, naguère favorable à l'islamisation des banlieues pour en assurer la moralisation et devenue un temps la grande prêtresse médiatique de la déradicalisation avant que sa structure ne ferme suite à des reproches d'opacité de gestion, voit dans le djihadisme un phénomène sectaire ordinaire dont l'islam, et partant le salafisme, ne serait qu'un prétexte. Sonia Imloul, spécialiste autoproclamée du désembrigadement dont la subvention allouée par l'État a été retirée faute de résultats tangibles, considère qu'il faut faire appel aux salafistes dits « quiétistes » pour remettre les jeunes dans le droit chemin.

Ces postures paradoxales n'ont pas l'épaisseur du diagnostic métaphysique de l'islamologue et philosophe Olivier Roy pour qui le terrorisme serait moins la conséquence du salafisme que le fruit du nihilisme contemporain. Mais les vulgates qu'elles dispensent à la faveur d'expertises discutables résistent mal à l'épreuve du terrain. En réalité, elles confinent à une vision angélique du salafisme qui relève de l'aveuglement volontaire, qui vise à nier les responsabilités propres de l'islam dans la crise qu'il traverse et qui évacue le choc idéologico-culturel que nous impose l'islamisme. Si le passage du salafisme dit quiétiste au terrorisme n'est pas systématique, nombre de djihadistes sont passés par une phase de radicalisation non violente avant de plonger dans l'extrémisme sanglant. Aussi faut-il convenir avec Gilles Kepel que le salafisme est l'« arrière-plan culturel du djihadisme », le terreau nourricier de l'islamisme armé. Il y a entre le salafisme et le djihadisme un *continuum*, une chaîne d'évolution qui peut mener et mène trop souvent de la conversion ou la reconversion à la radicalisation et de la radicalisation à la violence. « Les salafistes dits piétistes ou quiétistes ne bannissent à aucun moment le djihadisme de leurs textes, jamais, rappelle Mohamed Sifaoui. Le salafisme est un immeuble à plusieurs étages. Au premier étage, les pratiques rigoristes, intégristes, antidémocratiques, antilaïques, anti-universalistes. Aux étages supérieurs, la vision extrémiste s'accroît. L'étage ultime est le terrorisme de Daech. »

Les enfants d'Al-Baghdadi et de Cyril Hanouna

« Le djihadisme pourrait devenir un phénomène de masse », prophétisait Malek Boutih quelques mois après les attentats de janvier 2015 dans son rapport parlementaire *Génération radicale* vite enterré par la classe politique et aussi vite réapparu dans les faits au Bataclan, à Magnanville ou à Nice. Une partie de la jeunesse de France est entrée en guerre contre son propre pays et, comme le pressentait Boutih, les Mohammed Merah ou Amedy Coulibaly en puissance sont désormais assez nombreux pour former plusieurs légions. Les chiffres à cet effet donnent le vertige. Selon le dernier bilan du ministère de l'Intérieur révélé par *Le Figaro* le 3 février 2016, pas moins de 8 250 individus sont désormais signalés comme radicalisées sur l'ensemble du territoire contre 4 015 en mars 2015. Plus du double en moins d'une année calendaire, l'accroissement le plus notable étant celui du nombre de mineurs, soit 1 632 adolescents comptant pour 20 % du total alors que la proportion des convertis s'élève à 38 %. 605 combattants volontaires partis de France sont actuellement répertoriés en Syrie et en Irak. 738 candidats au djihad ont manifesté des velléités de départ. L'analyse géographique confirme l'amplitude de la vague, la contagion radicale ayant gagné l'ensemble du pays. Plus aucun département n'est épargné et une douzaine d'entre eux, au nord, à l'est et en Île-de-France où le salafisme prospère, abritent en leur sein plus de 200 individus signalés. Paris atteint le pic de 499 cas déclarés.

Or ces recensements, essentiellement fondés sur des signalements, notamment auprès du numéro vert antidjihad, correspondent à des estimations minimales. « Nous travaillons sur un vivier dont nous ignorons l'étendue », concède une source ministérielle au journaliste Christophe Cornevin dans *Le Figaro*. Thibault de Montbrial, avocat au barreau de Paris, président du Centre de Réflexion sur la Sécurité Intérieure, et auteur du livre *Le Sursaut ou le Chaos*, rappelle de son côté qu'il existe un deuxième cercle de sympathisants susceptibles d'apporter un soutien logistique aux combattants potentiels. Selon lui, des solidarités se créent bien au-delà des réseaux terroristes. En témoigne le fait qu'Abdelhamid Abaaoud, considéré comme l'un des commandants des attentats de Saint-Denis et de Paris, ait pu se cacher à deux pas de la basilique royale. « Il existe sur notre territoire plusieurs dizaines de milliers de personnes, qui sans être activement impliquées dans la préparation d'attentats, sont ou seraient prêtes à apporter leur soutien logistique à des individus de passage sans se poser de questions sur les projets de ceux-ci », précise-t-il au *FigaroVox*.

Qu'y a-t-il dans la tête et dans le cœur de ces jeunes gens qui font la guerre au pays qui les a vus naître et grandir ? Pourquoi certains sont prêts à aller jusqu'au sacrifice ultime ? Qu'est-ce qui peut pousser quelqu'un de 20 ans à se faire sauter avec une ceinture d'explosif aux cris d'*Allah Akbar* ? Ces questions hantent les Français d'autant plus qu'elles divisent intellectuels et experts. Des « déséquilibrés » qui relèvent de la psychiatrie ? Des « défavorisés » dont la rébellion est sociale ? Des « stigmatisés » en raison de leur appartenance religieuse ou ethnique qui s'insurgent contre leur sort ? La radicalisation serait ainsi l'expression de la révolte de « minorités visibles » contre une France qui les opprimerait et produirait, à l'extrême, le terrorisme de « loups solitaires ». Or, l'interprétation psycho-économico-sociale du djihadisme butte sur une lecture attentive de la géographie mentale de la France et de la typologie culturelle des combattants.

D'une part, la psychiatrisation de l'anomie est une réaction coutumière, mais n'explique rien. D'autre part, la crise est probablement un facteur aggravant, mais les zones rurales paupérisées de la Creuse ou des Ardennes, au moins tout aussi oubliées que les cités ghettoïsées de la Seine-Saint-Denis, ne sont pas spécialement concernées par l'islamisme radical. Enfin, les candidats au djihad sont loin d'être tous des damnés de la terre. Ce sont Victor, né dans le très bourgeois 8e arrondissement de Paris et son copain Michaël du prestigieux lycée Chaptal, membres de la filière islamiste Cannes-Torcy, qui ont été responsables d'un attentat contre une épicerie juive de Sarcelles en 2012. Mohamed Belhoucine, jeune djihadiste lié à

Amedy Coulibaly qui a organisé la fuite de sa compagne vers la Syrie après l'attentat contre l'Hyper Cacher, est diplômé de l'École des mines d'Albi. Dans son rapport, Malek Boutih insiste sur « l'ampleur du phénomène djihadiste et sa pénétration dans tous les milieux ». Il ajoute : « ce qui marque la nouvelle forme de djihadisme depuis 2013, c'est en effet qu'elle attire de nouveaux profils : notamment les convertis parfois issus des classes moyennes », précise le député de l'Essonne.

Au plus profond, la sempiternelle mise en accusation d'une France « raciste et islamophobe » est quant à elle non seulement fausse, mais également irresponsable. Les discriminations systématiques dénoncées par certains représentants de la communauté musulmane et une partie de la gauche et de l'extrême gauche qui voit dans les populations d'origine immigrée un prolétariat de substitution, n'ont jamais été étayées, les chiffres avancés par les associations communautaristes comme le Collectif contre l'islamophobie en France étant régulièrement contredits par ceux du ministère de l'Intérieur. Au contraire, la population française dans sa très grande majorité a jusqu'ici fait preuve d'un remarquable sang-froid et fort heureusement, malgré la surenchère des islamistes dans la terreur, aucun acte de représailles en direction de la population musulmane n'a été à déplorer. Enfin, si le débat sur l'ingérence occidentale et notamment française au Moyen-Orient est légitime, on ne saurait mettre sur le même plan les bombardements ciblés d'un État démocratique appliqués à un contexte géopolitique troublé et les massacres à l'aveugle des terroristes de Daech, selon l'équivalence relativiste et absurde que certains intellectuels et politiques n'hésitent pas néanmoins à établir.

Cet argumentaire à décharge et victimaire, s'il n'explique rien, légitime la propagande des islamistes qui ont fait du concept d'« islamophobie » une arme d'intimidation massive. Il nourrit également le ressentiment d'une partie des jeunes issus de l'immigration, les incite au pire au passage à l'acte et, dans tous les cas, sous prétexte de les libérer, les assigne à résidence identitaire.

Bien qu'opposées, les thèses des islamologues Gilles Kepel et Olivier Roy sont les plus éclairantes. Tous deux se sont uniment trompés lorsqu'au tournant des années 2000, ils prédisaient de conserve le déclin de l'islamisme. La controverse qui les oppose aujourd'hui a cependant pour mérite de sceller d'une formule le débat : y a-t-il radicalisation de l'islam ou islamisation de la radicalité ? Kepel, ancien trotskiste et spécialiste du monde arabo-musulman contemporain qu'il a sillonné dans sa jeunesse, soutient la première hypothèse. Roy, ancien maoïste et spécialiste du monde islamo-persan, parti jeune soutenir les moudjahidines afghans contre l'envahisseur soviétique, défend la seconde. Kepel insiste sur la dimension théologico-politique de la radicalisation. Roy renvoie aux enjeux civilisationnels et à l'histoire, en soi, de la radicalité depuis les Lumières. Par-delà l'instrumentalisation belliciste ou irénique qui est faite de leurs propos à des fins idéologiques, y a-t-il lieu cependant de trancher entre ces deux visions ?

Kepel a raison de souligner le pouvoir d'attraction mortifère de l'islamisme, d'affirmer que le salafisme est l'antichambre du djihadisme, de rappeler que dès 2005, le syrien Abou Moussab al-Souri a prôné un djihadisme par le bas s'appuyant sur les jeunes européens issus de l'immigration mal intégrés. Il a aussi et enfin raison de faire le lien entre la propagande de Daech et la radicalisation des jeunes de banlieue. Oui, le terrorisme est une maladie de l'islam.

Olivier Roy n'a pas tort d'évoquer la révolte d'une génération sans but, souvent ignorante de l'islam réel, en quête d'un grand récit sur lequel elle pourrait apposer la signature de son sang, de montrer que le djihad a pris la place du terrorisme gauchiste sur le marché des engagements, de dénoncer en Daech un « produit de notre modernité ». Oui, le malaise d'une civilisation sans espérance fait que l'anéantissement de Daech ne suffira pas à éteindre la violence de cette jeunesse.

Tous deux convergent de surcroît en ce que leurs lucidités respectives invitent les intellectuels, les journalistes et les politiques à sortir de leur silence atterré ou complice, voire de leur complaisance. Combattre cette idéologie qui conduit au djihadisme requiert de le faire sans doute sur le terrain militaire, mais aussi et d'abord dans le domaine culturel, en méditant les précédents totalitaires. Le salafisme prospère dans une France déboussolée qui doute de son identité. Il s'étend dans une Europe sans Dieu qui a renoncé à faire l'Histoire. Le djihadisme *made in France* est le fruit de la rencontre entre l'islamisme et l'ère du vide. L'enfant bâtard d'une utopie mortifère et d'une époque désenchantée. La créature hybride d'une idéologie barbare et d'une postmodernité horizontale. Ces nouveaux enfants du siècle sont les fils et les filles de Daech et de YouTube, de Ben Laden et de Nabilla, du calife Al-Baghdadi et de Cyril Hanouna.

Produits de leur idéologie et de leur époque, les djihadistes n'en restent pas moins des êtres singuliers dotés chacun de son histoire propre et de sa propre sensibilité. Ils apparaissent ainsi sous des visages divers et contrastés, le caïd de banlieue mais aussi le petit blanc de la ruralité, l'enfant de la classe défavorisée mais aussi l'étudiant bourgeois désœuvré, jusqu'à revêtir les traits d'une jeune fille que l'on aurait pu croire rangée. On peut néanmoins distinguer trois typologies majeures qui parfois se recoupent : les frustrés, les nihilistes et les idéalistes. Élevés dans la culture du ressentiment, les premiers veulent prendre une revanche. Abandonnés à la dérive de la toute-puissance, les deuxièmes cherchent à répandre le chaos. Saisis par l'illusion de l'utopie, les troisièmes entendent rendre le monde meilleur. Enfin, les *Desperate Housewives* en burqa que sont leurs compagnes, quand ils en ont, représentent leur meilleur miroir.

La vengeance des « islamo-racailles »

Le 25 juillet 1995 à 17 h 30, une rame du RER B entre dans la station Saint-Michel à Paris. Le train s'immobilise. Une déflagration retentit avant qu'une fumée épaisse n'envahisse le quai. Les cris des passagers déchirent l'obscurité soudaine. Une bouteille de gaz remplie d'écrous vient d'exploser. Une bombe artisanale aux effets dévastateurs. Le bilan est lourd : 8 morts et 119 blessés. Le 17 août, la psychose continue. Un dispositif du même type, placé dans une poubelle près de l'Arc de triomphe, blesse 17 personnes, dont trois grièvement. La France bascule dans le terrorisme islamiste, le plan Vigipirate est déclenché. Le choc est immense. Il est peut-être encore plus grand deux mois plus tard lorsque les Français découvrent l'identité de leur ennemi. Derrière le grand terroriste international que beaucoup imaginaient, se cache un « petit voyou » de 24 ans nommé Khaled Kelkal. Il est le premier djihadiste *made in France*. Deux décennies plus tard, cela ne surprendra personne. Sur le moment, on veut croire à un incompréhensible accident : le répertoire de la stigmatisation et la novlangue ne sont pas encore de mise, mais le déni est déjà là.

Né le 28 avril 1971 à Mostaganem en Algérie, Khaled Kelkal arrive en France à l'âge de deux ans et grandit dans une cité de Vaulx-en-Velin, au sein de la banlieue lyonnaise promise à un futur émeutier. Gamin au sourire espiègle, écolier et collégien aimé de ses professeurs, admis au lycée La Martinière, l'un des meilleurs de Lyon, il bascule cependant peu à peu dans la délinquance puis le banditisme. En 1991, Khaled Kelkal est condamné en appel à quatre ans de prison ferme pour une série de casses à la voiture bélier. En cellule, il a pour codétenu, Khelif B., un islamiste algérien et agent recruteur pour le compte du GIA, auprès duquel Kelkal (re)découvre l'islam, apprend l'arabe, et se radicalise. Après son séjour en prison, il gagne l'Algérie, alors en pleine guerre civile, et rejoint le maquis. Il s'y entraîne avant de revenir en France pour tuer et se faire tuer.

Trois ans avant sa mort, un sociologue allemand, Dietmar Loch, avait interviewé Khaled Kelkal dans le cadre d'une recherche de terrain sur les politiques publiques menées à Vaulx-en-Velin. Le 7 octobre 1995, le journal *Le Monde* publiait cette longue conversation. Certains passages marquants aident à comprendre comment et pourquoi Khaled Kelkal est devenu un fantassin de l'islam radical. Tout y est. D'abord, la difficulté à s'assimiler jusqu'à développer une véritable schizophrénie. « J'avais les capacités de réussir, mais j'avais pas ma place, parce que je me disais l'intégration totale : c'est impossible ; oublier ma culture, manger du porc, je ne peux pas. [...] Eux, ils avaient plus de facilité entre eux à discuter. Même si j'avais une bonne entente avec eux, c'était pas naturel. Ma fierté, elle descendait, ma personnalité, il fallait que je la mette de côté. Je suis arrivé au point de me dire : "Qu'est-ce que je fous là ?" Au lycée, dans ma classe, il y avait que les riches ».

Puis la paranoïa victimaire et la détestation de la France qui en découlent : « Pour moi, les Occidentaux, ils ont aucun respect. Jamais je pourrai sortir avec une femme, je l'amène chez moi et je l'embrasse devant mes parents, ça serait impossible. [...] C'est une honte, un manque de respect. Ils insultent la religion. Moi, je ne peux pas élever mes enfants comme je vois que les gens le font. C'est impossible. Nos parents nous ont donné une éducation, mais en parallèle les Français nous ont donné une autre éducation, leur éducation. Il n'y a pas de cohérence. Il y a un petit peu de ça, un petit peu de ça, un petit peu de ça. Non, moi, personnellement, il faut qu'il y ait des principes et des respects. S'il n'y a pas ça, tout s'écroule. »

Mais aussi la soif de reconnaissance et de revanche : « Si maintenant, moi, je veux prendre un appartement à Vaulx, c'est impossible... Tandis que les couples français, ils passent avant, ça, c'est sûr et certain. Ils préfèrent mettre des populations comme ça que des Arabes [...]. C'est des gens qui travaillent, des gens adaptés comme ils disent. Ces gens, ils sont bien, leurs fils sont bien. Le fils, il vient d'avoir son diplôme, son père lui achète sa voiture, son permis. Il a tout ce qu'il faut. Mais le jeune, quand il voit ça justement, il va en ville. Il voit des jeunes Français avec une belle voiture. Moi, j'ai vingt-deux ans, j'ai même pas le permis. J'ai rien du tout. Ça touche [...] Il fallait que je compte sur moi-même, obligé d'aller voler. Mais c'était surtout une question de vengeance. Vous voulez de la violence, alors on va vous donner de la violence. »

Enfin l'islam comme identité de substitution : « Je ne suis ni arabe, ni français, je suis musulman. Si maintenant le Français devient un musulman, il est pareil que moi, on se prosterne devant Dieu. Il n'y a plus de races, plus rien, tout s'éteint, c'est l'unicité, on est unis. Vous entrez à la mosquée, vous êtes à l'aise tout de suite, on vous serre la main, on vous considère comme un ami qu'on connaît depuis plus longtemps. C'est la reconnaissance d'autrui, on est frères même si on ne se connaît pas... Comme maintenant vous avez l'Europe... Qu'est-ce qu'ils veulent faire ? Ils veulent s'unir. Pourquoi ? Pour former une force, et les musulmans c'est pareil. Le premier pilier de l'islam, c'est l'unicité. J'avais vu une cassette où le mec disait : "Si le monde entier prenait le premier pilier de l'islam, l'unicité, il n'y aurait pas un misérable sur terre" Moi, j'aimerais faire une chose : quitter la France entière. Retourner chez moi, en Algérie. J'ai pas ma place ici. »

Ce qu'on n'a pas entendu alors, c'est que les confessions de Khaled Kelkal traduisent non pas une ligne statistique de fatalité socio-économique, mais une désintégration culturelle subie avant d'être consentie. Dans *Décomposition française, comment en est-on arrivé là ?*, Malika Sorel raconte au contraire son intégration réussie. « Petite, je connaissais par cœur nombre de chansons, contes et légendes du registre populaire européen. L'histoire de France résonnait en moi, écrit-elle. À l'école maternelle puis primaire, j'étais une élève parmi beaucoup d'autres et ce n'est qu'à l'aube de mes dix ans, foulant pour la première fois le sol de l'Algérie, que j'appris que j'étais l'enfant d'une famille arabe. J'avais jusqu'alors vécu sur la terre de France, à une époque où sa culture et ses ancêtres n'étaient maltraités ni par ses élites dirigeantes ni par une partie de son propre peuple. J'avais grandi à l'époque désormais révolue, où les parents de l'immigration, dont les miens, n'avaient d'autres choix que de veiller à ce que leurs enfants respectent les codes sociaux des Français. »

Khaled Kelkal n'aura pas eu cette chance. Il grandit dans une France où l'école républicaine entame sa longue chute. Où l'augmentation de la pression migratoire, liée au regroupement familiale et à l'ouverture des frontières, rend plus difficile l'assimilation des nouveaux venus désormais regroupés dans des quartiers culturellement homogènes. Où Bernard-Henri Lévy condamne l'esprit national dans *L'Idéologie française*, où Philippe Sollers conspue « la France moisie », où Julien Dray proclame l'antiracisme comme forme obligatoire de la citoyenneté et où le paysan, l'ouvrier, le citadin d'antan ne subsistent plus qu'en tant que « beauf », « Dupont Lajoie », « Deschien », ce « franchouillard » étant l'ultime résidu d'un pays révolu prié de se dissoudre dans la mondialisation et le dernier obstacle au cosmopolitisme heureux. Ce discours pseudo-universaliste aura été est en réalité une harangue antifrançaise. « Ceux qui pensent pouvoir faire de mon cas une généralité et en tirer la conclusion que l'intégration culturelle – ou l'assimilation – découle automatiquement de la transmission de l'histoire de France aux enfants de l'immigration s'égarent, précise cependant Malika Sorel. L'assimilation se joue sur le registre moral et affectif et, jusqu'à preuve du contraire, l'amour ne se met pas en équation. Il faut toutefois veiller à ne pas le rendre impossible, et c'est pourtant bien là ce que nos élites ont réussi. ». Ce que corrobore autrement Jean-Claude Barreau qui, avant de servir comme conseiller spécial de François Mitterrand à l'Élysée, avant de travailler pour Charles Pasqua au ministère de l'Intérieur, a été prêtre-ouvrier et éducateur de rue au lendemain de la guerre d'Algérie, comme il dresse le récit dans *Liberté, Égalité, Immigration ?* : « J'approchais les délinquants avec ma grosse moto et finissais par prendre le commandement de plusieurs bandes. Chose facile à faire, et que font aujourd'hui les djihadistes. Beaucoup de ces loubards étaient d'origine maghrébine. Cependant, ils se sentaient tous français. Ils chantaient « mort aux vaches, mort aux condés », mais ne voulaient nullement « niquer la France ». Pourtant, ils étaient bien plus misérables que ceux d'aujourd'hui, qui montent le plus souvent manger le couscous chez maman après avoir incendié une voiture. Sortis de tout système social, ils restaient intégrés à la nation. Actuellement, pour les jeunes des cités, la lutte des classes du marxisme ouvrier a été remplacée par la haine de la France ».

Devenir un « soldat de l'Oumma » sera pour Khaled Kelkal un prétexte afin de régler ses comptes avec cette France d'autant plus honnie que les Français eux-mêmes se sont mis à la honnir. L'islam est le nom de sa sécession réelle et de sa communion fantasmée. David Vallat, djihadiste aujourd'hui repenti, a été l'un de ses frères d'armes en Algérie. Il ne dit pas autre chose. « Chez Kelkal, la révolte personnelle est aussi présente que la conviction politique ou religieuse, explique celui qui fut condamné, en 1997, à 6 ans d'emprisonnement pour association de malfaiteurs en relation avec une entreprise terroriste. Je suis persuadé qu'on lui a présenté une nouvelle perspective d'avenir en lui disant : la société t'a exclu parce que tu es musulman. On lui a fourni clé en mains une façon de se venger de son injustice personnelle. Combattre cette société qui l'a humilié. Et qui avait humilié son père du même coup. Dans son esprit, combattre la France, c'était aussi se venger du passé colonial. Pour son père, on a toléré un islam sans mosquée, sans ostentation, à condition de courber l'échine. Pour l'orphelin de la République qu'il est, la tentation est trop forte. On lui propose un islam de combat, de résistance, de fierté retrouvée. Il prend d'un coup sa revanche sur ses profs, ses juges, son histoire familiale. Tout s'emboîte. »

Et même plus, tout se répète : Abdelkader Nefoussi, le grand-père maternel de Kelkal, est mort le 6 février 1962 tué par un soldat français en Algérie quelques semaines avant les accords d'Évian. Trente ans plus tard, son petit-fils, Khaled Kelkal, est abattu par un gendarme au terme d'une traque de 24 jours. Il préfigure les enfants du siècle de sa sorte. C'est le grand frère des Merah, Nemmouche, Kouachi et autres Coulibaly. Le prototype de toute une génération : délinquance, prison, radicalisation rapide, poursuite de la mauvaise vie et connaissance religieuse approximative, enfin basculement dans la terreur. Comme lui, ses héritiers ont connu un parcours d'« islamo-racaille ».

« Il y a dix ans, ils mettaient le feu aux banlieues, aujourd'hui, ils se montent la tête avec le djihad, explique Ahmed el-Houmas, gardien à Fresnes, dans les colonnes de *L'Obs*. On a créé toute une génération hors-sol, qui ne se reconnaît plus dans la France. Leur seule identité, c'est le groupe. Ils se retrouvent et se réconfortent, en bande. Au kebab du quartier. Dans les couloirs des prisons », pour avoir été le plus souvent issus de familles fracassées où la figure paternelle aura été inexistante. La désaffiliation première entraîne une affiliation absolutisée. « Mohammed Merah a tout raté. Il a raté l'école, il n'a pas su faire une famille. Il a voulu s'engager dans l'armée française, il n'a pas été pris. Je fais le pari que, bien qu'étant de famille musulmane, il ne connaissait pas grand-chose à l'islam, comme Coulibaly, comme tous ces gars-là, explique, toujours dans les colonnes de *L'Obs*, le psychiatre Boris Cyrulnik qui a rencontré de nombreux jeunes de cité après les attentats. Eux qui se disent révolutionnaires ou bras armés de Dieu ne sont que des pantins déculturés. Ils sont des proies faciles pour un chef totalitaire qui cherche à imposer sa loi. Il suffit de leur faire croire qu'ils seront héroïsés et vivront auprès de Dieu après leur mort. Ce sont les gogos de l'islam, comme les SS étaient les gogos du nazisme ». Ce que confirme l'avocat de Salah Abdeslam à propos de son client, seul survivant parmi les terroristes des attentats de Paris : « C'est un petit con de Molenbeek issu de la petite criminalité. Il a l'intelligence d'un cendrier vide. Il est d'une abyssale vacuité. »

Le rappel des jeunesses hitlériennes issues de la décomposition de la République de Weimar est-il forcé ? En 2006, Ilan Halimi, un Séfarade de 23 ans est séquestré et torturé jusqu'à la mort par Youssouf Fofana, petit caïd de banlieue analphabète et antisémite. En 2011, Morgan Sportès publie *Tout, tout de suite*, un livre enquête sur ce drame qui se veut « un témoignage de l'effroyable vide que la société a laissé se creuser en son sein, du degré d'aliénation de ces jeunes, couplé à leur indigence intellectuelle. Quand on n'a pas de mots, on passe aux actes. Ces gens-là deviennent hyperviolents parce qu'ils sont intellectuellement limités. Ils sont sortis de l'école française qui ne marche plus, ont été aliénés par la télé française où ils ne voient que des conneries, leur culture se résume à Internet, ils n'ont rien dans le crâne et ne verbalisent rien, comme disent les psychiatres. La misère sociale, la misère intellectuelle, culturelle, c'est tout cela qui les a poussés à l'horreur. » Si le « chef du gang des barbares », qui s'est radicalisé et converti en prison, n'était pas incarcéré, il serait sans doute dans les rangs de Daech. Émilie Frèche, également auteur de deux livres sur l'affaire Halimi en est persuadé. « Ilan a annoncé le basculement d'une petite délinquance dans une logique qui va aujourd'hui jusqu'au djihadisme. Entre Fofana et Coulibaly, la différence tient à une feuille de cigarette. C'est le même sentiment de haine pour la France, mais les gens ne voient pas cette continuité-là », explique-t-elle au *Figaro* dix ans plus tard, en 2016. À ses yeux, le débat sur le caractère antisémite ou non de ce meurtre ritualisé a également signé l'échec de l'antiracisme des années 1980 : « On est entré dans une concurrence victimaire. C'était le début de la communautarisation des souffrances. »

Comme leur « grand frère » Kelkal, les « pieds nickelés des sentiers d'Allah » sautent par-dessus le temps et revivifient un passé plus lointain. Refusé par l'armée, Merah a débuté son épopée meurtrière en abattant un militaire d'origine maghrébine comme lui. Franco-algérien, il a continué en commettant le massacre de l'école israélite Ozar Hatorah le 19 mars 2012, exactement cinquante ans après la mise en œuvre des accords d'Évian, le cessez-le-feu qui conclut la guerre d'Algérie. Comme beaucoup de fils de harkis, Mehdi Nemmouche a été montré du doigt comme « fils de traître » par les autres enfants d'immigrés algériens. Sa réislamisation exacerbée est un moyen de prendre sa revanche à la fois sur l'État, les Pieds-noirs, le FLN. Chez Amedy Coulibaly, la haine de la société française aurait pour point de départ la mort de son complice et frère d'élection, Ali Rezgui, abattu en octobre 2000 lors d'un braquage qu'il aurait voulu compenser en entamant sa dérive sanglante par le meurtre d'une policière. Volontés délibérées, hasards, coïncidences ? Ou plus simplement irruption d'un inconscient collectif trop longtemps refoulé de part et d'autre ? Pour Marcel Gauchet, « le choix des cibles est révélateur de ce qui constitue l'enjeu existentiel de ces jeunes. Ils ont tiré sur ce qu'ils connaissent, sur ce à quoi ils aspirent tout en le refusant radicalement. Ils se détruisent de ne pas pouvoir assumer le désir qu'ils en ont. »

Dans La France Djihadiste, le journaliste d'investigation Alexandre Mendel révèle une anecdote saisissante. « M'sieur, je suis un cas sociaux », lui aurait confié un jeune radicalisé. Avant de partir pour Raqqa, le futur terroriste passait ses journées à dormir. Là-bas, celui qui se voyait comme un raté est devenu un héros de guerre, un moudjahidin. Son univers est devenu l'islamisme combattant, mais sa cible est restée la France. Comme leur rappeur fétiche Booba, ces petits soldats du djihad, nourris au lait de la victimisation, « enculent la France sans huile ». « Nous aurions dû voir que partout où il y a des victimes, il y aura de la vengeance », résume Mendel. Dans son enquête publiée en 2014, le reporter de guerre David Thomson consigne la même appréhension, au vu de la vingtaine de témoignages de djihadistes français qu'il a recueillis. Abu Nai'im, 23 ans, est recruteur pour l'État islamique. Après un an passé en Syrie, il rêve de revenir incendier et meurtrir son pays de naissance. « J'ai envie de tuer des kouffar (mécréants) en pays de kufr (mécréance). Moi j'aimerais beaucoup que la France elle soit tapée », menace l'ancien dealer un an avant l'attaque contre *Charlie Hebdo*.

Démons, idéalistes, califettes

Il arrive cependant que la pulsion de mort subsume la soif de vengeance. « Nous, on aime la mort autant que les mécréants aiment la vie. Autant que l'alcoolique aime l'alcool. Autant que le fornicateur aime forniquer. La mort, c'est notre objectif », confie Yassine, djihadiste français en Syrie, à David Thomson. Pour Jean-François Colosimo, c'est la prophétie de Dostoïevski qui s'accomplit. Dans un article publié dans *Marianne* au lendemain du vendredi 13 novembre, le théologien et essayiste compare les djihadistes contemporains aux nihilistes russes de la fin du XIXe siècle décrit par l'auteur de *Crime et Châtiment* dans *Les Démons*. Dans la Russie des Romanov, entre 1900 et 1917, 24 000 attentats feront des dizaines de milliers de victimes. « Le mouvement nihiliste agrège bandits perdus et marginaux délaissés, étudiants attardés et adolescents révoltés, rappelle Colosimo. L'unique programme de ces possédés lucifériens est de semer la terreur par tous les moyens. Le sang est communion, l'annihilation de soi, apothéose. Les soldats du Califat sont les nouveaux cavaliers de l'apocalypse » (La citation s'arrête là) du XXIe siècle. Ceux de l'islamisme totalitaire, mais aussi de la globalisation consumériste.

Certains font preuve d'un zèle inouï et glaçant dans le sadisme. Abdelhamid Abaaoud, l'une des principales figures des attentats du 13 novembre, mort dans l'assaut de Saint-Denis, était surnommé « le boucher de Raqqa ». En 2014, une vidéo de l'État islamique particulièrement macabre l'a rendu célèbre. Il y apparaît au volant d'un pick-up riant à pleines dents. « Avant, on tractait des jet-skis, des quads, des moto-cross, des remorques, remplies de bagages ou de cadeaux pour les vacances... Maintenant, on tracte les infidèles, ceux qui combattent l'islam », s'exclame-t-il ironique. Derrière les véhicules, attachés par des câbles en aciers, des corps de civils syriens sont traînés en direction d'un charnier. La même année, dans une autre vidéo récupérée par l'Armée Syrienne Libre, on peut le voir jouer au football avec une tête décapitée. « Quand Nemmouche ne chantait pas, il torturait », relate dans *Le Point* le journaliste Nicolas Hénin. L'ex-otage français en Syrie a eu pour geôlier l'auteur de l'attentat du musée juif de Bruxelles surnommé « Abou Omar le cogneur ». Il se souvient d'un échange particulièrement glaçant avec ce dernier. « Tu sais comment ça se passe quand je rentre dans une maison chiite ? l'interpelle un jour Nemmouche. D'abord, je tombe sur la grand-mère. Elle n'est pas très intéressante, la grand-mère. Je ne m'en débarrasse que d'une balle, elle vaut pas plus. Après, je vois la femme. Là, ça commence à devenir plus marrant. D'abord, je la viole, et ensuite je lui coupe la gorge. Après ça, j'ai un creux, alors je vais au frigo, voir ce que j'y trouve pour me remplir l'estomac. Après, je tombe sur le bébé. Ah, un bébé ! Tu peux pas savoir, c'est un tel plaisir de couper la tête d'un bébé ». Hénin décrit Nemmouche comme un sociopathe « pervers », « égocentrique » et « affabulateur » pour qui « le djihad n'est finalement qu'un prétexte pour assouvir sa soif maladive de notoriété ». Le geôlier a téléchargé pratiquement toutes les émissions de *Faites entrer l'accusé* et raconte à ses prisonniers l'épisode qu'il a visionné la veille au soir. Nemmouche rêve de voir un jour, couronnement de sa carrière de criminel, une émission « à sa gloire ».

Le lundi 13 juin, alors que le match de l'Euro 2016 Italie-Belgique vient de commencer, Larossi Abballa, 25 ans, poignarde et égorge un couple de policiers dans leur maison à Magnanville. Leur petit garçon de 3 ans assiste à la scène terrifié. Abballa ne peut s'empêcher de se filmer pour un streaming live sur Facebook. Alors que le Raid et la BRI encerclent la maison, assis sur le canapé du salon, il enregistre sa confession puis s'agite sur les réseaux sociaux. Une liste de personnalités susceptibles d'être visées par un attentat a également été saisie sur l'ordinateur de Larossi Abballa. Ses cibles potentielles, dont il convient de taire les noms, n'étaient pas des politiques, mais majoritairement de journalistes de télévision révélant la fascination du tueur pour le petit écran. Salah Abdeslam, terroriste du 13 novembre incarcéré à Fleury-Mérogis, a quant à lui deux activités principales : prier et surtout regarder la télévision. Un surveillant explique que « son truc c'est la téléréalité, il regarde des émissions des heures et des heures ». Enfin, Adel Kermiche et Abdel Malik Petitjean, assassins du père Hamel, ont partagé en direct le sacrifice sanglant de celui-ci sur l'application Periscope.

Pierre Rehov, le réalisateur du documentaire *Suicide killers* qui a suscité un important débat aux États-Unis, voit chez les terroristes islamistes une forme de « psychopathie » qui rappelle celle des serials killers, les tueurs en série. Selon lui, cette perversion provient de ce que la culture arabo-musulmane contemporaine se montre sexuellement oppressive en faisant de la femme un objet de plaisir et la propriété du mâle, la mise en place des marchés d'esclaves non musulmanes par Daech déroulant cette logique à l'extrême. « Des adolescents atteignent la puberté en ayant une angoisse permanente liée à la frustration, explique Rehov. La frustration est surmultipliée par le monde occidental dans lequel la femme est complètement libre. Ils sont frustrés par la capacité qu'ont les autres à accéder au plaisir et pas eux. » Face à cette phobie vitaliste, mourir en martyr peut apparaître comme une libération. Les djihadistes croient littéralement à l'existence d'un paradis où tout ce qui est interdit ici-bas sera permis dans l'au-delà et prennent à la lettre les versets du Coran où il est dit que celui qui meurt pour Dieu recevra en compensation des vierges « des Houris aux grands yeux noirs, semblables aux perles », selon la sourate *Al Waqi'a*, « L'événement ». Pour Rehov, les djihadistes voient dans la force létale le moyen d'exorciser une virilité blessée. « Ils ont très peur d'être impuissants. Avec un fusil, on n'est pas impuissant, on est le mâle, on est viril. L'arme est un symbole phallique très basique, commente le réalisateur. C'est leur façon d'être des surhommes, d'être superman. Quand j'étais gamin je voulais être pompier ou cosmonaute. Aujourd'hui, pour certains ados, être pompier ou cosmonaute, c'est être chahîd. » Le réalisateur a interrogé de nombreux djihadistes dans les prisons israéliennes. « Au moment où je mettais la ceinture autour de moi, je me sentais l'homme le plus puissant de la terre. Je savais qu'à la seconde où j'appuierais sur le bouton, les portes du ciel s'ouvriraient et Dieu en personne me regarderait et me prendrait dans sa main », lui a notamment confié l'un d'entre eux. « Les djihadistes ont le sentiment de devenir le glaive de Dieu », conclut Rehov.

Ce fantasme de toute-puissance a encore été accentué par le basculement dans l'ère du numérique. Les prédicateurs des caves et des cages d'escalier ont été remplacés par l'imam Facebook et le Cheik Google, la génération *Scarface* a cédé la place à la génération *GTA*, et le terroriste à l'ancienne de Vaulx-en-Velin et ses bombes artisanales au djihadiste 2.0 en scooter de Toulouse, fan de réseaux, un revolver dans une main, un smartphone dans l'autre. Dans le Far *West* virtuel qui leur sert d'univers, les sentinelles de Daech voient leur engagement comme un jeu vidéo passé en

3D où ils pourront enfin abattre à balles réelles leurs victimes comme on dessoude des avatars numériques dans *Call of Duty*. L'entretien avec un djihadiste français publié en février 2014 par le site en ligne Vice, intitulé « Le djihad, lol » est particulièrement révélateur. Le jeune Abu Rachid y décrit les combats comme un stand de tir où les cibles humaines sont néanmoins déshumanisées. « C'est rare de voir l'ennemi en face. Ceux qui tirent ne savent même pas s'ils ont tué des ennemis... Pour nous, les rebelles, peu importe quel groupe, notre technique est d'avancer avec les Kalaches et de foncer droit sur les zones que contrôle l'ennemi. Tu te caches derrière un mur, tu tires, tu avances. » Pour ces djihadistes mutants, l'islam est finalement secondaire. Ce qui compte avant tout c'est d'exterminer. « Le Coran, moi, je m'en tape, résume un l'un d'entre eux à l'*AFP*. Ce qui compte, c'est le djihad. »

À la figure du nihiliste, répond celle de l'idéaliste. « Si nous étions en juin 1940, Quentin se serait engagé dans la France libre. Je suis persuadé qu'il aurait rejoint le général de La Gaulle à Londres. » Bien que l'on devine la profonde meurtrissure qu'elle cache, pareille comparaison dans la bouche d'une mère de djihadiste paraît insoutenable. On se dit que Véronique Roy nie l'évidence. Son fils, Quentin, mort en martyr quelque part entre le Tigre et l'Euphrate, était un terroriste. Pas un résistant. Mais après deux heures de conversation, certaines certitudes volent en éclat. L'analogie, certes, reste inappropriée tant les visions du monde des fantassins de l'État islamique et celles des jeunes combattants contre le Reich nazi sont irréconciliables. Cependant, lorsqu'il s'envole pour la Syrie le 22 septembre 2014, Quentin Roy est probablement convaincu de s'engager pour une noble cause. Le jeune homme n'est pas un voyou. Il a grandi à Sevran dans un petit pavillon de banlieue éloigné des cités sensibles. Bon élève, il a décroché un bac S au lycée privé catholique l'Espérance à Aulnay-sous-Bois et a entamé des études en sciences et techniques des activités physiques et sportives (Staps). Avant sa conversion, il a entraîné les poussins du Sevran Football Club et rêvé de devenir *coach*. « Quels parents n'auraient pas voulu d'un fils comme Quentin ? s'interroge aujourd'hui sa mère. Il ne fumait pas, ne buvait pas. Il était aimable et serviable. Les filles étaient charmées par son côté *old school* ». Un soir de mars 2013, Quentin réunit son père et sa mère dans le salon familial pour leur annoncer qu'il embrasse la religion musulmane. Couple se reconnaissant dans le catholicisme même si peu pratiquants et dans le métissage – Thierry, le père de Quentin, étant d'origine haïtienne –, ouvert à « des amitiés de toutes les cultures », ses parents accueillent son choix avec respect et bienveillance. « Il était à la recherche d'éthique et de spiritualité. Il nous a dit que ce qui lui avait plu dans cette religion c'est qu'on ne mettait pas les grands-parents en maison de retraite. Il y a trouvé des valeurs qui lui plaisaient » explique Véronique Roy avant d'ajouter cette formule si significative des confusions contemporaines : « J'y ai d'abord vu une forme de développement personnel ».

Or, progressivement, le comportement de Quentin change. Passionné de musique, il arrête le piano. Un premier choc pour sa famille. Puis vient la rupture avec son amoureuse, le refus d'embrasser les femmes pour les saluer, de participer aux repas de Noël et même aux dîners en famille dès lors qu'il y a du vin à table. Il abandonne également l'université, vraisemblablement pour accomplir ses cinq prières quotidiennes à heure fixe. Au moment des funérailles de sa grand-mère, il n'assiste pas à la cérémonie. Ce jour-là, son petit frère, Yannis, le retrouve en larmes, prostré derrière l'église. Quentin fréquente le centre islamique des Radars, à Sevran, surnommé la « mosquée Daech ». Pour sa mère, il est sous l'emprise d'un « gourou », Ilyès B, un copain d'enfance charismatique, incarcéré aujourd'hui pour « association de malfaiteurs en relation avec une entreprise terroriste ». Mais « le terrorisme mental précède le terrorisme en armes », souligne Véronique Roy. La mère de Quentin a contacté diverses associations musulmanes afin de recevoir de l'aide. En vain. À la grande mosquée de Paris on lui conseille de se rassurer en lisant le Coran ! À ses yeux, Quentin est d'abord rongé par une forme de mal du siècle, révolté par une société qu'il juge trop consumériste et matérialiste. « Cette soif d'idéal en a fait une proie pour les fondamentalistes et l'a peut-être conduit au pire », analyse-t-elle aujourd'hui.

Le 22 septembre 2014, Quentin disparaît. Un mois plus tard, ses parents découvrent un message sur leur répondeur. « Je m'excuse de ne pas vous avoir donné de nouvelles. Je suis parti aider des gens. C'était important pour moi de les aider ». L'indicatif qui s'affiche est celui de la Syrie. Véronique et Thierry Roy tentent de rester en contact avec leur fils *via* Internet. Au lendemain des attentats du 13 novembre 2015, ils lui demandent de réagir, de choisir son camp. Peine perdue. Quentin argumente : « Je comprends que vous soyez choqués. Mais nous sommes en guerre. Pourquoi certaines guerres seraient légitimes et d'autres pas ? » Puis, le 14 janvier 2016, le couperet tombe. Véronique Roy reçoit sur son application WhatsApp un message qu'elle n'oubliera jamais. « *Salaam alaikum*, l'État bâti par le sang des martyrs. Il est tombé martyre en terre du Khilafah. » Quentin est mort quelque part en Irak, en « combattant les ennemis d'Allah, les croisés et les infidèles shiites. » Il a laissé un testament de quelques lignes écrit de sa main : « Dites à mes parents que je veux mourir dans la Vérité. À quoi bon vivre dans le faux et l'illusion. »

Donner leur vie pour une cause qui les dépasse, telle est la forme que revêt la recherche d'absolu d'une partie des djihadistes français. Le parcours abrupt de Quentin Roy entre en résonance avec la trajectoire vertigineuse de Maxime Hauchard, passé du petit village de Bosc-Roger-en-Roumois en Normandie au djihad en Syrie. À l'origine de leur départ, il y a un besoin d'aventure, d'héroïsme et de transcendance.

Une aspiration que l'Europe du rien ne parvient plus à combler. « Il faut se rendre à l'évidence : le sentiment qui met les djihadistes en mouvement est moins la haine que l'enthousiasme, écrit Jean Birnbaum dans *Un silence religieux*. L'élan qui précipite leur départ, c'est peut-être l'appétit de détruire, mais c'est aussi la quête de justice. » L'écrivain et philosophe Régis Debray, qui participa à la révolution cubaine et suivit le Che dans la jungle bolivienne, n'hésite pas à comparer sa propre expérience à celle des djihadistes. Cinquante ans après, c'est, selon lui, la même envie d'épique qui entraîne certains jeunes européens vers une mort probable à des milliers de kilomètres de chez eux. « Un journal me demande pourquoi j'ai quitté la France à vingt ans. Je me demande plutôt comment j'aurais pu y rester. En me rappelant quel bonheur ce fut d'en partir », écrit-il dans un *Candide à sa fenêtre*. Qu'était la Révolution, si non la promesse d'une échappée hors de l'histoire immédiate, vers une existence totalement différente ? Et d'ajouter : « Nous n'avions ni portable, ni Facebook. Sans épiloguer sur le changement d'ère, et d'espérance, et de morale, et de câbles et d'écrans, je ne peux qu'avouer une certaine compassion pour les nouveaux djihadistes de chez nous. ».

Le parallèle entre la guerre d'Espagne et la guerre en Syrie, entre les brigadistes et les djihadistes est dans le cas de la posture idéaliste également de mise. L'utopie messianique communiste a cédé la place à l'utopie millénariste islamique, l'internationale ouvrière à la globalité musulmane, l'illusion de la République du socialisme au cauchemar du Califat de la charia. « Après Guevara, Ben Laden. Après Marx, Allah », écrit encore Debray.

Cette soif d'épopée, l'État islamique l'a parfaitement intégrée. En témoigne la propagande de Daech qui a su imposer une représentation mythifiée en utilisant avec brio les technologies les plus modernes. Dans l'hexagone, la série de « films documentaires » consultable sur YouTube et intitulée *19HH* aurait été visionnée par plus de 160 000 personnes. Réalisée par Omar Omsen, cyber-djihadiste franco-sénégalais considéré comme un agent recruteur majeur en France, elle emploie systématiquement les codes du cinéma hollywoodien pour glorifier les djihadistes : voix off, ralentis signifiants, montage dramatique et effet spéciaux. Abordant pêle-mêle les origines du monde selon le Coran, le 11 Septembre 2001, la mort de Ben Laden, l'interdiction du port du voile ou encore certaines prophéties apocalyptiques, elle ne prétend rien moins que retracer l'histoire de l'humanité. S'inscrire dans la grande légende reconstruite de l'islam dans ce qu'elle a de plus héroïque et guerrière, tel est le secret de la séduction de l'État islamique auprès d'une partie de la jeunesse.

C'est ce qu'explique l'essayiste Mathieu Slama qui en a décrypté la stratégie de communication. Là où, depuis des décennies, les dirigeants français oblitèrent les icônes fondatrices du passé, de Clovis à de Gaulle, en passant par Jeanne d'Arc, Colbert ou Clemenceau, l'État islamique, au contraire, joue sur la nostalgie d'un âge d'or du Califat qui s'étendait du Levant jusqu'à l'Andalousie, instrumentalise tout un imaginaire médiéval fait de dévotions et de batailles. Dans sa propagande, il attaque également souvent le matérialisme occidental, sa décadence, son individualisme ou encore la médiocrité de ses gouvernants, allant jusqu'à se moquer de « l'imbécile François Hollande » dans le communiqué revendiquant les attentats de Paris. « La politique renvoie à des passions collectives, à une grande histoire originelle. Elle suppose d'accepter la part d'irrationnel et de mystique propre à chaque homme et à chaque communauté, de ne pas réduire la société à un agrégat d'individus, à un taux de croissance et à la consommation des ménages. La démocratie libérale réduit la politique à un simple exercice de gestion, analyse Slama.

L'une des nombreuses raisons du succès de l'EI réside dans sa capacité à s'immiscer dans cette faille. Là où le monde occidental envisage tout à l'aune du droit des individus, l'EI propose un destin collectif et sacrificiel. Là où le monde occidental fait de dieu une option spirituelle et individuelle, l'EI en fait le début, le milieu et la fin de son projet. Là où le monde occidental veut à tout prix la paix, l'EI naît et demeure dans la guerre. Pour les nouveaux enfants du siècle, le djihadisme constitue dès lors la réponse rivale maximale au vide métaphysique de l'Europe, une manière de dire non à la fin de l'histoire.

Les jeunes filles sont-elles pour autant complètement absentes du tableau, retenues dans quelque alcôve secrète ? Sur un cliché photographique qui a fait le tour du Web, on voit se détacher d'un décor champêtre une ombre entièrement voilée de noir qui s'entraîne manifestement au tir à l'arbalète en mode *Burka Avenger*. Il s'agit de Hayat Boumeddiene, l'épouse d'Amedy Coulibaly, le tueur de l'Hyper Cacher. Le djihad n'est pas seulement une affaire d'homme et le rôle des femmes ne se cantonne pas à celui de potiche ou de victime. Repos présumé du guerrier, elles ne se montrent pas moins guerrières et de telles « califettes » seraient de plus en plus nombreuses à rejoindre l'État islamique. Le journaliste d'investigation Matthieu Suc, auteur de *Femme de djihadiste*, et la doctorante en sociologie Géraldine Casutt figurent parmi les très rares spécialistes de cette question. Contrairement à l'idée communément reçue, ni ces femmes ne sont manipulées, ni leur profil ne diffère tant de celui des hommes.

À l'instar des jeunes mâles qu'elles précèdent autant qu'elles les suivent, les califettes sont à la fois modernes et antimodernes. Elles aussi rejettent le modèle français et européen qu'incarne dans leur cas le modèle de la femme libérée hérité de Mai 68 qu'elles jugent insécurisant et hypocrite. « En regardant la télévision ou la publicité, elles trouvent que la femme n'a jamais autant été aliénée à l'homme. Elles ne savent pas quelle est la place de la femme : elle est supposée gérer sa vie, être indépendante, mais aussi gérer son foyer, élever ses enfants, précise Géraldine Casutt. Pour elles, il faut faire plus simple : revenir à une complémentarité des sexes, où chacun a une tâche particulière. Elles se considèrent ainsi beaucoup plus libres que les femmes occidentales, qu'elles jugent soumises à l'homme et d'autant plus perverses qu'elles se croient réellement libres ». Les « califettes » demeurent cependant les purs produits de cette société de consommation occidentale qu'elles haïssent tant. Kahina, une lycéenne francilienne de 18 ans mariée religieusement à Samy Amimour, l'un des kamikazes du Bataclan, se réjouit de son quotidien de femme d'intérieur à Mossoul. « J'ai un appart tout meublé avec cuisine équipée, deux salles de bains toilettes, et trois chambres, et je paye pas de loyer, ni l'électricité et l'eau. La belle vie quoi !!! » Matthieu Suc cite pour sa part l'exemple de l'épouse d'un recruteur qui voile sa fille de 18 mois tout en se passionnant pour la série *Gossip Girl*.

Pour les jeunes filles des quartiers, épouser un djihadiste est aussi un gage de sécurité, un moyen de préserver sa réputation. Enfin certaines cherchent une figure d'autorité, veulent assouvir un fantasme de virilité à travers un homme fort prêt à sacrifier sa vie, voire rêvent de mourir avec leur mari à la *Bonnie and Clyde* et s'enorgueillissent du sacrifice de leur époux qui leur donne à elle-même une aura de *star*. « Je suis tellement fière de mon mari et de vanter son mérite, ah là là, je suis si heureuse, écrit Kahina par texto à ses copines juste après le 13 novembre. J'étais au courant depuis le début, et j'ai encouragé mon mari à partir pour terroriser le peuple français qui a tant de sang sur les mains. J'envie tellement mon mari, j'aurais tellement aimé être avec lui pour sauter aussi. » Depuis la jeune fille a donné naissance à un bébé, né donc orphelin de père.

Daech n'en a cure, qui a clairement un objectif de procréation et de peuplement afin de pouvoir compter sur les « lionceaux du Califat » fanatisés dès le plus jeune âge pour assurer son essor. Dans l'État islamique, la femme a beau être armée, sa fonction essentielle demeure d'enfanter et d'élever la nouvelle génération promise à être encore plus radicale que la précédente et qui est d'ores et déjà préparée à voir les vidéos mises en ligne d'enfants bourreaux présentés comme français. Une stratégie qui n'est pas sans rappeler celle, nazie, des *Lebensborn*, cette progéniture « racialement supérieure » et « idéologiquement pure » issue de géniteurs et de reproductrices sélectionnées et asservies à cette fin. Sept décennies plus tard l'État islamique poursuit d'une certaine manière ce fantasme totalitaire. Celui d'une génération Daech.

2.

Génération Zemmour

Petits blancs et petits juifs ou le retour des invisibles

La formule résonne comme une bombe. Celui qui ose l'employer se condamne à être immédiatement diabolisé. Le terme est censé relever du vocabulaire du FN et nourrir le fantasme d'une France ethniquement pure. À tel point qu'Aymeric Patricot, enseignant dans un lycée de banlieue parisienne, hésite avant de l'utiliser pour titre et *motto* de l'essai qu'il projette par peur d'être taxé de racisme, par crainte d'être accusé de faire le jeu de l'extrémisme. « C'est avec pudeur qu'on utilise, en France, l'expression [...] : si l'on devine ce qu'elle recouvre, on n'aime pas la définir » rappelle-t-il dès les premières lignes de son livre finalement intitulé, comme il le désirait à l'origine, *Les petits Blancs, un voyage dans la France d'en bas*.

L'origine d'une telle dénomination n'est pourtant pas à rechercher dans l'histoire de l'ultra droite, mais à la Réunion au XVIIIe siècle. Elle désignait les premiers habitants des Hauts de l'île à la peau claire et au statut modeste pour signifier le mépris ancestral des populations des Bas, les propriétaires terriens des zones côtières, les « Gros Blancs », envers ces individus souvent démunis et réfugiés dans la montagne. Aujourd'hui, la formule renvoie non pas au peuple des défavorisés expatrié dans l'océan Indien, mais à celui de la France profonde. « Ce sont des Blancs pauvres qui prennent conscience de leur couleur dans un contexte de métissage. Il y a dix ou vingt ans, ils ne se posaient pas la question de leur appartenance ethnique car ils habitaient dans des quartiers où ils étaient majoritaires. Ce n'est pas forcément le cas aujourd'hui, analyse le professeur de Lettres. Le petit Blanc, c'est cet adolescent de banlieue qui, l'un des seuls visages pâles dans sa classe, prend conscience de sa différence, c'est ce jeune homme fragilisé socialement qui se découvre aussi pauvre que ces minorités qu'on dit occuper le bas de l'échelle. » Aymeric Patricot montre que face à cette situation les sentiments sont mêlés et que « fraternité, indifférence et haine » se côtoient, voire se mêlent. Pour l'auteur, s'il arrive que les petits Blancs expriment de la rancœur à l'égard des minorités ethniques, qu'ils considèrent comme une menace, ils ruminent surtout du ressentiment contre les classes dirigeantes et autres « bobos » qu'ils accusent d'être responsables et bénéficiaires de cette situation tout en les traitant avec un profond dédain.

Cette partition entre deux pays qui s'ignorent et se font face, c'est bien celle qu'a mise plus tôt en lumière le géographe Christophe Guilluy dans *Fracture françaises* puis dans *La France périphérique* et enfin dans *Le Crépuscule de la France d'en haut*. D'un côté, celui des grandes métropoles où la bourgeoisie urbaine tire profit de la mondialisation. De l'autre, celui de la périphérie où les classes populaires souffrent des effets de la désindustrialisation et de l'insécurité physique et culturelle liée à l'immigration. Les petits blancs, pas assez aisés pour vivre dans les quartiers protégés des centres villes, sont relégués toujours plus loin, assignés à résidence dans des lotissements pavillonnaires ou des territoires ruraux. Ils quittent les métropoles pour des raisons économiques, mais fuient également de plus en plus la proche banlieue où, face à la domination démographique, culturelle et aujourd'hui religieuse des « Français issus de l'immigration », ils ne se sentent plus chez eux.

Cette réalité des nouveaux exilés de l'intérieur a cependant été ignorée. Depuis le tournant libéral de 1983, les classes populaires ont disparu des écrans radars de la gauche. Pendant trois décennies, l'attention des politiques et des médias s'est tournée vers les nouveaux prolétaires que seraient les jeunes de banlieue qui en deviennent de la sorte sacralisés. Mais, en 2005, lors de manifestations lycéennes contre la loi Fillon, de jeunes noirs agressent de jeunes blancs tandis que, dans *Le Monde*, le journaliste Luc Bronner donne la parole à des élèves d'un lycée de Seine Saint-Denis qui justifient ces actes de violence par la volonté de « se venger des Blancs » jugés comme des

« lâches et des pigeons » et tout justes bons à leur procurer « de l'argent facile » par l'entremise du racket. À la suite de cet article, le 25 mars 2005, sept personnalités, dont Jacques Julliard et Alain Finkielkraut, lancent un appel contre cette réalité jusque-là taboue qu'est le racisme « anti-blanc », lequel sera relayé uniquement par le site du mouvement de jeunesse juif de gauche Hachomer Hatzaïr. L'alerte restera lettre morte et la dimension racialiste de ces actes sera minimisée. Comme l'explique régulièrement Rokhaya Diallo, présidente de l'association « antiraciste » Les Indivisibles, il ne peut y avoir de racisme anti-blanc sinon par réaction puisque le « Blanc » est le seul responsable de l'invention de la théorie hiérarchique et inégalitaire des races. Cet argumentaire controuvé explique sans doute pourquoi Houria Bouteldja, la présidente des très gauchistes et communautaristes Indigènes de la République, ne sera pas inquiétée par les inquisiteurs attitrés du sémantiquement correct lorsqu'elle qualifiera les plaignants de « sous-chiens » dans l'émission *Ce soir ou jamais* de Frédéric Taddeï. Pour une certaine gauche morale, le membre d'une minorité ethnique est forcément victime et le « mâle blanc » forcément coupable.

Les attentats de janvier 2015 ont cependant bousculé les certitudes binaires du camp du Bien au point de le diviser profondément. Suivant la logique manichéenne de naguère, le président de Mediapart Edwy Plenel et le démographe Emmanuel Todd affirment que les responsables des attentats sont autant les islamophobes que les islamistes. La journaliste Caroline Fourest et le philosophe Michel Onfray dénoncent au contraire la complaisance d'une partie de la gauche à l'égard de l'islam radical et de l'antisémitisme des banlieues. Les dessinateurs de *Charlie Hebdo* ne sont pas tombés sous les balles de l'extrême droite, mais sous les rafales d'enfants d'immigrés. Des juifs sont morts parce que juifs, assassinés par un jeune homme d'origine malienne et non par des Blancs nazifiés. Le réel est décidément plus têtu que les interprétations dont on le travestit.

Politiquement parlant, les avancées du Front national et les transgressions consécutives de Nicolas Sarkozy ont d'ores et déjà fait bouger les lignes. En 2007, ce dernier a imposé le thème de l'identité nationale dans la course à l'Élysée. En 2012, il a une nouvelle fois disputé la France des invisibles à Marine Le Pen. Sous l'influence de son principal conseiller Patrick Buisson, il a tenté, du moins à travers ses discours, de réveiller la droite de sa longue reddition idéologique à la gauche élitaire et mondialisée afin qu'elle se retourne vers le peuple. Comme a su le voir Christophe Guilluy, la carte électorale traditionnelle s'est effacée pour laisser apparaître le tracé de nouveaux rapports de force : perdants contre gagnants de la globalisation, France périphérique contre France métropolitaine, petits Blancs contre bobos et minorités ethniques. Or, cette tendance est encore plus marquée chez les nouvelles générations car elles ne se sont pas structurées selon le clivage institué de la bipolarité. « On a beaucoup parlé de la réislamisation des jeunes des banlieues, moins de ce qui se passe dans la jeunesse de la France périphérique laquelle n'a aucun complexe à afficher son vote FN. Le discours moral, les antiennes républicaines n'ont plus de prise sur elle parce que trop déconnectées de leur réalité », assène le géographe.

Le blogueur Hordalf Xyr, déjà évoqué, qui a voté Marine Le Pen en 2012 alors que dix ans plus tôt il manifestait contre son père, laisse affleurer, dans *C'est l'histoire d'un mec*, les contradictions de cette génération fracturée. « Fruit d'un Breton et d'une Italienne », il a grandi dans une commune de banlieue dont il ne précise jamais le nom, mais dont on imagine aisément les contours. L'une de ces cités dortoirs à la lisière quelconque d'une mégalopole où les barres lépreuses cernent les pavillons décatis, où les hypers et les fastfood ont éliminé les épiceries et les troquets, où les fils de prolos ritals ou portos à l'accent encore mal dégrossi se font traiter de « sales français » par les fils des immigrés africains nouvellement arrivés, où l'on peut être raciste le matin, fraternel l'après-midi, querelleur la nuit tombée.

Avant de poursuivre avec succès des études d'histoire, Hordalf Xyr est allé au collège et au lycée dans une ZEP (Zone d'éducation prioritaire) où il a eu pour « potes » Abdelkader et Saïd. Néanmoins, la réalité plus contemporaine dont il parle est celle du séparatisme ethnique et de l'insécurité physique et culturelle qui gagnent du terrain : « Devoir gérer les rues que l'on va emprunter pour éviter leurs bandes, établir des diversions, être sur le qui-vive à chaque instant, se priver de sortir parfois, élaborer ses parcours dans l'espoir de rentrer vivant, baisser les yeux et fermer la bouche... Et encore, je ne parle ici que des agressions, des risques physiques, pas de tout le reste, du moins évident, de cette époque où il n'y a plus de place pour moi, pour nous ». Derrière « le moins évident », sous l'indicible, il y a un sentiment d'abandon, de dépossession, la violence d'une oppression inversée qui ne dit pas son nom. Hordalf Xyr se souvient amertumé des trajets quotidiens en bus sur une ligne fréquentée par l'une de ces bandes, des humiliations à répétition dont il a été victime à se promener avec sa petite amie à la peau claire et aux yeux bleus, du silence des professeurs lorsqu'il se faisait insulter par les autres élèves. « En les appelant à revendiquer leurs origines, tout en nous contraignant à avoir honte des nôtres, en apprenant à tous que ceux qui étaient de souche étaient nazis, colons, ignobles à tout point de vue, en nous effaçant littéralement de votre diversité, vous avez créé ce racisme dont vous ne parlez jamais, pourtant largement majoritaire dans les faits : le racisme de ceux qui nous appellent les faces de craies », s'insurge-t-il.

Le jeune homme fustige aussi bien la « racaille » que la classe politique sourde aux problèmes liés à l'immigration, coupables d'avoir nourri la haine des nouveaux venus par leurs discours de repentance. Il se fait le porte-parole des jeunes oubliés. « Il y a une autre jeunesse en France que vous ne voulez pas voir, qui ne vous intéresse pas, une jeunesse que vous n'excusez jamais, que vous n'écoutez jamais, que vous méprisez toujours, une jeunesse pleine d'énergie et de talent, d'envie et d'amour, une jeunesse qui ne brûle rien sinon de désir de changement, de vrai changement, elle est là dans la rue et dans les concerts, elle n'est pas honteuse elle veut simplement vivre, et vous ne la ferez plus taire avec vos mensonges et votre haine. »

Loin du cliché véhiculé par les médias de jeunes prolétaires peu éduqués et manipulables, les petits blancs sont divers. Certains, cédant au rapport mimétique avec leurs homologues musulmans, endossent le jeu de la concurrence victimaire. D'autres, obsédés par ce qu'ils nomment à la suite de Renaud Camus « le grand remplacement », rêvent de guerre civile. Mais, pour la plupart, ils souhaitent avant tout faire entendre leur voix. Ils ont autant à cœur de bousculer le système que d'exister dans un monde qui les a longtemps réprouvés. En quête d'ascension sociale, ces Rubempré postmodernes sont nombreux à s'être introduits dans les partis politiques : on les retrouve non seulement au Front national, mais aussi chez les Républicains, au sein de Debout la République et même dans les rangs du Front de gauche. Contre toute attente, les plus déterminés d'entre eux se sont fait une place dans ce temple de l'idéologie libérale et de l'élitisme bien-pensant qu'est Sciences Po. Enfin, on ne saurait oublier qu'il est des petits Blancs qui sont également des petits juifs, frappés en cela d'une double peine.

Les premiers et les seconds se sentent en effet embarqués dans le même bateau car leurs vies s'apparentent à une égale galère. Dans les territoires perdus de la République, les injures « sale juif » et « sale français » progressent de concert, l'antisémitisme et la francophobie sont les deux faces d'une même médaille, l'« anti-feuj » et l'« anti-bolos » forment un couple tout aussi inséparable que le diable et le bon Dieu. Longtemps, les « Français de souche » ont été regardés avec méfiance par une partie des intellectuels juifs hantés par le traumatisme de la Shoah. Ils étaient suspectés de xénophobie, voire de racisme ou de fascisme congénital. « Bien sûr, nous sommes résolument cosmopolites. Bien sûr, tout ce qui est terroir, bourrées, binious, bref franchouillard ou cocardier, nous est étranger, voire odieux », écrivait Bernard-Henri Lévy dans l'éditorial du premier numéro de *Globe* en 1985. Le nouveau philosophe ne se doutait pas alors que la vraie nouveauté tiendrait dans l'apparition d'un tout autre antisémitisme que celui qu'il fustigeait sous le coup d'une immigration incontrôlée. Trente ans plus tard, la haine du juif n'a pas les traits du beauf de Cabu mais du caïd de banlieue. Elle n'est le fruit ni de la droite extrême ni du catholicisme traditionaliste, mais de l'islam radical et de l'extrême gauche. *L'idéologie française* a cédé la place à *L'identité malheureuse*. Dès lors, dans un retournement dont seule l'histoire a le secret, petits blancs et petits juifs se retrouvent désormais unis face à une même menace. « La France n'est plus une Terre promise pour les juifs. Mais elle ne l'est pas davantage pour les autres Français. Ce qui s'esquisse face aux gros bataillons du nouvel antiracisme, c'est la communauté de destin inattendue des "sionistes" et des "souchiens" », écrit Alain Finkielkraut quelques jours après son élection à l'Académie française. Les uns et les autres partagent en effet la même insécurité physique et culturelle, le même sentiment d'abandon, la même peur de disparaître. Comme pour les classes populaires de la France périphérique, cette angoisse existentielle s'est traduite pour la communauté juive par une rupture avec la gauche.

Tournants politiques

Le 13 janvier 2015, au lendemain de la prise d'otage sanglante de l'Hyper Cacher de Vincennes, Manuel Valls prononce un discours historique à la tribune de l'Assemblée nationale : « Comment peut-on accepter que des Français soient assassinés parce qu'ils sont juifs ? Nous devons là aussi nous rebeller, et en posant le vrai diagnostic. Il y a un antisémitisme que l'on dit historique remontant du fond des siècles mais il y a surtout ce nouvel antisémitisme qui est né dans nos quartiers, sur fond d'Internet, de paraboles, de misère, sur fond des détestations de l'État d'Israël. » Ces mots forts et justes touchent ce jour-là les Français de confession ou de culture juive. Il n'est pas sûr cependant qu'ils suffisent à les réconcilier avec la gauche. Malgré la popularité personnelle du Premier ministre, le désamour entre les juifs et le PS est profond.

Comme l'explique le chercheur Philippe Velilla dans *Les juifs et la droite*, longtemps les juifs furent intimement liés au camp progressiste, porteur dans leur imaginaire des idéaux de la Révolution qui les avait émancipés, associé de manière parfois manichéenne à la défense du capitaine Dreyfus et, surtout, assimilé à leur reconnaissance politique, de Léon Blum à Pierre Mendès France en passant par Jules Moch et Daniel Mayer du côté socialiste sous la IIIe et la IVe République et de Jean Kanapa à Charles Fiterman en passant par Henri Krasucki du côté gauche communiste au cours de la Ve République. Par ailleurs, la SFIO n'avait-elle pas apporté initialement un soutien inconditionnel aux fondateurs de l'État d'Israël, les premiers sionistes étant eux-mêmes de gauche ? À l'inverse, la défiance ou l'hostilité étaient de mise à l'égard de la droite, réputée comme inclinant volontiers à l'ostracisme, voire à l'antisémitisme et ces sentiments avaient connu un fort regain sous le général de Gaulle d'abord pour les seuls Pieds-noirs en raison de son abandon de l'Algérie, puis chez tous les autres Français juifs, à l'instar d'un Raymond Aron, pour ses propos sur le « peuple d'élite, sûr de lui et dominateur » lors de sa conférence du 27 novembre 1967 quelques mois après la guerre des Six jours. L'attraction de la gauche s'était confirmée en 1981, les deux tiers des juifs ayant voté pour François Mitterrand contre Valéry Giscard d'Estaing. Elle s'était accomplie en 1984 lorsque l'Union des étudiants juifs de France (UEJF) avait pris sa part dans la fondation de SOS Racisme, création conjointe de Julien Dray et de l'Élysée, dont le succès avait préparé et à la fin permis la réélection de François Mitterrand en 1988. « Dans les années 1980, comme beaucoup d'intellectuels juifs, j'ai moi-même critiqué l'État nation, se souvient le philosophe Shmuel Trigano. À l'époque, nous percevions le multiculturalisme comme une ouverture, un desserrement de l'étau napoléonien. Nous ne pouvions pas prévoir la dérive que cette idéologie allait connaître. »

Le renversement s'est opéré au début des années 2000. La montée en puissance du nouvel antisémitisme arabo-musulman qui coïncide avec la seconde Intifada et les attentats du 11 Septembre 2001, est niée par le gouvernement Jospin. De même que l'insécurité des classes populaires devient « un sentiment d'insécurité », l'antisémitisme des banlieues est un fantasme. Pourtant, de 82 actes antisémites recensés en 1999, on passe brutalement à 744, en 2000, 936 en 2002, 974 en 2004 commis pour l'essentiel par des enfants d'immigrés se réclamant de l'islam. Cette évidence relève cependant de l'impensable pour la gauche qui identifie le jeune musulman à la figure de l'opprimé et l'islam à la religion des déshérités. Daniel Vaillant, alors ministre de l'Intérieur, est chargé de minimiser le phénomène. Quand le 10 octobre 2000, pour la première fois en France depuis la Libération, une synagogue, celle de Trappes, est détruite par un incendie, il évoque « l'œuvre de jeunes désœuvrés », rappellent Jérôme Fourquet et Sylvain Manternach dans *L'an prochain à Jérusalem*. Il récidive quelques mois plus tard à propos de faits similaires qu'il qualifie cette fois de « phénomènes de triste mode ». Que faut-il entendre par cette formule ? « Le gouvernement et les médias évoquaient des tensions intercommunautaires comme si les juifs étaient eux-mêmes les agresseurs, explique Shmuel Trigano. Ils utilisaient aussi le terme de conflit importé alors que les violences avaient lieu en France et venaient uniquement des milieux musulmans d'Afrique du Nord ou d'Afrique subsaharienne qui n'avaient rien à voir avec les Palestiniens. Cela permettait de renvoyer dos à dos les deux protagonistes alors qu'un seul était actif. » Pour Alain Finkielkraut, « le retard à l'allumage » caractérise la gauche sur la question du nouvel antisémitisme : « Elle s'est focalisée sur l'antisémitisme d'extrême droite marginal tout en refusant de prendre acte de l'antisémitisme arabo-musulman car celui-ci était le fait des damnés de la terre. »

Cette pusillanimité de la gauche est mue par une cécité idéologique, mais aussi par un calcul comptable comme l'indique la note de Pascal Boniface intitulée *Le Proche-Orient, les socialistes, l'équité internationale, l'efficacité électorale*, publiée en avril 2001. Peu connue du grand public, elle représente pour la communauté juive ce que scellera la note publiée par Terra Nova en 2012 aux yeux des classes populaires, à savoir une trahison. Pour Pascal Boniface, alors délégué national du PS aux Affaires stratégiques, la diplomatie d'équilibre que son parti a adoptée jusque-là sur le dossier israélo-palestinien serait non seulement injuste moralement, mais encore inefficace politiquement. Elle le priverait du vote de nombreux électeurs issus de l'immigration. « Il vaut certes mieux perdre l'élection que son âme. Mais en mettant sur le même plan le gouvernement d'Israël et les Palestiniens, on risque tout simplement de perdre les deux. », conclut Pascal Boniface. Autrement dit, 6 millions de musulmans pèsent plus dans les urnes que 600 000 juifs. Cette arithmétique n'est pas pour autant un accident ou ne saurait être imputée uniquement à son auteur puisqu'en novembre 2014 Benoît Hamon, selon *Le Canard enchaîné*, en serait venu à adopter et dispenser le même raisonnement à l'occasion de la résolution adoptée par l'Assemblée nationale visant à acter l'existence d'un État palestinien : « Il s'agit du meilleur moyen pour récupérer notre électorat des banlieues et des quartiers », aurait déclaré le député de Trappes. Le calcul est encore plus prégnant à la gauche de la gauche où domine pour le coup un islamo-gauchisme avoué et triomphant. Cette torsion idéologique a sans nul doute précipité le virage à droite des Français juifs. « La palestinophilie ou l'arabophilie d'une partie de la gauche, sa dénonciation simpliste d'Israël, conjuguées à son déni du nouvel antisémitisme, ont conduit les juifs à changer leur vote », résume Alain Finkielkraut.

En 2002, le tournant droitier profite essentiellement à Alain Madelin. Le candidat de Démocratie libérale dépasse les 20 % de voix au sein de la communauté juive alors qu'il n'atteint pas 4 % dans l'ensemble de la population. Un écart qui, pour Jérôme Fourquet et Sylvain Manternach, pourrait s'expliquer par sa « défense constante et revendiquée d'Israël et des États-Unis ». Plus simplement, Alain Madelin aura été l'un des seuls hommes politiques à participer à la grande manifestation qui, le 7 avril 2002, réunit à Paris 100 000 personnes « contre les actes antisémites et pour la sécurité d'Israël ». Selon Philippe Velilla, le PS a interdit à ses dirigeants d'y participer. Pour Dominique Strauss-Kahn, Lionel Jospin perd là un nombre important de voix juives.

Cinq ans plus tard, affirme Velilla, « les juifs de gauche ont disparu. Nicolas Sarkozy peut devenir roi des juifs. » En 2007, le candidat de l'UMP frôle dès le premier tour la majorité absolue dans la communauté juive. S'il apparaît plutôt atlantiste et proche d'Israël, il a surtout affiché une certaine fermeté dans la lutte contre l'antisémitisme. Cette spectaculaire OPA est confirmée en 2012 puisque, selon l'IFOP, près d'un électeur se déclarant juif sur deux vote pour lui et là encore dès le premier tour. Pour autant, sur la durée de son quinquennat, la nouveauté tient à la percée parallèle du FN au sein du même électorat, phénomène pour le coup inédit. Alors que son père stagnait à 4 % en 2007, Marine Le Pen atteint cinq ans plus tard 13,5 %, soit une progression de 9 points. Bien qu'inférieur à sa moyenne nationale, ce score est significatif. Un tabou est tombé.

« Il y a 20 ans, le vote FN était inimaginable pour les juifs, rappelle Georges Bensoussan. Aujourd'hui le phénomène s'est banalisé tout comme chez les profs. » La rupture de Marine Le Pen avec les provocations antisémites de son père n'en est pas la seule cause. En 2012, le premier tour de la présidentielle advient quelques jours après le massacre perpétré par Mohammed Merah dans une école juive de Toulouse. Alors que Nicolas Sarkozy n'a pas su enrayer la montée de l'antisémitisme et de l'islamisme, Marine Le Pen est perçue par certains juifs comme leur dernier rempart. La présidente du FN en a pleinement conscience. Dans un entretien accordé à *Valeurs actuelles* en juin 2014, elle déclare : « Je ne cesse de le répéter aux Français juifs, qui sont de plus en plus nombreux à se tourner vers nous : non seulement le Front national n'est pas votre ennemi, mais il est sans doute dans l'avenir le meilleur bouclier pour vous protéger, il se trouve à vos côtés pour la défense de nos libertés de pensée ou de culte face au seul vrai ennemi, le fondamentalisme islamiste. » Pour Fourquet et Manternach, cette droitisation est bien le résultat d'un « traumatisme historique lié à l'exposition à une violence spécifique ».

C'est dans la jeunesse que celle-ci a été ressentie le plus profondément et que le basculement idéologique a été le plus net. La génération née dans les années 1990-2000, qui a appris à ignorer les provocations et les insultes, à baisser les yeux devant les regards et les gestes menaçants, à changer de trottoir pour éviter les agressions tout en sachant que porter la kippa dans certains quartiers peut coûter la vie, a grandi au rythme des assassinats qui, régulièrement, sont venus défrayer la chronique. D'abord, en 2003, Sébastien Selam, DJ âgé de 23 ans égorgé puis défiguré à coups de couteau par son voisin de palier et ami d'enfance, Adel Amastaibou qui déclare immédiatement après le meurtre : « J'ai tué un juif ! J'irai au paradis » avant d'insister devant les policiers : « C'est Allah qui le voulait. » Puis en 2006, Ilan Halimi, également âgé de 23 ans, séquestré, torturé, laissé pour mort par Youssouf Fofana, le chef du gang des barbares, qui affirmera lors de son procès : « Maintenant, chaque juif qui se balade en France se dit dans sa tête qu'il peut être enlevé à tout moment. » Puis, en 2012, l'enseignant et les trois enfants à l'école Ozar-Hatorah de Toulouse, abattus à bout portant par Mohammed Merah. Puis, en 2014, les quatre morts du Musée juif de Bruxelles lors de la tuerie menée par le djihadiste Franco-Algérien Mehdi Nemmouche. Enfin, en 2015, les quatre victimes également de l'Hyper Cacher de Vincennes qui ont perdu la vie sous les balles d'Amedy Coulibaly. « C'est la génération qui a pris en pleine figure les conséquences de l'islamo-gauchisme avec tout ce que ça peut lui inspirer », résume Gilles-William Goldnadel. Pour l'avocat et essayiste, il y a deux décennies encore, la jeunesse juive se reconnaissait volontiers dans le discours de gauche sur l'immigration et l'accueil de l'Autre. Sous les coups de boutoir de la réalité du nouvel antisémitisme, cet idéalisme a volé en éclat. « Il existe encore une frange de la jeunesse juive branchées sur SOS Racisme. Cependant c'est désormais un phénomène marginal et tourné en dérision par la majorité des jeunes juifs », conclut Goldnadel. Une fois n'est pas coutume, l'ancien président de l'UEJF, Sacha Reingewirtz, partage le diagnostic de l'avocat. « La lutte antiraciste apparaît aujourd'hui comme un combat d'arrière-garde, regrette le jeune homme de 28 ans, qui a manifesté, pour la première fois, le 21 avril 2002. Il y a des mouvements de réaction, de repli, des peurs qui touchent beaucoup de jeunes juifs. Elles sont liées à la montée de la menace islamiste qui a visé de manière prioritaire les juifs. »

Par leurs parcours, Jonathan-Simon Sellem, 32 ans, et Kelly Betesh, 20 ans, témoignent chacun à leur manière de cette évolution. Les grands-parents de Jonathan étaient communistes, ses parents socialistes. Lui-même a collé des affiches pour le PS. Le jeune homme est allé au lycée public de Sartrouville dans les Yvelines où la population était mixte et les communautés cohabitaient pacifiquement jusqu'au début des années 2000. « J'avais des amis d'origine maghrébine, je faisais du foot avec eux, se souvient-il. Après le 11 Septembre 2001, le climat a changé. J'ai vu fleurir sur les murs des tags faisant l'éloge d'Oussama ben Laden ». C'est dans ce contexte que ce grand brun un peu hâbleur rompt avec la gauche. Jonathan Simon Sellem part alors vivre en Israël. Il se lance dans le journalisme militant et devient influent dans la blogosphère juive de droite. Devenu franco-israélien, il fonde en 2008 son propre site qu'il intitule sans plus de modestie *JSS news*, acronyme de son nom. Il y défend de manière inconditionnelle la politique d'Israël, dénonce l'islamisation de la France et pourfend Dieudonné. Parallèlement, Jonathan-Simon Sellem poursuit une carrière politique. En 2013, avec Véronique Genest, alias Julie Lescaut, pour suppléante, il est candidat à la députation dans la 8e circonscription des Français de l'étranger, laquelle inclut Israël. Sous l'étiquette du Parti Libéral Démocrate, il récolte 15 % des suffrages. En mai 2014, il devient conseiller consulaire français en Israël pour un mandat de 6 ans. Élu sur une liste UMP/UDI, il est pourtant régulièrement taxé de défendre les « idées de l'extrême droite ». Il reconnaît avoir été séduit par le discours pro-israélien de Gilbert Collard au moment où il y a eu un débat sur la reconnaissance de la Palestine par la France. « Cependant, le passé antisémite du FN demeure un frein », précise-t-il.

Kelly Betesh, de 12 ans sa cadette, elle, n'a pas d'états d'âme. Cette étudiante en médecine, qui pose sur Facebook en robe tricolore, a rejoint le Rassemblement Bleu Marine en 2013. Lorsque Jean-Marie Le Pen évoquait « un point de détail de l'histoire » au sujet des chambres à gaz, la jeune fille n'était pas née. Pour Kelly Betesh, l'antisémitisme n'est plus au FN, mais dans les quartiers islamisés. « Les gouvernements de gauche comme de droite n'ont rien fait pour enrayer la montée du communautarisme arabo-musulman d'où découle l'antisémitisme, Le Front national tente au contraire de construire une France unie », affirme celle qui habite Montreuil et est allée au collège dans un établissement public situé à deux pas de l'Hyper Cacher de la porte de Vincennes. La jeune fille a même posé en égérie du mouvement lepéniste sur l'une de ses affiches électorales lors de la campagne des régionales en Île-de-France, celle où l'on voit deux jeunes filles, l'une portant un niqab, l'autre au visage découvert et aux joues maquillées bleu, blanc et rouge, avec pour slogan : « Choisissez votre banlieue. Votez Front ! » Kelly Betesh milite en faveur d'une politique d'assimilation stricte. Bien que son père soit israélien et qu'elle passe ses vacances d'été à Tel-Aviv, la jeune fille se sent « Française avant tout ». Elle espère, dit-elle, que le Front national « fera bouger les lignes ».

Toutefois, comme le souligne Jérôme Fourquet, « le vote FN concerne des personnes qui ont encore confiance dans le pays ». Or, ce n'est plus le cas pour beaucoup de jeunes juifs qui se communautarisent à leur tour. L'avancée de la droitisation s'accompagne d'une progression de l'entre-soi. « Il s'agit d'un enfermement réactif, d'une réponse à ce que la communauté subit depuis des années », souligne Georges Bensoussan qui rappelle qu'après la tuerie de Mohammed Merah, les juifs se sont retrouvés seuls dans la rue. « Beaucoup de juifs ont eu le sentiment de vivre un abandon. » L'apparition de la Ligue de défense juive (LDJ) est l'un des symptômes de cette réaction. Cette organisation a fait parler d'elle en juillet 2014 lors des violences qui ont visé les synagogues de la rue de la Roquette à Paris et de l'avenue Paul Valéry à Sarcelles pendant les rassemblements pro-palestiniens contre la guerre de Gaza. Ses membres se sont alors opposés, front à front, à de prétendus manifestants venus, munis de barres de fer, de battes de base-ball et d'armes blanches, pour en découdre. Née en France au début des années 2000, sans existence légale, version juive de mouvements identitaires analogues, la LDJ revendique le droit à l'autodéfense et assume le recours à l'activisme comme à la force. Ses militants, pour la plupart des jeunes issus de quartiers multiethniques de l'Est parisien et de la proche banlieue, héroïsent Israël, s'entraînent au krav maga, la technique d'autodéfense de Tsahal, et pour certains ont été condamnés à des peines de prison ferme pour des agressions verbales et physiques. Sur le plan idéologique, la LDJ se réclame du sionisme radical de Meir Kahane qui prônait une ligne nationaliste favorable au Grand Israël et à l'expulsion de tous les Palestiniens des Territoires occupés. « Les gens qui vivent tranquillement en France ou en Israël, qu'ils soient juifs, catholiques ou musulmans, sont les bienvenus. Pas ceux qui veulent imposer leurs modes de vie, explique un cadre du mouvement qui a accepté de témoigner anonymement. Nous ne professons aucun racisme anti-arabe ou antimusulman. Nous n'appelons pas à la violence. Les juifs n'ont jamais attaqué d'école musulmane, de musée musulman ou de femmes voilées. Mais lorsque nous sommes attaqués, nous nous défendons ». Ce groupuscule qui compte tout au plus quelques centaines de membres n'est ni l'organisation paramilitaire et tentaculaire qui est présentée dans certains médias, ni même une « milice privée extrémiste » comme l'affirme *Libération*. Elle est également loin d'être représentative de l'ensemble de la jeunesse juive. Cependant, son existence témoigne du désarroi et de la révolte d'une partie d'entre elle. Cette jeunesse-là ne se reconnaît pas dans les associations communautaires institutionnelles qu'elle juge trop modérées et politiquement correctes. Elle rêve d'un État fort capable de la protéger. Un besoin d'autorité qui se double souvent d'une soif d'identité.

Parallèlement à sa droitisation et à sa communautarisation, les jeunes juifs connaissent un réveil culturel comparable à ceux qu'éprouvent les jeunes musulmans et les jeunes chrétiens. Contrairement à leurs parents et leurs grands-parents, ils ont plus souvent fréquenté les écoles confessionnelles, se veulent plus religieux, plus attachés aux racines et sont plus nombreux à choisir de vivre en Israël puisque sur les 7 231 partants qui ont fait leur *alya* en 2014, chiffre jamais atteint depuis 1967 et la guerre des Six jours, ils comptaient pour la moitié. Ainsi, Noémie Cohen, 25 ans, qui habite Sarcelles depuis toujours, observe « la petite Jérusalem » se vider peu à peu de sa jeunesse. « Autrefois, les jours de Shabbat, on pouvait rester devant la synagogue pour discuter pendant les pauses entre les prières. Aujourd'hui, c'est formellement interdit, il y a des militaires partout. Les jeunes couples partent dans les banlieues plus calmes, à Paris ou directement en Israël », explique-t-elle. Parmi ces jeunes juifs, certains fuient une situation qu'ils jugent menaçante, mais d'autres sont plus habités encore par la recherche d'un souffle patriotique qu'ils ne trouvent plus dans leur pays de naissance. « Trop longtemps, il a été impossible d'affirmer son amour de la France sans être taxé de lepénisme, regrette Jonathan Simon Sellem. En Israël, le jour de la fête de l'Indépendance, le 14 juillet local, il y a des drapeaux à toutes les fenêtres. Lorsque François Hollande a demandé aux Français de pavoiser, au lendemain du 13 novembre, c'était magnifique. Mais la France à cinquante ans de retard sur Israël ». Le recul de l'idée nationale et la propension à la détestation de soi sont également les motifs avancés par Alain Finkielkraut : « Paradoxalement, la France s'est installée dans la repentance au nom du devoir de mémoire dont la Shoah était le cœur. Mais aujourd'hui, cet autodénigrement perpétuel, au lieu d'honorer les juifs, les fatigue aussi ». Un point de vue partagé par Georges Bensoussan : « Même pour les juifs les plus profondément enracinés en France, l'amour de la nation se délite quand la nation qui est l'objet de cet amour finit par ne plus s'aimer elle-même », note-t-il avant de souligner à son tour que « de jeunes juifs retrouvent un sens de la nation en Israël ».

Risquer de donner sa vie pour plus grand que soi guide manifestement ceux qui s'enrôlent dans Tsahal. Cet attrait est si fort que, pour partie, ceux ou celles qui s'engagent ne deviennent pas nécessairement Israéliens et optent pour le programme de volontariat intitulé *Mahal* à destination des étrangers. Dans *Le Nouvel Observateur*, Nathalie Funès a raconté le destin de ces *hayalim bodedim* qui ont laissé parents, frères, sœurs, amis à des milliers de kilomètres et qui seraient aujourd'hui 3 000 parmi lesquels 500 Français dont une cinquantaine de volontaires *Mahal*. Benjamin, 20 ans, qui a grandi dans le Val-de-Marne et passé son bac au lycée confessionnel Ozar Hatorah, dans le 13e arrondissement, est l'un d'entre eux. Il était à Paris durant l'été 2014 au moment des manifestations propalestiniennes contre l'opération Bordure protectrice menée à Gaza. « Le cocktail Molotov jeté contre une synagogue, les cris de ''mort aux juifs''... j'avais l'impression que la guerre arrivait en France », affirme-t-il sur un ton prédictif. « Je me suis demandé si ma place était encore là dans un pays ou je ne peux plus descendre dans le métro avec une kippa ». Lors de chaque confrontation armée, on compte des blessés, voire des morts parmi ces jeunes recrues venues de France. Au cours de l'été 2014, Jordan Bensemhoun, 22 ans, a ainsi péri au combat dans le quartier de Chajaya à Gaza. Originaire de Vénissieux dans la banlieue lyonnaise, il avait rejoint Israël à l'âge de 16 ans pour y terminer ses études.

Mahal ne va pas sans susciter diverses interrogations. Fait-il sens d'établir un recrutement militaire sur des critères ethniques et religieux ? Ces jeunes Français qui disent partir pour combattre en Israël ne sont-ils pas en consonance avec les djihadistes qui s'envolent pour la Syrie ? Un même désir de se fondre dans un absolu n'habite-t-il pas les uns et les autres ? Comparaison toutefois n'est pas raison. Ces soldats de fortune n'agissent pas au nom d'une idéologie mortifère, ne recourent pas à la terreur aveugle et ne professent pas l'anéantissement systématique de ce qui n'est pas eux. Si parallèle il y a, c'est une nouvelle fois avec les « petits blancs » qui, faute d'État-refuge, sont de plus en plus nombreux à prendre l'uniforme pour défendre l'unique Terre promise qui se propose à eux, la France.

Sciences Po
De la rive gauche à la rive droite

Une génération Zemmour à Sciences Po, qui l'eût cru ? L'auteur du *Suicide français* lui-même en est le premier surpris. L'école de la rue Saint-Guillaume n'est-elle pas la parfaite antithèse de la France dont il est nostalgique ? De ce microcosme en plein cœur de Saint-Germain-des-Prés, à deux pas du Café de Flore et des Deux Magots, Raphaëlle Bacqué a brossé le tableau dans *Richie*, selon le diminutif prêté à Richard Descoings qui s'en sera voulu le patron diurne et le prince nocturne. Plus précisément, ce haut fonctionnaire anticonformiste, né avec la Ve République, aura rêvé d'être le gourou d'une génération Erasmus ayant l'Europe, ou mieux la planète, pour horizon. En seize ans de règne, de sa prise de pouvoir en 1996 jusqu'à sa mort mystérieuse dans un hôtel new-yorkais en 2012, l'emblématique directeur aura transformé l'école de la méritocratie républicaine en une véritable fabrique de petits soldats de la mondialisation. Sur le modèle des *business schools* d'outre-Atlantique, il aura envoyé mille étudiants par an à l'étranger, introduit les *gender studies*, favorisé la discrimination positive et acté la déconstruction comme anti-méthode d'enseignement. De son côté, Éric Zemmour, ancien élève de l'institution, n'aura cessé de fustiger cette évolution.

En 1976 lorsqu'il est reçu au concours de Sciences Po, fort d'une note de dix-sept sur vingt à l'épreuve d'histoire, celui qui deviendra l'éditorialiste le plus célèbre et le plus controversé de France, n'est encore qu'un Petit Chose. Avec ses jeans et ses cheveux longs, Zemmour détonne dans le cadre uniformisé de l'école du pouvoir. « Cinquante pour cent des élèves étaient nés entre le 6e, 7e et le 8e arrondissement de Paris. Les filles venaient en jupe plissée et les garçons en costard. Moi, j'habitais dans un petit trois pièces près de Château Rouge, se souvient-il. Tout comme les étudiants venus de province, je n'avais pas les bons codes sociaux, mais les gens étaient d'une grande gentillesse à mon égard et lorsqu'on travaillait dur, tout était possible : le mérite faisait la différence. C'était avant que le discours dominant des élites ne commence à basculer. Avant l'américanisation de l'école. Avant l'idéologie mondialiste et multiculturaliste de Richard Descoings ».

Trois ans après sa disparition, la vision de l'emblématique directeur, adulé comme une *rock star* par les étudiants, domine encore, mais n'est plus hégémonique. Une minorité active a même fait du meilleur ennemi de Descoings son héraut. « Éric Zemmour a beaucoup contribué à l'éveil des esprits », affirme Alexandre Loubet, 22 ans, tandis que Nicolas Pouvereau, 21 ans, voit en lui une sorte de père spirituel : « Je luis dois énormément. Je viens d'un milieu où on ne lit pas beaucoup et c'est en entendant parler Zemmour que je me suis intéressé à l'histoire politique. C'est lui qui m'a fait découvrir l'historien Jacques Bainville ou le philosophe Jean-Claude Michéa, des repères importants dans ma construction idéologique ». Sarah Knafo, 22 ans, elle aussi, s'identifie à Éric Zemmour pour des raisons encore plus personnelles : « En tant que Française israélite je me reconnais dans son parcours d'assimilation et dans son détachement par rapport à l'identité juive. Je suis de confession juive, mais je me sens de culture chrétienne. Chez moi, Charles Péguy est aussi important que la Torah », explique-t-elle. Ces bébés Zemmour témoignent au sein de l'école du pouvoir du basculement idéologique qui marque l'entière société, cette « droitisation » de l'ensemble des Français, en particulier des jeunes, galopante depuis l'élection de François Hollande. Dans ce bastion du politiquement correct et de l'ultraprogressisme échevelé, les voix dissidentes, longtemps restées muettes, commencent à se faire entendre.

La première rupture avec l'ère Descoings est advenue en 2013 lors du débat sur le mariage pour tous. Contre toute attente, dans une école traditionnellement *gay-friendly* qui chaque année organise la *Queer Week*, les opposants à la loi Taubira réussissent à exister. La fronde sourd de la plus ancienne association de Sciences Po, le centre Saint-Guillaume fondé dans les années 1960 et situé au 42 rue de Grenelle à quelques pas des salles de cours. « On a essayé de nous faire taire par tous les moyens, y compris la violence physique, se souvient Pierre Jova, président de l'aumônerie cette année-là. Ma boîte mail a été piratée, des élèves molestés et l'administration nous a menacés de dissoudre l'association. » Mais ni le groupe féministe Les Garces, ni l'association LGBT Plug and Play ne parviennent à museler les réfractaires. Face aux adeptes du post-porno et de l'éco-sexe, les hérauts de la filiation tiennent bon, continuant inlassablement à tracter devant les portes de l'institution. Les intimidations et les violences ne font que nourrir leurs convictions. Eugénie Bastié, 21 ans à l'époque, se souviendra longtemps du 15 avril 2013. Ce jour-là, la conférence du cardinal Barbarin sur le pape François vire à l'hystérie : des militantes féministes investissent par dizaines le grand hall de Sciences Po pour un *die in*. Celle qui deviendra quelques années plus tard une journaliste engagée doit enjamber un parterre de militantes pour accéder au grand amphi Boutmy où est reçu le prélat. « Tout débat était impossible, je me suis fait insulter par des personnes que je considérais pourtant comme des amies. Pour eux, catholique était devenu synonyme d'homophobe et de fasciste » raconte-t-elle. Un épisode qui va finalement la conduire à affirmer davantage ses valeurs. « Jusqu'ici j'avais choisi de rester neutre, de ne pas m'engager. Cet événement m'a fait changer d'avis ». La bataille a été fondatrice. Pour Pierre Jova aussi, il y aura eu un avant et un après. « Un tabou était levé. Une idole brisée », analyse-t-il.

Un an plus tard, en 2014, une nouvelle association s'attaque à une autre idole de Sciences Po en opposant son euroscepticisme à l'europhilie, voire l'eurolâtrie dominante : les militants de Critique de la raison européenne (CRE) viennent faire contrepoids aux bienpensants d'Europeans Now et d'Europa Nova. Souvent issus d'un milieu populaire, ils sont davantage préoccupés par l'ouverture des frontières et l'échec de l'intégration que par les questions d'harmonisation fiscale et partagent avec leurs précurseurs de l'année précédente un même besoin d'ancrage, une même quête d'identité, habités qu'ils sont par la même question existentielle : qui sommes-nous ? « Les discours lénifiants de mes chers collègues Sciences pistes sur l'ouverture à l'Autre et le vivre ensemble, très peu pour moi ! » assène l'actuel président de l'association, Nicolas Pouvereau, qui habite à Créteil dans le Val-de-Marne et garde un souvenir douloureux de ses années au collège et au lycée, « Il m'est arrivé de me faire traiter de sale Français avec une réaction des autorités scolaires légèrement moins intense que si j'avais traité mes petits camarades de sales Noirs ».

Très active, la CRE, qui compte une soixantaine de membres, organise régulièrement des conférences avec des invités prestigieux : le philosophe libéral Pierre Manent, l'essayiste de gauche Coralie Delaume, l'économiste souverainiste Jacques Sapir, le chroniqueur de *Marianne* Périco Légasse, mais aussi Jean-Pierre Chevènement ou encore Henri Guaino. Salué par les applaudissements chaleureux d'un amphi Caquot plein à craquer, en particulier lorsqu'il s'est emporté contre les technocrates de Bruxelles, l'ancien conseiller spécial de Nicolas Sarkozy a été surpris de recevoir un tel accueil. En 1999, il avait débattu avec Daniel Cohn-Bendit sur le thème : « La France est-elle soluble dans l'Europe ? ». La rencontre, animée par la journaliste Élisabeth Lévy, avait été compliquée à organiser car il avait fallu vaincre les réticences de Richard Descoings. À l'époque, dans les rangs du jeune public, il n'y en avait eu que pour Dany le rouge, héros de Mai 68 et de l'écologie politique, apôtre de la postmodernité franco-allemande. « Cela annonce peut-être un changement d'époque car les élèves de Sciences Po sont les décideurs de demain », se réjouit Henri Guaino.

Cependant la révolution culturelle ne va pas sans rencontrer quelque résistance, quoique diffuse. La direction a ainsi refusé d'entériner l'invitation faite à

Éric Zemmour, et qu'il avait acceptée, au prétexte officiel d'une question de sécurité. Alexandre Loubet y voit une censure idéologique. « Le Bureau de la vie étudiante a imposé un certain nombre de conditions. Pas de dédicaces, pas d'auditoire composé de non-sciencepistes et surtout, pas de Zemmour comme seul et unique intervenant, sa venue devant prendre la forme d'un débat ou d'un échange à plusieurs voix » explique le premier président de l'association. Plus généralement, les membres de la CRE sont régulièrement taxés d'être des « rouges-bruns » par certains étudiants de gauche et d'extrême gauche. Une terminologie qu'ils rejettent. Dans une tribune parue en septembre 2014 dans *lapéniche.net*, le journal des étudiants de Sciences po, ils rappellent qu'« ils sont issus des horizons politiques les plus divers, du Front de gauche au gaullisme traditionnel, en passant par le chevènementisme et une masse de non-affiliés. » Nés pour la plupart après la chute du mur de Berlin et la signature du traité de Maastricht, ils ne se reconnaissent pas dans le clivage droite-gauche qu'ils aspirent à transcender. Beaucoup ont d'abord baigné dans une culture et un imaginaire de gauche. Nicolas Pouvereau se souvient de ses week-ends passés à la fête de l'Huma lorsqu'il était adolescent : « J'étais fasciné par le Parti communiste des années 1950 qui mêlait patriotisme et internationalisme. J'ai dû regarder environ deux cents fois un documentaire consacré au PCF qui s'appelait *Camarade*. Mais le Parti communiste post-Georges Marchais, dont le discours est davantage dirigé vers les minorités ethniques que vers la classe ouvrière, est loin de ressembler à celui du temps passé. » Le jeune homme se tourne alors vers la droite gaulliste et adhère par la suite à Debout la France (DLF), le parti de Nicolas Dupont-Aignan.

Bien que la CRE ait toujours refusé d'être assimilée au FN, son succès inattendu a préparé le terrain au parti de Marine Le Pen qui a fait de la critique de l'Union européenne l'un de ses axes. Le Front national, qu'on attendait davantage au bar-tabac d'Hénin-Beaumont ou sur le terrain de pétanque de Carpentras, a en effet fini par pousser la porte du 22 rue Saint-Guillaume et y entrer. Le jeudi 4 octobre 2015, le FN a obtenu les 120 parrainages d'étudiants nécessaires pour y être reconnu comme association. Il peut désormais distribuer des tracts, organiser des événements et même demander des subventions. Une arrivée surprise qui a fait l'effet d'une bombe. Florian Philippot a évoqué « un tremblement de terre », Marine Le Pen, qui a réagi en premier sur Twitter, « une entrée fracassante ». Le nouveau directeur de Sciences Po, Frédéric Mion, aussi discret que son prédécesseur Richard Descoings était clinquant, relativise au contraire la portée de l'événement. « Ils ont parfaitement su actionner le levier de la machine médiatique », souligne-t-il à propos des cinq étudiants à l'origine de l'initiative, qui pour deux d'entre eux ont même eu les honneurs du *Grand Journal* de Canal +. Olivier Duhamel, désormais président de la fondation des Sciences politiques qui soutient l'établissement, s'étonne lui aussi de «l'incroyable battage qui a relayé cette histoire. 120 voix sur 12 000 élèves, cela représente 1 % du corps étudiants. C'est la non-reconnaissance du FN qui aurait été surprenante, voire impossible» souligne celui qui a enseigné durant vingt-cinq ans les institutions politiques dans le grand amphi Boutmy et qui pour une génération de journalistes incarne physiquement l'école de la rue Saint-Guillaume. Le professeur, qui connaît son histoire politique sur le bout des doigts, rappelle d'ailleurs que le Front national a déjà existé à Sciences Po. Entre la fin des années 1980 et le début des années 1990, il se cachait sous le faux nez dudit «Cercle national». Aussi la vraie surprise tient-elle de la facilité avec laquelle l'opération a été menée et la faible opposition qu'elle a rencontrée, se payant même le luxe d'obtenir le précieux sésame avant le PS et le Front de gauche. «Les idées que le parti de Marine Le Pen propage n'ont pas leur place ici», s'indigne cependant Josselin Marc, secrétaire de l'UNEF-Sciences Po et ce, d'autant plus que le syndicat étudiant historique de gauche n'est plus en mesure de mobiliser contre le FN en le faisant huer par des étudiants survoltés.

Le phénomène interroge. «L'union des souverainistes de droite et de gauche que propose Jacques Sapir comme alternative aux politiques européennes serait-elle en marche dans une partie de la jeunesse?» se demande Marc Lazar, directeur du Centre d'histoire de Sciences Po. L'originalité du FN-Sciences Po tient justement au fait que la plupart de ses fondateurs viennent de sensibilités politiques différentes. Seuls David Masson-Weyl, fondateur du collectif Marianne-étudiants, et Aymeric Merlaud, ancien candidat aux départementales en Maine-et-Loire, ont commencé leur carrière militante au FN. Antoine Chudzik a fait la campagne de François Hollande tandis que Thomas Laval a participé à celle de Nicolas Sarkozy. Mais le profil le plus singulier est peut-être celui de Davy Rodriguez. Casquette sur la tête et écharpe rouge au coup, le jeune homme arbore volontiers un *look coco* postmoderne. Et pour cause, Davy Rodriguez a milité deux ans au Front de gauche avant de rejoindre le Front national en septembre 2015. « En tant que fils d'immigrés, j'ai été particulièrement sensible à la crise économique dans les pays du Sud. C'est ce qui m'a poussé à m'intéresser au travail d'économistes hétérodoxe comme Jacques Généreux, Frédéric Lordon ou Jacques Sapir ». De père castillan et de mère franco-portugaise, il regrette cependant l'abandon du modèle assimilationniste. « Hier, on devait s'intégrer à la norme culturelle française. Aujourd'hui, à Saint-Ouen-l'Aumône, dans le Val-d'Oise, la norme culturelle dominante est maghrébine et subsaharienne. On est quasiment obligé d'apprendre à parler le peul et le wolof pour s'assimiler », ironise-t-il. Le jeune homme de 22 ans a intégré Sciences Po grâce à la convention éducation prioritaire (CEP) réservée aux élèves de ZEP. Un dispositif qui lui a permis d'échapper aux écrits du concours, mais auquel il est pourtant opposé. « Les lycées qui sont en CEP sont uniquement des lycées situés en proche banlieue. On oublie encore une fois les classes populaires qui ne sont pas issues de l'immigration et qui viennent de la ruralité. C'est une mesure qui se présente comme sociale, mais qui est en réalité diversitaire, pour ne pas dire discriminatoire. »

Paradoxalement, le FN Sciences Po est également le produit, au moins pour partie, de la politique de discrimination positive menée par Richard Descoings. En ouvrant l'école à des étudiants venus d'origines sociales et culturelles différentes par système de quotas, Richie espérait que les nouveaux venus se fondraient dans le décor et adopteraient les valeurs et les mœurs de la jeunesse privilégiée. Au lieu de quoi, gardant leurs codes sociaux ainsi que leur vision du monde, ils ont transformé l'école de la rue Saint-Guillaume en un laboratoire de la recomposition politique. « S'il y a une leçon générale à tirer de tout cela, c'est que notre école n'est pas déconnectée de ce qui se passe en France » résume le nouveau directeur Frédéric Mion.

À Sciences Po, comme ailleurs, le curseur politique en effet se déplace. L'opposition traditionnelle entre droite et gauche cède la place à de nouveaux affrontements fondés sur les questions de société, d'Europe et d'identité. À première vue, le grand hall, surnommé la Péniche en raison du long banc en forme de bateau qui y trône, ressemble à l'auberge espagnole dont

Descoings rêvait. On y croise des étudiants venus du monde entier qui s'expriment pour la plupart en anglais. Les bons élèves en costume cravate côtoient des dandys métrosexuels, les jupes plissées disputent la vedette aux minishorts tandis qu'au loin on discerne parfois des jeunes filles voilées. Mais derrière cette vitrine de la mondialisation heureuse, se dessinent, même rue Saint-Guillaume, les lignes qui, en France, fracturent la nouvelle génération.

La jeunesse « n'emmerde plus » le FN

« Nous sommes noirs, nous sommes blancs, nous sommes jaunes et ensemble nous sommes de la dynamite », éructe Fanfan, le porte-drapeau de Bérurier noir, torse nu sur scène devant un public électrisé. « Jeunesse française, jeunesse immigrée : So-li-da-ri-té ! » En 1988, le FN atteint 14 % à la présidentielle, avant de récolter 9 % aux législatives, puis 10 % aux européennes. Pour le groupe punk, phare de la scène alternative d'alors, c'en est trop. Les Bérus profitent de leurs trois concerts d'adieu à l'Olympia les 8, 9 et 10 novembre 1989 pour chanter *Porcherie* et son célèbre refrain : « La jeunesse emmerde le Front national ». François Mitterrand vient d'être réélu sur le thème de la France unie. Près de trois décennies plus tard, un autre François est à l'Élysée, la France se sent désarticulée et la jeunesse n'emmerde plus le FN. Elle vote au contraire significativement pour lui, le porte à hauteur de 34 % des voix des 18-30 ans lors des régionales de 2016, soit 4 points de plus que la moyenne nationale et le fait arriver loin devant le PS (22 %) et la droite (19 %).

Cette percée, nouvelle par son ampleur, n'est pas pour autant inédite. « Dans les années 1990, le FN avait déjà réussi à être le premier parti chez les jeunes en terme électoral », rappelle le sociologue Sylvain Crépon. De surcroît, si pour beaucoup d'observateurs cette victoire est à relativiser car 65 % des jeunes se sont abstenus, l'annonce du bon score à venir du FN ne les a pas plus mobilisés. Pour les nouvelles générations qui n'ont pas connu les provocations de Jean-Marie Le Pen, le vote Front national n'est plus tabou. Malgré un léger sursaut du camp adverse lors du second tour, sa percée dans la jeunesse paraît non seulement profonde, mais aussi durable. Une enquête menée par l'Institut Diderot confirme cette tendance. Réalisée peu avant les élections, elle porte sur les 18-24 ans et leur rapport à la politique. Sur la plupart des items proposés, les appréciations de la jeunesse sont proches de l'ensemble de l'opinion. Seul le sujet Marine Le Pen marque une réelle différence. Qu'il s'agisse de la sécurité, de l'emploi, de l'éducation, de la liberté d'expression ou même de l'écologie, les jeunes interrogés se montrent bien plus confiants que la moyenne des Français dans la capacité de la présidente du FN à améliorer les choses. Les écarts varient selon les sujets, mais se situent tous dans une fourchette comprise entre 5 et 10 %.

Le phénomène a émergé lors de la présidentielle de 2012. Marine Le Pen rassemble alors 18 % des suffrages exprimés par les 18-24 ans, soit moins que les 29 % de François Hollande et les 27 % de Nicolas Sarkozy. Cependant, la candidate du Front national opère un gain spectaculaire au sein de cet électorat par rapport au précédent scrutin présidentiel de 2007 et aux 7 % recueillis par Jean-Marie Le Pen, largement dominé par les 29 % de Ségolène Royal, les 26 % de Nicolas Sarkozy et même les 19 % de François Bayrou. Surtout, le souvenir des lycéens descendant dans la rue aux cris de « FN = SS » est relégué au musée de la préhistoire. Le second tournant a lieu durant les européennes de 2014. Le FN devient officiellement le premier parti de France chez les moins de 35 ans : 30 % d'entre eux ont voté pour les candidats du Rassemblement Bleu Marine. La tendance s'amplifie aux départementales et aux régionales de 2015. Les sondages en vue de la présidentielle de 2017 la confirment.

   Le pouvoir d'attraction du FN n'est certes pas étal au regard des catégories sociales. Chez les jeunes comme chez leurs aînés, le FN séduit davantage dans les classes populaires. « Il s'agit d'un électorat globalement peu diplômé, peu formé et désarmé face au processus de mondialisation et d'européanisation. Ils ont beaucoup d'inquiétudes et une peur du déclassement par rapport à la situation qui est celle de leurs parents », analyse Sylvain Crépon. C'est d'abord la jeunesse des petits pavillons et des zones périphériques qui se mobilise. Toutefois, l'image du jeune chômeur peu instruit égaré dans un vote de contestation apparaît de plus en plus réductrice. Outre qu'il n'est pas absent, comme on vient de le voir, des lieux élitaires, l'électeur FN, en particulier dans la nouvelle génération, tend à se diversifier et le vote de protestation laisse place à un vote d'adhésion comme l'a révélé *Le Figaro étudiant*. C'est Eugénie, bac + 6 et agrégative de Lettres, pour qui il faut « revoir les clichés sur les jeunes qui votent FN. ». C'est Clément, 20 ans, étudiant en 2ᵉ année de droit, qui a « voté FN principalement par conviction et non par peur ou colère », parce que persuadé « qu'il nous faut le retour des frontières, que l'islamisation de la France est grimpante, et que notre pays est sous tutelle, privé totalement de sa souveraineté ». C'est Victoria, « Française de souche, fille de Français de souche » et « ne voyant pas ce qu'il y a de raciste à l'affirmer » qui, à l'âge de six ans, a quitté la Côte d'Azur pour une cité des Yvelines et qui confie : « J'ai subi dès ma rentrée dans ma nouvelle école primaire, où la majorité des enfants étaient en fait mes voisins, un véritable harcèlement ». C'est ce jeune homme de 20 ans en Master de Finance qui désire rester anonyme, mais qui ne souligne pas moins que « l'immigration massive a entraîné un communautarisme exacerbé de millions d'individus » et que « les millions de réfugiés qui vont s'ajouter à cette communauté ne feront que diviser encore plus notre pays ».

Le vote FN chez les jeunes ne peut pas être expliqué uniquement par des facteurs économiques et sociaux.

D'autres causes, moins politiquement correctes, sont trop souvent éludées. « Aujourd'hui, on ne peut pas faire l'économie d'une réflexion sur le rôle de l'ethnicité dans les relations sociales, donc dans les comportements électoraux. De nombreuses analyses montrent que les populations ont tendance, sinon à se séparer, du moins à se penser sous l'angle ethnique, commente Vincent Tournier, enseignant-chercheur à l'Institut d'études politiques de Grenoble. L'idéologie antiraciste s'épuise parce qu'elle se heurte à une réalité moins angélique que prévue. Or, les jeunes sont aux premières loges parce qu'à travers l'école, ils sont confrontés à la difficile cohabitation entre les ethnies et les religions ». Pour le politologue, cette situation est la conséquence logique de la montée des affirmations identitaires de la part des minorités, le résultat de ce qu'Alain Finkielkraut appelle le « romantisme pour les autres ». « À force de célébrer les identités des migrants ou des autres civilisations, on finit par provoquer un retour de balancier, ce qui débouche sur un besoin de reconnaissance de la part de la population autochtone », note Tournier. Enfin, l'entreprise de dédiabolisation menée par Marine Le Pen participe certainement de l'engouement de la jeunesse pour le FN.

Le sondeur Matthieu Chaigne voit dans cette évolution « une lame de fond idéologique en passe de remodeler le paysage politique des prochaines décennies ». Le comportement électoral de ces électeurs, loin d'être une simple tocade liée à leur jeune âge, pourrait s'ancrer dans le temps. « S'il n'existe malheureusement pas d'études analysant dans la durée une génération de citoyens, le CREDOC souligne que les comportements électoraux sont le plus souvent affaire de génération, explique le chercheur. À titre d'exemple, les seniors de la génération comprise entre 1914 et 1937 qui ont voté en 2007 à plus de 66 % pour Nicolas Sarkozy, votaient 50 ans plus tôt dans les mêmes proportions pour la droite ». Or, le phénomène est d'autant plus profond que le FN ne se contente pas d'engranger de jeunes électeurs, il recrute également en masse de nouveaux militants. Selon des sources internes, un tiers des adhérents du FN aurait moins de 30 ans. Marion Le Pen, 26 ans et David Rachline, 28 ans, les deux benjamins des Assemblées – nationales et sénatoriales – appartiennent au Front national. C'est également parmi les 358 conseillers régionaux frontistes que l'on trouve le plus grand nombre de jeunes : 21 % d'entre eux ont moins de 34 ans contre 13 % des conseillers divers gauche et 8 % des conseillers Les Républicains. Ces surprenants nouveaux visages, au sein d'une carrière qui privilégie le non-renouvellement, illustrent à leur façon les enfants du siècle.

Du haut de ses 20 ans, Jordan Bardella est le plus jeune conseiller régional de France après avoir été, à 19 ans, le plus jeune secrétaire départemental du plus jeune département de France : la Seine-Saint-Denis. Ce Rastignac du millénaire qui s'ouvre a connu une ascension éclair. Il prend sa carte au Front national juste après la présidentielle alors qu'il n'a que 16 ans. Candidat aux cantonales dans le neuf trois, il échoue de justesse au second tour. Un an plus tard, il prend sa revanche et est élu conseiller régional. L'étudiant en licence de géographie à la Sorbonne maîtrise parfaitement les éléments de langage : « Comme Claude Bartolone, je suis un enfant de la Seine-Saint-Denis », aime répéter celui qui est né à Drancy et a grandi à Saint-Denis. Invité de Claude Askolovitch dans la matinale d'i-Télé, Jordan Bardella garde son sang-froid face aux relances insistantes du journaliste. « Vous avez été choisi parce que vous êtes structuré, vous avez l'avenir devant vous », lui confie ce dernier. Pour Florian Philippot, Jordan Bardella, qui figure sur l'organigramme officiel, représente « un espoir pour le parti ».

Gaëtan Dussaussaye, Éric Richermoz ou encore David Masson-Weyl, tous la vingtaine d'années, font également partie de ces futurs cadres à l'allure lisse et rassurante. Gaëtan Dussaussaye, sorte de jeune premier aux dents éclatantes, dirige le FNJ et donne rendez-vous aux journalistes à *L'Écritoire*, café prisé des étudiants de la Sorbonne. Éric Richermoz, secrétaire général du collectif Nouvelle écologie et conseiller régionale de Picardie-NPDC, parle moins d'immigration que d'environnement. David Masson-Weyl, secrétaire général du collectif Marianne et conseiller régional ACAL est un pur produit de la méritocratie républicaine : titulaire d'un double master, en relations internationales à Assas et en histoire militaire à la Sorbonne, il vient d'intégrer Sciences Po.

Les trois se réclament du gaullisme et se reconnaissent dans le social-souverainisme de leur mentor Florian Philippot. Ils n'auraient probablement pas adhéré au FN de Jean-Marie Le Pen. « Trous du cul voulant remplacer les vieux cons » selon le mot du président d'honneur déchu, ces bons élèves propres sur eux gazouillent beaucoup sur Twitter et n'ont jamais fréquenté les groupuscules d'extrême droite.

Pour un parti en quête de renouveau et de respectabilité, ces frontistes 2.0 sont les parfaits représentants de la dédiabolisation et placiers de l'implantation locale. « Les membres de la commission d'investiture font une chasse aux jeunes talents, confirme David Rachline à la journaliste Charlotte Rotman auteur de *20 ans et au Front*. On cherche une énergie, une vision nouvelle, un état d'esprit qui montrent un changement d'ère. Il faut faire émerger de nouveaux cadres ». En misant sur les jeunes pousses, le Front national engage l'avenir. « C'est un pari démographique, explique le politologue spécialiste de l'extrême droite Jean-Yves Camus. En recrutant des vingtenaires et en les laissant candidater, le FN mise sur une longévité politique de 30 ans ». Une longévité également promise aux dirigeants du parti. Marine Le Pen, 47 ans, candidate jeune dans le cadre de la présidentielle 2017, le sera encore en 2022 où elle atteindra l'âge qu'avait Nicolas Sarkozy, l'un des plus jeunes présidents de la République, quand il fut élu en 2007. Quant à Marion Maréchal, elle a de longues années devant elle, bien au-delà des échéances de ses adversaires d'aujourd'hui.

Pour le FN, la prime à la jeunesse est aussi un moyen de résoudre ses problèmes de ressources humaines. « Il y a une disproportion entre les scores du FN et sa force militante. On peut avoir des départements où le Front récolte plus de 25 % des suffrages et où le nombre de militants est extrêmement faible, souligne Camus. Il y a aussi un besoin de renouvellement générationnel naturel. » Les soutiens historiques de Jean-Marie Le Pen ne s'en vont pas seulement parce qu'ils sont bannis. Beaucoup arrivent à l'âge de la retraite politique. Pour les jeunes impétrants, souvent issus des classes populaire et moyenne, le FN offre une chance d'ascension sociale inespérée, un peu comme le PCF autrefois. « Au PS ou chez les Républicains, les jeunes qui sortent de Sciences Po ou d'HEC se comptent par dizaines, voire par centaines. La concurrence entre eux est féroce et les jeunes issus des autres catégories n'existent même pas, analyse Sylvain Crépon. Au FN où l'on manque de cadres, il suffit d'être intelligent et débrouillard pour obtenir rapidement des responsabilités. Florian Philippot, seul énarque du FN, bombardé numéro 2 en quelques années, en est l'exemple le plus frappant ».

Pour autant, l'engagement de ces jeunes ne peut être résumé à un calcul opportuniste. La plupart du temps, leur ambition rejoint leur vision du monde. Ils sont les enfants d'une France et d'une Europe en crise et que le FN compte dans ses rangs autant de militants nés dans les années 1990 ne doit guère au hasard. « Trois dates clefs ont marqué mon évolution politique », explique David Masson-Weyl. De manière symbolique, le jeune homme retient 1992, l'année de sa naissance qui coïncide avec la signature du traité de Maastricht. L'année 2005 s'est également révélée déterminante pour lui. Les débats autour du référendum sur le traité constitutionnel européen sont restés gravés dans sa mémoire. Les images de voitures brûlées lors de la crise des banlieues aussi. Deux événements fondateurs pour le jeune homme qui pour la première fois fait le lien entre Europe, insécurité et immigration. En 2012, son premier vote à l'élection présidentielle sera en faveur de Marine Le Pen. « Il y a, je crois, une demande de fermeté et d'autorité de la part des jeunes, explique David Masson Weyl. Nous voulons nous sentir protégés aussi bien sur le plan économique que sur le plan physique et culturel. » L'essor du FN répond à ce triple besoin de protection. Florian Philippot évoque pour sa part « une génération Maastricht » antithétique de « la génération morale » des années 1980 et qui s'est constituée à rebours de son idéologie de substitution, le mythe du vivre ensemble globalisé se voyant balayé par une jeunesse qui rêve de rebâtir l'État-nation.

Cette aspiration traverse d'ailleurs la plupart des partis politiques. À concevoir Sciences Po comme un laboratoire, il faut alors admettre la proximité politique entre certains jeunes militants des deux Fronts, national et de gauche. Mais aussi celle de la jeunesse droitière et de la jeunesse frontiste. Jean-Philippe Tanguy, 27 ans, l'alter ego de Florian Philippot à Debout la France jure qu'il « ne rejoindra jamais le FN ». Pourtant les points communs idéologiques entre les partisans de Nicolas Dupont-Aignan et ceux de Marine Le Pen sont évidents. Ils partagent un même rejet de l'Europe, une même fibre anti-libérale et une même défiance à l'égard des élites. Quant aux jeunes de la Droite populaire, ils partiraient sans doute plus volontiers en vacances avec Marion Le Pen qu'avec Nathalie Kosciusko-Morizet. Leurs quarante propositions « pour une France puissante, sûre d'elle et respectée » débordent le FN en prônant pêle-mêle le rétablissement du service national, la sortie de l'espace Schengen et de l'Otan, la fin de la monnaie unique et même la « criminalisation de l'idéologie islamiste en alignant son traitement pénal sur celui du nazisme ». Sur le plan sociétal, ils souhaitent revenir sur la loi Taubira, supprimer les lois « relatives à la parité homme-femme », reconnaître « les racines catholiques » de la France et défendre le principe d'assimilation. Enfin pour les forces de l'ordre, ils proposent le droit de riposte en cas d'attaque, parce que « les cités sont régies par différents caïds qui y exercent leur loi ».

Le 1er janvier 2015, le site de l'hebdomadaire *Marianne* révélait en images la soirée de Nouvel An qu'avaient passé ensemble des jeunes loups du FN et de l'UMP. On y voit trinquer Jordan Bardella et Éric Richermoz avec le président des jeunes de la Droite populaire, Pierre Gentillet, avant que Florian Philippot, invité surprise, ne les rejoigne. Un réveillon non pas œcuménique mais purement de circonstance puisqu'« il s'agissait d'une soirée privée et apolitique », s'il faut en croire la justification postée sur sa page Facebook par Kelly Betesh, militante FN et organisatrice des festivités. L'affaire, en apparence anecdotique, est en soi symptomatique. Elle en dit long sur une génération qui refuse le sectarisme de ses aînés et ne se reconnaît plus dans les clivages traditionnels. Quelques mois après cette fameuse soirée, Pierre Gentillet a claqué la porte des Républicains peu enthousiasmé par le duel annoncé : « Voter pour Nicolas Sarkozy, c'est avoir une mentalité de cocu et Alain Juppé représente l'anti-France », résume-t-il. Libre de tout engagement politique, il prône désormais une grande alliance transpartisane, du Front national à la Droite populaire en passant par Debout la France. Le jeune homme imagine déjà « un programme commun sur l'Europe, l'immigration, la sécurité et la diplomatie ». Rassembler les droites souverainistes, tel est également l'objectif de la Cocarde étudiante. Ce syndicat étudiant, présidé par Maxime Duvauchelle, lui aussi ancien membre de la Droite populaire et présent lors de la rencontre de la Saint-Sylvestre 2015, accueille en son sein des militants venus de ces trois composantes de la droite. Reste que des différences de sensibilité existent à l'intérieur même de ces différents mouvements, y compris chez les jeunes et en particulier au FN. Ici, comme ailleurs, l'unité est un combat.

L'ancien président du FNJ, Julien Rochedy, a pour sa part tourné la page de la politique politicienne en octobre 2014. Dans un entretien vidéo accordé au site catholique Le Rouge et le Noir, il explique les raisons de son choix. « Après le congrès [de novembre 2014], le FN a vu entrer dans ses rangs un certain nombre de petits mecs autour de Florian Philippot. Des jeunes gens qui ne sont pas des hommes selon mon cœur, comme on dit », assène-t-il. L'ancien président du FNJ dénonce l'« erreur stratégique » de son parti, au lendemain de l'élection présidentielle de 2012 : « Au moment même où la droite était à terre, nous n'avons fait que du chevènementisme. Au moment où il y avait tout un électorat à récupérer, on a parlé exclusivement à la gauche », déplore-t-il. Une sortie qui vise là encore le vice-président du FN, Florian Philippot, et qui confirme l'existence d'une ligne de fracture au sein du parti. Comme il existe un Front du Sud et un Front du Nord, il existe une jeunesse FN du Sud et une jeunesse FN du Nord. Elles se retrouvent sur les questions d'Europe, d'immigration et de sécurité, mais divergent sur le plan des valeurs et de la stratégie. La première privilégie les thématiques sociétales et identitaires, la seconde la question sociale et celle de la souveraineté. « Les problématiques liées à l'emploi, l'école ou à l'intégration des immigrés me paraissent infiniment plus importantes que celle du mariage gay ou de l'IVG », lâche Éric Richermoz. Au Nord, les jeunes militants et sympathisants adhèrent à la ligne Philippot et se définissent comme « Marinistes ».

Au Sud, c'est dans une autre « Le Pen » qu'ils se reconnaissent : plus jeune et plus droitière. Elle a la vingtaine comme eux et leur ressemble. Ils l'appellent par son prénom, Marion.

Marion Maréchal-Le Pen, la Daniel Cohn-Bendit du Mai 68 conservateur

La scène rappelle les « deux minutes de la haine » dans *1984*, le roman d'anticipation de Georges Orwell. À la veille du premier tour des régionales, le millier de personnes réunit dans le grand auditorium du palais des Congrès de Toulon est chauffé à blanc. Les visages d'Alain Juppé, Christiane Taubira, Nicolas Sarkozy ou encore Manuel Valls défilent sur écran géant. Le son de leur voix est couvert par les hurlements et les sifflets. Pour la foule en colère, ils représentent « une classe dirigeante sclérosée qui a trahi le peuple ». Celle qu'ils sont venus applaudir est l'héritière d'une dynastie présente dans le paysage politique français depuis soixante ans. Pourtant, par sa jeunesse et son apparente spontanéité, la benjamine du clan Le Pen incarne, à leurs yeux, le renouveau. « Elle symbolise une nouvelle dynamique face à l'oligarchie vieillissante. On se reconnaît en elle », souffle Anthony, 23 ans, militant FN de la Seyne-sur-Mer. Marion Le Pen captive son auditoire au point d'éclipser en quelques minutes le tribun Robert Ménard auteur d'un discours musclé en lever de rideau. Par son allure et son port, la jeune fille séduit. Quand Marine Le Pen, suivant le modèle paternel, électrise son public à grand renfort d'effets de manche et d'accents tonitruants, sa nièce se distingue par son éloquence tranquille. Son discours, pétri d'imaginaire historique, tranche également avec les éléments de langage préfabriqués par les communicants ou le style technocratique des énarques. Comme souvent, la jeune femme met l'accent sur la question identitaire. « Nous ne sommes pas une terre d'Islam, et si des Français peuvent être de confession musulmane, c'est à la condition seulement de se plier aux mœurs et au mode de vie que l'influence grecque, romaine, et seize siècles de chrétienté ont façonnés, lance la petite-fille de Jean-Marie Le Pen, acclamée par une salle fervente. Chez nous, on ne vit pas en djellaba, on ne vit pas en voile intégral et on n'impose pas des mosquées cathédrales », avant d'ajouter la formule bien connue de l'historien et résistant juif, Marc Bloch, fusillé par les nazis en 1944 : « Qui n'a pas vibré au sacre de Reims et à la fête de la Fédération n'est pas vraiment Français. »

Le lendemain, la polémique reprend immédiatement dans les médias. Les passions que déclenche Marion Le Pen détonnent dans une élection régionale qui n'enthousiasme pas les foules. Le meeting de Toulon vient conclure une première partie de campagne aux allures d'ascension fulgurante pour la plus jeune députée de la République. Au soir du premier tour, Marion Le Pen arrive largement en tête devant Christian Estrosi. La candidate FN récolte plus de 40 % des suffrages contre seulement 26 % pour le candidat LR. « Le vieux monde des politiciens est mort » juge-t-elle. Pas tout à fait. Une semaine plus tard, le maire de Nice parvient à emporter la région PACA avec 55 % des voix grâce au retrait des candidats PS tandis que Marion Le Pen obtient le meilleur score du Front national sur l'ensemble du territoire et se place devant Marine Le Pen. Malgré la défaite, la députée du Vaucluse est le phénomène politique de ces élections régionales. Totalement inconnue il y a encore trois ans, Marion Le Pen, qui a fêté ses 26 printemps entre les deux tours, est devenue une icône pour les militants FN, mais aussi pour toute une partie de la droite conservatrice et de la jeunesse. Elle a su imposer sa propre sensibilité politique, moins étatiste que celle de Florian Philippot, plus attentive aux questions de société. Enfin, elle a su capter l'intérêt des médias et l'aversion de la gauche. Une trajectoire météorique qui fascine et déroute à la fois.

Du côté de son camp, on ne tarit pas d'éloges sur l'enfant prodige. Hervé de Lépinau, son suppléant à l'Assemblée nationale et conseiller départemental du Vaucluse, voit en elle un « ovni politique » et loue « sa capacité phénoménale d'absorption et de restitution ». Philippe Martel est impressionné par sa maturité. « En débat face à Alain Juppé, ministre pour la première fois il y a trente ans, elle était au niveau », note l'énarque qui a dirigé le cabinet de l'ancien Premier ministre de Jacques Chirac avant de rejoindre Marine Le Pen, « c'est très rare de trouver des jeunes de son âge aussi structurés politiquement. Elle a la clarté, la cohérence, la capacité de conviction que n'ont pas toujours certains hommes politiques beaucoup plus expérimenté ». À gauche, en revanche, on dénonce sa posture ambivalente afin de mieux accuser le népotisme de la famille Le Pen. Nicolas Domenach, figure historique de *Marianne* et aujourd'hui chroniqueur à *Challenge*, fait d'elle une créature double et réversible à la manière de la littérature fantastique : « La "petite préférée" de Jean-Marie Le Pen n'est plus celle qui chouinait quand elle était incapable de répondre à une question de journaliste, ironise-t-il. Cette fillette si frêle d'apparence, griffe et mord, sans état d'âme... On se souvient alors que même le diable fut un ange au commencement ! »

Cependant pour Geoffroy Lejeune, directeur de la rédaction de *Valeurs Actuelles* et auteur du roman de politique-fiction *Une élection ordinaire*, l'ascension de Marion Maréchal-Le Pen dépasse ses qualités personnelles et n'est pas seulement politique. Elle est aussi et d'abord générationnelle. Le journaliste ose même une comparaison audacieuse : « Marion Maréchal-Le Pen est la Daniel Cohn-Bendit de son époque », au sens du Mai 68 conservateur décrit par Gaël Brustier. Il y a quatre décennies, Cohn-Bendit était la figure de proue de la révolution libérale-libertaire qui allait subvertir l'ordre gaulliste. Quarante ans plus tard, Marion Le Pen incarne la contre-révolution qui vient contester l'hégémonie progressiste. Elle-même, qui a fait des *Déshérités* du philosophe François-Xavier Bellamy l'un de ses livres de chevet, est consciente d'être portée par un puissant mouvement idéologique qui traverse toute la jeunesse. « Notre génération devait être spontanée. Nous devions être heureux et épanouis à partir de nous-même, n'avoir besoin de rien, ni de personne : ni Dieu, ni valeur, ni principes. Cela ne fonctionne pas et ne rend pas très heureux, explique-t-elle. Les jeunes sont des héritiers. Ils ont besoin de savoir qu'ils sont les maillons d'une chaîne et non pas seulement des consommateurs décérébrés et décultures qui ont vocation à rester devant *Les Ch'tis VS Les Marseillais* le soir ou à tapoter des textos sur leur iPhone ».

C'est qu'elle est de bout en bout une enfant du siècle. Elle naît le 10 décembre 1989, un mois jour pour jour après la chute du mur de Berlin. Sa mère, Yann, la cadette de la progéniture Le Pen, n'a rien d'une catho tradi et tout d'une baba cool, fait les quatre cents coups, écume les boîtes de nuit, fugue avant de passer le bac, entre au Club Med comme monitrice de planche à voile et part vivre dans les îles. Elle se marie sur un coup de tête à 23 ans, divorce à 23 ans et demi, devient maman à 26 ans. C'est Marine, sa sœur, qui l'accompagne pendant l'accouchement. Le père, le journaliste et diplomate Roger Auque, ne reconnaîtra jamais sa fille. Marion sera adoptée à l'âge de quatre ans par Samuel Maréchal, longtemps président du FN jeunesse, que Yann épouse et dont elle divorcera en 2007. C'est dans ses blessures de petite fille que se dessine la femme politique que la jeune Le Pen deviendra. Elle sera à la fois bambine de la bohème et apôtre de la famille, demoiselle moderne et égérie réactionnaire, héritière d'une lignée politique et chercheuse d'inspiration spirituelle. « Elle est tout le contraire de moi. Toute petite déjà, elle était sérieuse, confirme Yann. Elle cherchait à se positionner par rapport au ciel et à la terre. Elle se posait mille questions : D'où venons-nous ? Qui sommes-nous ? Où allons-nous ? »

La famille habite au numéro 8 du parc de Montretout, le Moulinsart des Le Pen. Marion grandit au deuxième étage du manoir de Saint-Cloud, juste au-dessus du bureau du président du FN, qui n'a jamais été un père et sera encore moins un grand-père. « Il ne nous appartenait pas, il appartenait à son mouvement, à ses électeurs », confie sa petite-fille, placardée sur une affiche électorale à son côté à l'âge de deux ans. Malgré ses absences, Jean-Marie Le Pen est omniprésent. Marion, en quête d'un père de substitution malgré l'affection adoptive que lui prodigue Samuel Maréchal, est captivée par cette figure masculine à l'aura de chef. « Il a joué un rôle majeur dans sa construction » note le journaliste et essayiste catholique Jacques de Guillebon qui est aujourd'hui l'un de ses proches. Elle ne reniera jamais cette filiation bien que celle-ci soit parfois difficile à assumer. À l'école, même si elle porte le patronyme de Maréchal, tout le monde finit par savoir qui est son grand-père. Comme sa tante Marine, Marion subit les brimades de ses camarades de classe, insultes, sac à dos tagué, enfermement dans les toilettes : « Les enfants sont d'une cruauté terrible, se souvient-elle. C'est ce qui m'a forgé et fait que je suis là aujourd'hui. Quand sans rien faire vous avez été jetée dans la case des rebuts, vous grandissez avec ça et acceptez de déplaire aux gens.» Pour la protéger, on l'inscrit à Saint-Pie-X, une institution privée, hors contrat, réservée aux filles, tenue par des sœurs en robe de bure, où elle passera quatre années, du CM2 à la cinquième. «Ce n'était pas la fête du slip tous les jours», résume Yan de manière triviale. Une expérience que la jeune femme juge toutefois fondamentale dans son apprentissage et qui conditionnera en partie sa vision du monde. Si Jean-Marie Le Pen affirme qu'il doit tout à son passage chez les jésuites, sa petite fille n'est pas sans dette à l'égard des dominicaines du Saint-Esprit.

L'adolescente se fond dans cet univers tenu et méditatif loin des cours de récréation chahuteuses de l'école publique. Elle porte cheveux attachés, jupe plissée bleu marine, observe les règles de silence et discrétion, reçoit les sacrements de l'eucharistie et de la confirmation. L'enseignement, axé sur les humanités et les langues anciennes, se fonde sur la pédagogie de l'abbé Berto, prêtre breton proche de L'Action française, qui s'attache à «former les intelligences, tremper les caractères et fortifier les cœurs». Bûcheuse, Marion consacre deux heures par jour à ses devoirs et rattrape son retard sur les autres élèves. «Cela lui a donné le goût du savoir, mais aussi des réponses aux questions métaphysiques qu'elle se posait, y compris le soir dans son lit», explique Yan.

Pour Samuel Maréchal, dont le père est pasteur et qui est lui-même pentecôtiste, Saint-Pie-X a été une chance pour la jeune fille. « J'ai été heureux qu'elle trouve cette élévation spirituelle, cet ancrage, qui lui a permis de dépasser sa propre personne », explique-t-il. Marion Le Pen y rencontre la foi et est initiée à la doctrine sociale de l'Église qui nourrira son corpus idéologique. Enfin, elle se constitue un cercle d'amies dans le milieu catholique qu'elle retrouvera une décennie plus tard lors de la Manif pour tous, dont Madeleine de Jessey, future porte-parole de Sens Commun et Secrétaire nationale des Républicains. « Ce n'est peut-être pas un hasard si ces deux étoiles montantes ont fait la même école au même moment », souligne Jacques de Guillebon.

Marion Le Pen a pourtant tenté d'échapper au destin qui lui tendait les bras. Au lycée Alexandre-Dumas de Saint-Cloud, elle se fait la plus discrète possible. À Assas, elle poursuit des études de droit dans l'anonymat et enchaîne en parallèle les petits boulots de serveuse ou de vendeuse. Sa première campagne aux élections régionales de 2010 en Île-de-France, en position non éligible, alors qu'elle n'a que 19 ans, se solde par un échec. Une vidéo circule sur Internet où on peut la voir décontenancée par une question banale d'un journaliste. Au bord des larmes, elle tourne les talons. Deux ans plus tard, Jean-Marie Le Pen tente de la convaincre de se présenter aux législatives à Carpentras, circonscription qu'il juge gagnable et où la présence de sa petite-fille doit effacer le souvenir de la profanation du cimetière juif de Carpentras en 1990 commise par des *skinheads* mais imputée au Front national. À trois reprises, elle dit non. Le grand-père et sa petite-fille s'affrontent par lettres interposées. Elle précise que sa décision est « irrévocable », consciente que la politique a détruit sa famille. Jean-Marie Le Pen trouvera finalement les mots pour l'empêcher de se dérober. « Si toi qui as des convictions, tu ne t'engages pas en politique, si même toi tu ne montres pas l'exemple, comment peut-on demander aux jeunes de s'engager ? », lui lance-t-il. Le soir du premier tour de la présidentielle, pour fêter les 18 % de Marine Le Pen, celle qui se veut encore une adolescente danse pieds nus, en compagnie des militants, sur la piste de l'Équinoxe. Elle ne sait pas alors que, quatre mois plus tard, elle sera la seule élue FN de l'Assemblée nationale.

Une brèche pour quel lendemain ?

Dans l'hémicycle, lors de la séance inaugurale, Jean-François Copé et Nathalie Kosciusko-Morizet refusent ostensiblement de lui serrer la main. Une humiliation vite effacée. Aujourd'hui, la plupart des députés lui font la bise. Henri Guaino admet publiquement qu'il pourrait travailler avec la benjamine de l'Assemblée nationale. Marion Le Pen a rapidement pris ses marques. Lors d'une séance de questions mémorables, elle s'est même payé le luxe de faire trembler, au sens propre, le Premier ministre, Manuel Valls. Cependant, c'est le débat sur le mariage pour tous qui a constitué le premier tournant de sa jeune carrière politique. « Je lui ai dit que son rendez-vous avec l'Histoire se trouvait là, se souvient Hervé de Lépinau, son suppléant à l'Assemblée. Nous, les vieux, nous allons battre le pavé, mais toi tu as une discussion à engager avec la jeunesse de France. Il faut que tu sois un vecteur d'espérance. » Son discours à la tribune de l'Assemblée, dans la nuit du 17 au 18 avril 2013, est fondateur. « Vos erreurs sont notre avenir, lance à ses pairs la plus jeune députée de la République à peine intimidée. Et quel avenir que celui où les repères biologiques et familiaux sont sapés, où bientôt la PMA et la GPA réifieront définitivement l'Homme pour n'en faire qu'une simple marchandise soumise à la libre circulation et à la concurrence pour optimiser les prix ? Vous l'avez déjà fait avec les travailleurs, vous irez jusqu'à la chair ». Et de conclure par une note d'ironie mêlée de défi : « Merci d'avoir réveillé ma génération ». Une génération qui se reconnaît immédiatement en elle. « Depuis ils l'appellent Marion. Comme si cette jeune fille de 22 ans ne pouvait être qu'une des leurs », écrivent Vincent Trémolet de Villers et Raphaël Stainville dans leur livre précisément intitulé *Et la France se réveilla* dont le sous-titre même est emblématique de ce basculement : *Enquête sur la révolution des valeurs*.

Sa participation à chacun des défilés contre la loi Taubira vaudra à Marion Le Pen l'étiquette de catholique intégriste. En réalité la jeune femme, bien que croyante, est peu pratiquante. Marion Le Pen s'est mariée d'abord civilement avant de s'unir religieusement deux ans plus tard, et enfin divorcer après seulement deux ans d'union, ce qui serait impensable pour une traditionaliste. Jacques de Guillebon se souvient l'avoir « traînée » à la messe le dimanche du deuxième tour des élections départementales. Geoffroy Lejeune confirme qu'elle n'a rien d'une bigote : « Même si elle fait le pèlerinage de Chartres, Marion Le Pen est avant tout une ''catho culturelle'' qui défend les valeurs chrétiennes sur le plan politique sans nécessairement les vivre dans sa vie de tous les jours ». Davantage que par sa foi, son engagement est nourri par son expérience intime. « Bien que mon père adoptif, Samuel Maréchal, soit admirable, je connais la souffrance que représente la différence entre la filiation et l'éducation, explique cette mère d'une petite fille. Je ne remets pas en cause l'amour des couples homoparentaux, mais l'amour n'est pas suffisant pour la construction d'un enfant, je suis bien placé pour le savoir. L'enfant a aussi besoin d'avoir un référent mère et un référent père car les rôles ne sont pas tout à fait les mêmes. L'identification n'est pas la même. Qu'il y ait des accidents de la vie, que ça existe de fait, je ne le conteste pas. En revanche, que l'État prive sciemment un enfant d'un père ou d'une mère m'apparaît terrifiant. » Une conviction personnelle dont la jeune femme a su tirer un enseignement et un bénéfice politique, se démarquant ainsi de sa tante et du numéro deux du FN, Florian Philippot, qui ont refusé de descendre dans la rue, et marquant par-là des points auprès des catholiques militants.

Mais plus encore que cet électorat, Marion Le Pen vise le rassemblement d'une nouvelle génération politique transpartisane, persuadée qu'elle est qu'il revient à sa génération de faire tomber les barrières entre « les vieilles formations politiques ». Pour Philippe de Villiers, qui l'a soutenue lors de la campagne des régionales, « elle est l'une des rares figures nouvelles qui a compris que le combat contre le libéralisme économique qui conduit à un marché planétaire de masse ne va pas sans le combat contre le libéralisme sociétal. En d'autres termes, elle a compris que ce qui est face à nous, c'est la marchandisation du monde et que celle-ci ne s'arrêtera pas à l'économie et ira jusqu'aux principes de vie les plus élémentaires ». Marion Le Pen milite elle-même pour un rapprochement avec les Veilleurs, plutôt ancrés à droite mais non dénués d'intérêt pour la gauche critique, qui privilégient la culture, l'environnement, la bioéthique et les petits blancs de la France périphérique, inquiets de l'immigration et qui votent déjà majoritairement FN, et se rêvent comme le possible trait d'union entre ces univers pour autant étrangers l'un à l'autre. « Ces deux jeunesses sont très différentes sur le plan sociologique, mais elles ont pour point commun de vouloir préserver leur mode de vie. Elles se retrouvent sur le plan des valeurs et la question de l'identité », analyse-t-elle, mettant de la sorte en avant les deux principaux axes de sa campagne en région PACA.

Le 5 juillet 2015 au Pontet, municipalité FN du Vaucluse, la mise en scène rappelle le lancement de la campagne présidentielle de François Bayrou en 2007 dans les Pyrénées. Le meeting a lieu en plein air. Vêtue d'un chemisier blanc, les cheveux ébouriffés par le mistral, Marion Le Pen, que les militants surnomment la « Jeanne d'Arc de Provence », tient son discours sur fond de paysage bucolique. La candidate joue la carte du terroir, de la France rurale et populaire. « Nous ne voulons pas de la PACA black-blanc-beur, mais de la PACA bleu-blanc-rouge », s'écrie la tête de liste, avant de dénoncer « le remplacement continu d'une population par une autre qui apporte avec elle ses valeurs et sa religion » en une claire référence à la formule controversée de l'écrivain Renaud Camus, idole des identitaires. Ce jour-là, la candidate force le trait au point qu'il lui faudra s'excuser de ce passage figurant dans la version écrite de son discours distribuée aux participants et où le protestantisme se trouve amalgamé aux pages les plus sombres de l'histoire régionale : « La Provence est une terre d'identité et de résistance. Résistance des princes provençaux face à l'invasion sarrasine, résistance face à la terreur révolutionnaire, face à la réforme protestante, face à l'occupant allemand, face au funeste projet de l'Union européenne en 2005. »

Or, Marion Le Pen n'hésite pas, par ailleurs, à enrôler dans sa campagne un ancien cadre du mouvement identitaire au passé radical, le militant nissart Philippe Vardon. Celui qui surnomme Christian Estrosi l'« imam de Nice » s'est fait connaître en distribuant de la soupe au lard aux SDF de la ville, excluant ainsi les musulmans. Le choix de Vardon va à l'encontre de la stratégie de normalisation voulue par Marine Le Pen et Florian Philippot ainsi que de leur attention aux questions sociales et économiques mais il s'inscrit dans la logique tactique de Marion Le Pen qui est de rassembler à droite et, plus encore, dans son ambition de donner la priorité aux facteurs symboliques sur les problèmes structurels. « Les migrants avaient été un vecteur de colère considérable. La dynamique était très forte pour nous avant les attentats. Mais il est vrai qu'elle est amplifiée par ce terrible contexte, a-t-elle déclaré au lendemain du vendredi noir qui a frappé Paris. Les gens sont dans une vraie précarité, mais l'immigration et la sécurité sont les sujets qui reviennent le plus souvent. Leur identité et leur mode de vie sont plus essentiels pour eux que leur bien-être économique. »

Continuant à ouvrir la brèche, la jeune femme se montre tout aussi désinhibée sur les questions d'ordre sociétal ou moral. Sa participation, le 29 août 2015, à une table ronde à l'université d'été de la Sainte-Baume, dans le Var, déclenche la polémique. Pour la première fois un service diocésain de l'Église de France invite à la tribune un élu frontiste d'importance. La presse catholique reproche à l'évêque de Fréjus-Toulon, Mgr Rey, de participer ainsi à la dédiabolisation du parti lepéniste. Mais pour Marion Maréchal, interrogée par *Famille Chrétienne*, cette polémique n'a pas lieu d'être. La jeune femme note là encore « un changement générationnel » et commente : « Nous sommes face à une génération décomplexée par rapport à ses aînés. Les jeunes catholiques ne s'encombrent plus avec l'autocensure et la culpabilité. » À la Sainte-Baume, lorsqu'elle a lancé : « Nous sommes la contre-génération 68. Nous voulons des principes, des valeurs, nous voulons des maîtres à suivre, nous voulons aussi un Dieu », n'a-t-elle pas recueilli les applaudissements de dizaines de jeunes catholiques présents ? Quelques semaines plus tard, le 13 novembre 2015, conviée à un débat par le mouvement de la Manif pour tous, elle annonce qu'elle supprimera la subvention accordée par la région au planning familial en cas de victoire. « Je considère qu'aujourd'hui, ce sont des associations politisées, on le sait bien, et elles véhiculent une banalisation de l'avortement », précise-t-elle. La petite fille de Jean-Marie Le Pen vient-elle de commettre son « point de détail » comme le considèrent certains observateurs ? Ou s'agit-il d'une transgression calculée afin d'imposer un marqueur idéologique, de bousculer un totem et tabou du progressisme, de s'affirmer comme la candidate des valeurs, de se montrer comme menant, plus qu'une simple bataille électorale, une révolution culturelle ?

« Alors que la droite a toujours fait semblant de faire une politique de droite sans remettre en cause les acquis de la gauche, Marion Le Pen ose affirmer ses idées, analyse Geoffroy Lejeune. Elle a une colonne vertébrale qui la place non pas à la droite de la droite, mais au cœur de la droite. » Dans le contexte certes particulier du Sud-Est, la candidate parvient en effet à fédérer, autour du FN, la droite conservatrice issue du RPR des années 1980, la droite identitaire et la droite des valeurs en pleine renaissance. Les deux premières se reconnaissent dans sa ligne antieuropéenne et anti-immigration. La dernière apprécie son positionnement sociétal de type antilibéral. Cette fusion des droites marginales ou dissidentes a permis à la candidate du FN de siphonner l'électorat des Républicains et de devancer Christian Estrosi, son rival de la droite de gouvernement de plus de 15 points au premier tour. Malgré son échec au second tour, depuis son quartier général de Marseille, Marion Le Pen prend date pour l'avenir : « Il y a des victoires qui font honte aux vainqueurs, lance-t-elle tout sourire à ses partisans. Le plafond de verre n'existe pas. Ce soi-disant plafond de verre était de 25 % en 2010, il est de 45 % aujourd'hui. Combien demain ? » Le Vaucluse, où elle est arrivée en tête au second tour des régionales, est d'ores et déjà le seul département de France sans majorité établie : les Républicains, le FN et la ligue du Sud y travaillent de conserve face à une coalition PS/EELV/FG. Quant à l'avenir plus lointain, verra-t-il se réaliser la vision de Patrick Buisson d'un grand courant populaire, souverainiste et patriotique, conservateur et social ? Marion Le Pen, que l'ancien conseiller de Nicolas Sarkozy a accepté de rencontrer, pourrait-elle en être l'incarnation politique ? Mais qu'en sera-t-il de la recomposition politique après la présidentielle de 2017, de la relation entre Marine et Marion Le Pen, de l'unité du Front national dont chaque crise depuis sa fondation aura correspondu à une lutte intestine au sein d'une famille dont la chronique se confond avec celle du parti ?

Identitaires, les cavaliers de l'an 2000

« Ni Allah, ni USA, *Europa nostra* » est leur devise ; les combattants des Thermopyles, de Poitiers ou de Lépante, leurs héros. L'identité, leur raison d'être. Marine Le Pen et Florian Philippot se méfient d'eux tandis que Marion Le Pen les courtise. Groupuscule rétrograde pour les uns, officine avant-coureuse pour les autres, ils effraient autant qu'ils fascinent. Ce samedi 12 septembre 2015, les membres parisiens de Génération identitaire (GI) ont rendez-vous 37 rue Brochant pour leur traditionnelle réunion de rentrée. Ils sont une quarantaine à avoir fait le déplacement, une majorité de garçons arborant volontiers des *sweat-shirts* barrés de l'inscription « patriote parisien », quelques filles venues pour certaines avec leurs enfants. Leur quartier général a tout du local étudiant, avec ses murs tapissés de photos et de posters mêlant l'idéologue d'extrême droite Dominique Venner, qui s'est suicidé dans la nef de Notre-Dame en signe de protestation contre « le déclin de l'Occident » à l'écrivain et pilote Antoine de Saint-Exupéry, auteur du *Petit prince*, disparu en mer et mort pour la France, en passant par des affiches du Paris populaire et révolu d'avant-guerre. Y trônent un vieux canapé dépliant et un minibar pour les soirées arrosées à grand débit, enracinement local oblige, de bière francilienne. Deux fois par semaine, le lieu se transforme en une salle de boxe et Pierre Larti, le porte-parole, en instructeur de pugilat.

Ce jour-là toutefois, la joute est uniquement oratoire. L'actualité brûlante fait écho aux préoccupations des identitaires. Depuis une grosse semaine, la question des migrants est à nouveau au cœur du débat. La photo du petit Aylan, cet enfant kurde retrouvé mort noyé sur une plage turque le 2 septembre, a soulevé à l'échelle internationale l'émotion des médias, de l'opinion et des politiques. Angela Merkel a annoncé dans la foulée que l'Allemagne accueillerait cette année 800 000 réfugiés et demande aux États membres de l'Union de prendre leur part. François Hollande, qui s'était initialement opposé à une politique de répartition par quotas, a été obligé de s'y résoudre. Les Français sont divisés. Sur fond de menace des attentats et de crise de l'intégration, beaucoup redoutent un phénomène de submersion. Pierre Larti joue sur cette angoisse. « Un million, c'est le nombre de clandestins qui seront en Europe d'ici 2016 ! Derrière l'arbre nouveau des clandestins se cache la forêt de l'immigration. Cette forêt qui pousse depuis plusieurs décennies, favorisant l'islamisation et le terrorisme ! », s'exclame-t-il avant de tricoter une anaphore à la mode élyséenne à partir de cette image forestière : « Celle qui remplace les troquets par des kebabs. Celle qui vide les écoles et remplit les prisons. Celle qui culpabilise le Français et s'enorgueillit de ses multiples drapeaux nationaux. Celle qui n'aime pas la France mais qui profite de son système social. Celle qui vocifère à la bavure policière raciste mais qui tabasse Marc ou Marie dans le bus. » La salle, conquise, applaudit.

Chez les identitaires, l'action prime l'idéologie. Pierre Larti propose aux militants de joindre l'acte à la parole. Ceux qui le désirent peuvent le suivre immédiatement dans une opération « sans risque, mais qui fera beaucoup de bruit », promet-il. Le porte-parole se refuse cependant à révéler la nature et le lieu de l'action. Disciplinée, la tribu suit son chef dans le métro parisien, ligne 8, direction Balard. Le groupe descend à la station La Motte-Picquet-Grenelle et s'arrête devant le siège de la Fédération française de football (FFF). Une poignée de secondes plus tard, des fumigènes sont allumés et une grande banderole déployée. « 100 000 euros pour les clandestins. Pour les Français : rien ! », peut-on lire sur celle-ci ; « Immigration clandestine, FFF complice ! », hurlent les militants avant de répéter le slogan, « On est chez nous ! » La Fédération vient d'annoncer qu'elle allait donner 100 000 euros à l'association calaisienne Salam pour venir en aide aux migrants. En 2012, elle n'avait pas répondu à la demande de subvention du Groupe de secours catastrophe français (GSCF), une ONG de sapeurs-pompiers à vocation internationale, mais intervenant aussi sur le territoire au profit des SDF. Pour les identitaires, la FFF pratique donc « un humanisme à deux vitesses » et encourage « l'immigration clandestine massive à laquelle l'Europe fait face ». Quelques passants s'arrêtent médusés. Des portables immortalisent la scène. Parfaitement rodée à ce type d'action, la troupe a le temps de se disperser avant que le service d'ordre de la Fédération n'intervienne.

Marginaux en termes d'effectifs et absents des grandes batailles électorales, les identitaires se sont fait connaître à grand renfort de coups médiatiques. Bien que pour la plupart des observateurs la teneur exacte de leur projet politique reste une énigme, ils ont exercé un rôle notable dans le basculement idéologique d'une partie de la jeunesse. « Jouant habilement sur les apparences et sur les mots – se revendiquant identitaires et non nationalistes –, [...] ils ont réussi à sortir de la représentation caricaturale que l'on se fait des groupuscules d'extrême droite et à attirer un public nouveau », analyse le sociologue Emmanuel Casajus dans son étude *Le Combat culturel – Images et actions chez les identitaires*. Un renouvellement qui provient pour beaucoup des petits blancs de la France périphérique.

Pierre Larti est de ceux-là. Il n'a pas le crâne rasé, ne porte ni *bomber*, ni *monkey boots*, mais une chemisette et un pantalon aux tons pastel et de bonne coupe. Plus proche du dandy que du *skinhead*, le porte-parole de Génération identitaire a été élevé dans une famille catholique de la classe moyenne qui a toujours voté pour la droite modérée. C'est durant son adolescence à Vernon, ville de vingt-cinq mille habitants située à la frontière de la Normandie et de l'Île-de-France, qu'il commence à s'intéresser à la politique. « J'ai été extrêmement choqué par la violence des élèves au collège et au lycée, notamment à l'égard des professeurs. J'ai pris conscience des tensions culturelles et fait le lien entre insécurité et immigration, se souvient Pierre Larti. Mais je n'étais pas cohérent : la plupart de mes copains était d'origine extra-européenne et j'allais au kebab chaque semaine. » Le jeune homme commence à militer en 2008 à l'âge de 19 ans. « À la faculté d'Assas, j'étais intrigué par les autocollants représentant un Apache dont les identitaires avait tapissé les murs. J'ai décidé de me renseigner, puis petit à petit de m'engager. » Dont acte.

D'où vient dès lors Génération identitaire ? Le groupe s'inscrit dans la filiation des Jeunesses identitaires (JI) créées par le niçois Philippe Vardon en 2002. Le mouvement est alors associé au Bloc identitaire (BI), parti régionaliste et européen, devenu notoire pour ses apéros gros rouge et saucisson. Le BI se démarque de l'extrême droite traditionnelle par sa condamnation de l'antisémitisme et fait de la lutte contre l'« islamisation de l'Europe » son principal thème de campagne. Mais les Jeunesses identitaires font long feu. Le 17 décembre 2007, le tribunal de grande instance de Nice estime que le mouvement est une émanation d'Unité radicale, dissoute par le gouvernement en 2002 après la tentative d'attentat de Maxime Brunerie contre Jacques Chirac. Philippe Vardon écope de quatre mois de prison avec sursis et de 10 000 euros d'amende. L'ancien porte-parole des JI et futur allié de Marion Maréchal Le Pen est également condamné pour discrimination raciale à trois mois de prison avec sursis et 3 000 euros d'amende pour avoir distribué un tract où était inscrit : « Ni voilée ! Ni violée ! » Après 2007, les identitaires se reconstituent en un réseau décentralisé nommé Autre jeunesse et fondé sur l'autonomie régionale, une telle construction en nébuleuse étant censée parer par sa complexité le risque de dissolution judiciaire. Mais le mouvement ne renaît vraiment de ses cendres que cinq ans plus tard à l'occasion d'un spectaculaire fait d'armes.

Le 20 octobre 2012 au soir, Pierre Larti, qui est encore un néophyte, est prévenu qu'une action d'envergure doit avoir lieu le lendemain. Les cadres du mouvement, Arnaud Delrieux, futur président, et Damien Rieu, futur porte-parole, préparent l'opération depuis l'été. Les militants de base n'ont été alertés qu'à la dernière minute. Pierre Larti roule toute la nuit sans savoir exactement où il se rend, ni dans quel but. Tel un soldat en mission, le jeune homme s'en remet entièrement aux ordres de sa hiérarchie. À l'aube, il gare sa voiture au point de rendez-vous, le parking d'une cité de Poitiers. Quelques heures plus tard, une centaine de jeunes, garçons et filles, entrent dans la future grande mosquée de la ville aux cent clochers et occupent les toits. Sur la façade, face au minaret, ils déplient une banderole sur laquelle est inscrit le slogan : « Immigration, construction de mosquées : RÉFÉRENDUM ! » Les identitaires appellent les jeunes européens à la « reconquête ». « Il y a bientôt 1 300 ans, Charles Martel arrêtait les Arabes à Poitiers à l'issue d'une bataille héroïque qui sauva notre pays de l'invasion musulmane. C'était le 25 octobre 732. Aujourd'hui, nous sommes en 2012 et le choix est toujours le même : vivre libre ou mourir, peut-on lire sur leur communiqué de presse. Notre génération refuse de voir son peuple et son identité disparaître dans l'indifférence, nous ne serons jamais les Indiens d'Europe. Depuis ce lieu symbolique de notre passé et du courage de nos ancêtres, nous lançons un appel à la mémoire et au combat ! »

Cette « prise de guerre » est l'acte de naissance de Génération identitaire (GI). L'objectif de l'opération, percer le mur médiatique, est pleinement rempli. Les images tournent en boucle sur les chaînes d'info. Alors qu'il est en déplacement en Asie, le Premier ministre Jean-Marc Ayrault réagit et condamne fermement une « provocation » révélant selon lui « une profonde haine religieuse ». Manuel Valls, alors ministre de l'Intérieur, fait étudier par ses services une éventuelle interdiction du mouvement. Sur la toile, les vidéos font le buzz et comptent des milliers de *like*. Dans un article publié sur le site des *Inrocks* en 2014, Damien Rieu confiera que le mouvement « a reçu 10 000 euros de dons » dans la foulée. Depuis, Génération identitaire revendique 2 000 adhérents et 76 000 fans sur Facebook, soit davantage que le FNJ, l'organisation de jeunesse du Front national.

Ce type de *happening* contestataire va devenir la marque de fabrique du mouvement. Occupations du siège du PS puis d'un bâtiment de la commission européenne à Paris, infiltrations dans les défilés de la Manif pour tous, manifestations contre l'immigration clandestine, tournées dites de « sécurisation » dans les transports en commun : Génération identitaire emprunte les méthodes d'agitation-propagande de l'extrême gauche et se réfère même volontiers au théoricien italien de l'hégémonie culturelle, le marxiste Antonio Gramsci. Le mouvement ambitionne également de s'étendre à toute l'Europe en tissant des liens avec des structures analogues.

Pierre Larti est séduit par cet activisme : « J'avais besoin d'exprimer mes idées de manière presque physique ». Le jeune homme adhère à l'idéologie des identitaires, mais est également motivé par l'envie d'appartenir à un groupe. « Je n'avais ni contact, ni opportunité avec les structures politiques classiques et j'étais fasciné par la mythologie de la bande », explique-t-il. « Lorsque tu as dix-huit ans et que tu participes à un rassemblement d'une soixantaine de militants dans la rue, tu te sens fort. » Être identitaire, c'est embrasser une cause politique, mais aussi adopter une contre-culture commune. « Chez 90 % des militants nous observons le même mode de vie : cela va des goûts musicaux au style vestimentaire *casual*, note le porte-parole de GI. Nous recherchons des marques comme Ben Sherman, Fred Perry, Stone Island qui évoquent la jeunesse impétueuse des stades anglais et des concerts de rock'n'roll. » Les identitaires ne se définissent pas moins comme une « communauté de combat » : « Nous sommes des camarades, des amis, des frères. Un clan », peut-on lire dans le texte de présentation sur leur site Internet.

Une logique presque tribale qui n'est pas sans rappeler celle des bandes de jeunes de banlieue avec leurs codes, leurs rites et leurs langages. Pierre Larti explique d'ailleurs avoir passé beaucoup de temps au Parc des princes, stade prisé par la jeunesse des cités. « Le foot m'a conduit à l'identité. C'est grâce au Boulogne boys [groupe de supporters aujourd'hui dissout] que j'ai compris qu'on existait en tant que peuple francilien, qu'il y avait une communauté des petits blancs de Seine-Saint-Denis. » Que nombre d'identitaires Franciliens, qui rêvent d'incarner l'enracinement retrouvé, se passionnent pour le Paris Saint-Germain, club aujourd'hui hors-sol, détenu par les Qataris et comptant dans ses rangs une majorité de joueurs étrangers, est pour le moins paradoxal. Comme les jeunes de banlieue, les identitaires sont tiraillés entre la sous-culture engendrée par la mondialisation et la quête d'une appartenance fantasmée. « Nous partageons avec les racailles de banlieue le vide engendré par la génération 68 et son idéologie, concède Pierre Larti, mais nous ne prônons pas le même remède. Nous considérons que ce n'est pas parce que les soixante-huitards ont fait exploser la famille qu'il faut pour autant voiler les femmes ou les battre si elles ne sont pas obéissantes », ponctue-t-il.

Mai 68 est l'une des obsessions des identitaires. Une vidéo-manifeste, intitulée *Déclaration de guerre* et diffusée sur Internet en octobre 2012, dresse leur réquisitoire sur fond de roulements de tambour : « Vous êtes les Trente Glorieuses, les retraites par répartition, SOS Racisme, la diversité, le regroupement familial, la liberté sexuelle et les sacs de riz de Bernard Kouchner, scandent les jeunes militants. Nous sommes 25 % de chômage, la dette sociale, l'explosion de la société multiculturelle, le racisme anti-blanc, les familles éclatées et un jeune soldat français qui meurt en Afghanistan. Nous sommes demain, vous êtes hier. Nous sommes la Génération identitaire. » Une descendance se considérant sacrifiée par ses géniteurs et aînés se retourne contre eux, coupables à ses yeux d'avoir « joui sans entrave » mais surtout à crédit et d'avoir anéanti pour ce faire tout repère traditionnel. « La génération de Mai 68 prétendait nous émanciper du poids des traditions, du savoir, de l'autorité à l'école mais s'est d'abord émancipée de ses propres responsabilités », dénonce le clip. Cette vidéo aurait été visionnée plus de 100 000 fois dans sa version originale et suscité de multiples traductions à travers le Vieux Continent, en espagnol, en grec, en italien, mais aussi en allemand. D'une certaine manière, le manifeste des identitaires préfigure le Mai 68 conservateur qu'a su analyser le premier Gaël Brustier dans l'ouvrage éponyme et annonce le succès du livre d'Éric Zemmour, *Le Suicide français*, qui s'attache à décrypter les conséquences de la révolution soixante-huitarde.

Figure également au centre de ce discours contestataire l'islamisation de l'Europe. Les identitaires prétendent défendre les peuples européens face au « rouleau compresseur de la mondialisation, de l'immigration-invasion et du multiculturalisme ». « Pas de karchers, mais des charters ! », « Rentrez chez vous », « Je suis Charlie Martel » : les slogans provocateurs sont préférés aux longs commentaires, le combat culturel au combat électoral. Un choix que Pierre Larti assume. « Nous essayons d'être méthodiques en nous concentrant sur les thématiques qui nous portent et font écho à notre propre expérience : l'immigration, l'islamisation, la famille. Nous sommes, pour certains, des enfants de divorcés, nous vivons les prières de rue, la disparition des commerces traditionnels au profit des boucheries hallal, nous subissons la violence dans les transports, commente le porte-parole de Génération identitaire. Je n'ai pas d'avis sur la dette grecque. En revanche, lorsque Dalil Boubakeur veut remplacer mon église par une mosquée, ça m'emmerde ! » Comme le souligne Emmanuel Casajus, les identitaires ont été précurseurs. « Dès le début des années 2000, ils ont senti et peut-être même influencé le tournant ''réactionnaire'' de la société française et en particulier celui de la jeunesse. » Pierre Larti voit les attentats de janvier comme une défaite historique de la France, mais aussi comme la victoire de ses idées. « Le racisme anti-blanc, l'islamisation ou le grand remplacement sont des débats qui dans leur sémantique même ont été amenés par les identitaires », s'enorgueillit le jeune homme.

Bien qu'en passe d'emporter la bataille des idéologies, Génération identitaire demeure à la marge politiquement. Le mouvement a un temps servi de passerelle vers le Bloc identitaire. Mais le Parti régionaliste est à bout de souffle, victime du succès du Front national. « Lorsque le FN était à 10 %, on pouvait envisager le Bloc identitaire comme un concurrent sérieux. Aujourd'hui, il s'agit d'une structure en fin de vie », confie Pierre Larti. Pour Gaël Brustier, les identitaires ont utilisé la Manif pour tous afin de sortir de leur isolement. « L'effort des chefs pour gagner en respectabilité est passé par l'insertion des militants dans les cortèges de LMPT et non pas, comme attendu, dans ceux de Civitas », écrit-il dans *Le Mai 68 conservateur*. Selon Emmanuel Casajus, tel des « trotskistes d'extrême droite », ils rêvent de créer une génération de cadres appelés à aller dans tous les partis. À commencer par le Front national. Damien Rieu, ancien porte-parole de Génération identitaire à l'origine de l'occupation du chantier de la mosquée de Poitiers, a été embauché par Julien Sanchez, le maire FN de Beaucaire dans le Gard, pour s'occuper de la communication de la ville. Philippe Vardon, cadre historique du Bloc identitaire, est devenu élu régional sur la liste menée par Marion Le Pen dans les Alpes-Maritimes avant d'être condamné en première instance, le 4 octobre 2016, pour une rixe à Fréjus le 30 mars 2014, au soir de l'élection à la mairie du frontiste David Rachline. Enfin, certains d'entre eux occupent des fonctions municipales à Béziers auprès de Robert Ménard.

Pour autant, l'entrisme des identitaires au FN reste compliqué. Florian Philippot n'a aucune bienveillance à leur égard et Philippe Vardon a eu le plus grand mal à se faire accepter. En 2012, malgré son soutien à Marine Le Pen durant la présidentielle, le militant niçois n'obtient pas celui du FN pour se présenter aux législatives contre Christian Estrosi. En 2013, sa première tentative d'adhésion au Front est un échec. Gilbert Collard évoque un *bug* informatique et Philippe Vardon reçoit un chèque de remboursement. Aux municipales de 2014, l'ancien chef de Nissa Rebela, branche locale du Bloc identitaire, fait cavalier seul face à Christian Estrosi et n'obtient qu'un maigre 4,4 % des suffrages. Philippe Larti confirme les difficultés des identitaires à se « recycler » pour reprendre sa formule. « Je suis en lien avec le FNJ à Paris mais les consignes de la direction nationale sont claires : aucun contact avec les identitaires. Il y a une barrière entre nous qui est difficile à casser », regrette le porte-parole de GI. Leur image sulfureuse pourrait en effet nuire à la stratégie de normalisation du FN. Mais, surtout, les désaccords entre les deux mouvements restent profonds.

Sur le plan stratégique, Marine Le Pen met l'accent sur son programme économique tandis que les identitaire méprisent ces questions. « L'enjeu n'est pas de savoir si l'euro doit valoir un dollar ou un dollar cinquante, mais de savoir si demain les islamistes vont couper des têtes ou poser des bombes », ironise Pierre Larti. « La personne qui a un flingue sur la tempe doit être prioritaire par rapport à celle qui réclame plus de pouvoir d'achat. » Sur le plan idéologique, le FN version Philippot est souverainiste et assimilationniste. Se référant à l'héritage jacobin de la Révolution française, il défend l'identité nationale fondée sur l'adhésion à des valeurs et à une culture commune. Les identitaires sont au contraire régionalistes et, comme ils le disent, « ethno-différencialistes ». Se réclamant de la tradition d'extrême droite qui mixe exaltation occidentaliste et pessimisme décliniste, ils considèrent l'identité comme une réalité charnelle, conséquence d'une terre et d'un lignage. « Ceux qui se réclament uniquement du souverainisme ont trois trains de retard. Ce n'est plus la puissance ou la souveraineté de l'État-nation qui est en danger, c'est l'identité même de nos proches, de nos amis, de nos familles. Sur un plan ethnique, à cause des effets démographiques de la submersion migratoire, et sur le plan culturel, à cause de l'uniformisation des modes de vie », écrit Arnaud Delrieux dans le libelle *Nous sommes la génération identitaire*, l'un des textes fondateurs du mouvement.

Les identitaires adhèrent également à la représentation du « grand remplacement » introduite par l'écrivain Renaud Camus, selon lequel s'opérerait subrepticement un vaste échange programmé ou consenti de populations, l'immigration extra-européenne et musulmane venant se substituer aux « Français de souche » de culture européenne et catholique. « De ce changement de peuple, les gouvernements de droite sont tout aussi responsables que la gauche, de même que le patronat et les intérêts mondialistes, qui ont besoin pour leurs affaires de l'homme remplaçable, désoriginé, déculturé, désaffillié, échangeable et délocalisable à merci », martèle Renaud Camus. Face à quoi, les identitaires vont jusqu'à prôner la remigration. « Le slogan 0 % racisme, 100 % identité signifie que nous respectons le droit de chacun à défendre son identité... Chez lui ! s'insurge Arnaud Delrieux. Nous cherchons par ce slogan à faire comprendre à ceux qui en douteraient encore que les Européens sont désormais une ethnie en danger d'extinction, tout comme les tribus primitives que les bourgeois tiers-mondistes occidentaux aiment tant prendre sous leur aile sans se douter qu'un jour, eux aussi seront peut-être minoritaires sur leur sol. » Or, cette représentation divise profondément le Front national. Si Jean-Marie Le Pen, Marion Le Pen ou encore Aymeric Chauprade y voient un phénomène démographique réel, Marine Le Pen s'est clairement désolidarisée de cette vision : « Le grand remplacement suppose un plan établi. Je ne participe pas de cette vision complotiste », a déclaré la présidente du FN dans le *Journal du Dimanche*, le 2 novembre 2014.

Au-delà des clivages tactiques et idéologiques, les frontistes et les identitaires se distinguent avant tout par deux visions du monde opposées. Celle des premiers se veut réaliste tandis que celle des seconds se revendique comme idéaliste. « Les militants identitaires se conçoivent comme des poètes, des romantiques, de doux rêveurs perdus dans un monde rationnel, calculateur et déshumanisé », écrit Emmanuel Casajus. La stratégie de conquête du pouvoir du FN est méthodique et organisée tandis que celle des identitaires est fondée sur une mystique exaltée. Pétris de références historiques, ces cavaliers de l'apocalypse postmoderne se rêvent en ultime rempart face à « l'envahisseur musulman », et prophétisent un choc grandissant des civilisations. Fantasme de *desperados* en quête d'aventures viriles ou réelle volonté d'en découdre ? Pierre Larti, de retour d'un séjour en Syrie avec *SOS chrétiens d'Orient*, une organisation humanitaire qui est animée par de jeunes cadres frontistes, est hanté par le spectre de la guerre civile. « Quand on sait que la France compte le plus gros contingent de djihadistes, il n'y a plus de place pour la nuance », lâche-t-il. « Ce sera soit eux, soit nous. »

3.

Génération Michéa

De Mai 68 à la Manif pour tous

À l'Assemblée nationale, la Garde des sceaux exulte. À l'Élysée, le président de la République pousse un soupir de soulagement. Il tient sa grande réforme de société. Ce mardi 23 avril 2013, la France est devenue le neuvième pays européen et le quatorzième dans le monde à autoriser le mariage homosexuel. 331 députés ont voté pour, 225 contre, 10 se sont abstenus. François Mitterrand avait aboli la peine de mort. François Hollande a fait le mariage pour tous. Mais, dépourvu de goût pour l'ordre symbolique, étranger à toute métaphysique, prisonnier de la grille social-démocrate, le second est à des années-lumière de la mystique des racines du premier qui, en 1981, posait sur ses affiches de campagne devant une église romane. Aussi estime-t-il que le vent de colère bleu-blanc-rose qui souffle sur l'hexagone depuis des mois va enfin retomber, les catholiques retourner dans leurs catacombes et la marche irrésistible du progrès reprendre son cours. Jusqu'au bout le chef de l'État sera resté interdit devant la contestation, incapable de voir dans ce mouvement de masse autre chose que le vestige d'un temps révolu. « Pour lui, la question religieuse est une affaire classée. Elle fait partie du passé », explique Samuel Pruvot dans *François Hollande, Dieu et la République*, « il croyait les catholiques enterrés bien profond dans la terre de l'histoire de France. Et il découvre que nous seulement les catholiques ne sont pas tous morts, qu'ils n'ont pas tous plus de 75 ans et même que certains ont moins de 25 ans et descendent dans la rue ! »

Au mieux, la gauche a traité les manifestants par la condescendance et le dédain afin de délégitimer leurs idées forcément d'un autre âge et les a priés, par la bouche de Manuel Valls, depuis la place Beauvau, de rester chez eux. Au pire, de Harlem Désir à Caroline De Haas, de Najat Vallaud-Belkacem à Olivier Besancenot, elle a instruit leur procès en homophobie et pratiqué la *reductio ad petainum* pour mieux les diaboliser. À droite, on a tenté de surfer sur la vague, pariant qu'elle finirait inévitablement par refluer et que les promesses consenties du bout des lèvres seraient vite oubliées. Les ténors, Alain Juppé, François Fillon, les prétendants, Jean-François Copé ou Bruno Le Maire, n'ont pas été mécontents de refermer ce qu'ils pensent être une parenthèse éruptive pour en revenir aux sujets sérieux, à savoir s'il faut cent ou deux cents milliards de coupes budgétaires. Au Front national, Marine Le Pen et Florian Philippot ont jugé qu'il y allait d'un piège, d'un de ces écrans de fumée sociétaux prisés par Terra Nova, le nouveau laboratoire idéologique du progressisme, et destinés à perpétuer artificiellement le clivage désormais obsolète entre la droite et la gauche. Face à une classe politique unanime pour déconsidérer ou minorer le mouvement, seuls un Hervé Mariton, une Marion Le Pen ont perçu dans la Manif pour tous un enjeu majeur.

Ces approches cauteleuses, pour n'être pas entièrement immotivées, ont pour défaut commun d'obérer la question essentielle. Comment ignorer, par-delà l'éviction du débat sur une loi aux fortes conséquences anthropologiques, la mobilisation sans précédent de centaines de milliers de personnes qui ont défilé dans les rues pour dire que le fait de culture ne se distingue pas du souci politique? Le 23 avril 2013, les démissionnaires de l'histoire ont pensé que c'était la fin. Le baroud d'honneur d'une France vouée à mourir. La Manif pour tous ne serait bientôt plus qu'un mauvais souvenir. Et si c'était au contraire le début d'une longue histoire, celle d'une révolution conservatrice?

« En France, la veille du jour où la Révolution va éclater, on n'a encore aucune idée précise sur ce qu'elle va faire [...] Les princes et leurs ministres manquent même de ce pressentiment confus qui émeut le peuple à sa vue. Ils ne la considèrent d'abord que comme une de ces maladies périodiques auxquelles la constitution de tous les peuples est sujette » écrit, en 1856, Alexis de Tocqueville dans *L'Ancien Régime et la*

Révolution. Les contemporains des nœuds révolutionnaires n'ont pas toujours conscience de vivre un moment de rupture historique. Il faut le recul du temps pour saisir un événement dans toute sa portée. Dans quelques décennies, les historiens regarderont-ils l'année 2013 comme la prise de la Bastille postmoderne, l'an I d'une révolution à contre-cycle, n'ayant pas visé à établir un ordre nouveau, mais au contraire à rétablir un ordre ancien perçu comme plus juste ? S'il est trop tôt pour affirmer que la droitisation de la société qu'évoquent unanimement les politologues puisse se constituer en mouvement durable et structuré, l'hypothèse ne saurait cependant être exclue. Ce qui compte est que la représentation d'une France enracinée, fondée sur un héritage culturel et politique ancré dans le passé, s'est d'ores et déjà réinvitée dans le débat public d'où elle avait été peu ou prou bannie depuis un demi-siècle.

Pour se concevoir comme conservateur, ce retournement tendanciel n'a cependant rien à voir avec la révolution anglo-saxonne éponyme des années 1980. Le libéralisme, qu'il soit économique ou culturel, est rejeté en bloc par une partie de la jeunesse, consciente que la libéralisation soixante-huitarde des mœurs a été le cheval de Troie de la libre circulation des capitaux promue dans la foulée par la globalisation financière et que l'angélisme libertaire initial a trouvé son prolongement logique dans l'ouverture inconséquente des frontières. Comme l'écrivait Régis Debray dès 1978 en refusant de participer à la célébration d'un anniversaire qui prenait déjà allure d'embaumement : « Mai 68 est le berceau de la nouvelle société bourgeoise ». À travers la Manif pour tous, par-delà la question du mariage homosexuel, c'est bien cette néo-bourgeoisie désormais mondialisée qui est contestée et son hédonisme qui est remis en cause. Alors que les classes populaires de la France périphérique ont rompu depuis près d'une décennie avec les nouvelles élites autoproclamées, c'est au tour cette fois des enfants de la petite bourgeoisie traditionnelle, qui est en voie de déclassement et dont les valeurs sont méprisées, de faire sécession.

Pour les petits blancs des pavillons lointains, la cause principale de la rupture a été l'insécurité économique, mais aussi physique et culturelle liée à la globalisation et son corollaire l'immigration. Pour les jeunes catholiques et assimilés, la conscience de devenir minoritaires et la crainte de voir voler en éclat les derniers repères qu'ils jugent fondamentaux, dont la famille, l'école ou la nation. Dans les deux cas, l'angoisse de la dépossession et la volonté de conserver coûte que coûte son mode de vie constituent les moteurs de la contestation. En 1789 comme en 1968, la révolution n'avait été possible que par l'alliance, au moins temporaire, entre le peuple et une partie de la bourgeoisie. Alors que la mondialisation fragilise les classes populaires aussi bien désormais que les anciennes notabilités, une convergence similaire a été inaugurée, le réveil des catholiques français s'inscrivant comme un sous-chapitre dans la chronique désormais continentale, si ce n'est planétaire, de la révolte de la multitude contre les oligarchies et ce, au nom d'un malaise identitaire sans précédent.

Ce séisme politique, l'un des premiers à en percevoir l'ampleur et l'importance, n'est autre que Patrick Buisson. Mauvais génie peut-être, visionnaire assurément, l'ancien conseiller de Nicolas Sarkozy déclare dans *Le Monde* du 8 juin 2013 : « La France des invisibles est devenue visible. À travers la Manif pour tous, cette France a accédé à une conscience civique et politique. Nul ne peut mesurer l'impact qu'aura cette révolution culturelle. Nous sommes dans cette phase que décrivait Lénine de politisation de catégories jusque-là réfractaires ou indifférentes à l'égard de la chose publique. » Dans leur passionnant *Et la France se réveilla*, Vincent Trémolet de Villers et Raphaël Stainville dressent le bilan immédiat de la Manif pour tous et concluent eux aussi à une « révolution des valeurs ». Gaël Brustier fait le même constat dans son étude sans préjugés *Le Mai 68 conservateur*.

Défaite politique et victoire culturelle, le printemps psychodramatique de 1968 a consacré pour près d'un demi-siècle l'hégémonie idéologique de la gauche de consommation. Il en sera peut-être de même pour la Manif pour tous et la droite de réaction. Le combat a été perdu sur le plan légal, mais a cependant fait bouger les lignes et, dans la suite de ce mouvement social, les signes d'un changement d'époque se sont multipliés. L'effondrement politique du Parti socialiste en est un. Les phénomènes d'édition qu'ont marqués les livres d'Éric Zemmour, de Philippe de Villiers, de Patrick Buisson en constituent un autre. Tous ceux qui dans le pays profond se sentaient méprisés ou reniés se sont reconnus dans ces figures vilipendées, devenues les étendards de la France des invisibles. Mais là encore, la jeunesse a joué un rôle décisif.

De veillées à la lumière des bougies aux Invalides en interventions colorées à Roland-Garros, le mouvement social de 2013 a fait surgir, en effet, toute une génération. « Cette jeunesse a partagé des moments intenses, inscrits dans la mémoire et dans les corps », note Arnaud Bouthéon. Après une carrière dans l'univers du *sport business*, le directeur de cabinet de Frigide Barjot et cofondateur de Sens Commun a importé les codes des supporters parmi les manifestants. « Les drapeaux, sifflets et autres produits dérivés n'étaient pas là par hasard, explique-t-il. Nos adversaires attendaient des rétrogrades pleurnichards, il nous fallait leur offrir un mouvement moderne et joyeux. Cela passait par l'activation de deux leviers : l'émotion et l'identité. » Ce que corrobore l'ancien trotskiste Jean-Christophe Cambadélis, qui a été lui-même à la tête de l'Unef-ID dans les années 1970, en osant une comparaison inattendue avec les marches antiracistes de naguère : « Des gens éloignés de la politique qui l'ont apprise en manifestant, en découvrant l'adversité médiatique, le gaz lacrymo, les matraques, les gardes à vue. Cette génération commence par crier "Protégez nos enfants" et finit en disant "Vive la France !" En somme on avait appelé la génération SOS Racisme ''génération morale'', on pourrait appeler celle de la Manif pour tous ''génération identité'' », confie-t-il à Vincent Trémolet de Villers et Raphaël Stainville dans *Et la France se réveilla*. Lorsqu'en février 2014, *Le Nouvel Observateur* titre « Génération réac », ce n'est ni un vieux grincheux en loden, ni une Marie-Chantal échappée de *La Vie est un long fleuve tranquille*, mais une jeune et jolie blonde d'à peine vingt ans sur la couverture. Comme le dit alors Alain Finkielkraut, la Manif pour tous aura au moins montré que « la jeunesse de France n'est pas réductible à Canal + et aux banlieues ».

Pour l'insurrection contre le désordre

Qui sont ces paradoxaux insoumis ? Pour dresser leur portrait, il faut se reporter aux deux études menées par l'hebdomadaire *La Vie* auprès des participants aux Journées mondiales de la jeunesse (JMJ) en 2011 et 2016. Bien que tous les JMJistes ne soient pas des militants de la Manif pour tous, et inversement, ils forment le gros des bataillons de cette jeunesse engagée. Si un tiers d'entre eux refuse de se situer ou de s'affilier politiquement, ils affirment majoritairement une sensibilité de droite et rejettent massivement la gauche. Pour la plupart, ils viennent de milieux aisés, sont passés par les scouts et ont souvent fréquenté les communautés nouvelles. Ils se disent catholiques plutôt que chrétiens, se déclarent « papophiles » et pratiquants, presque un sur dix d'entre eux se rendant à la messe quotidiennement et s'attachant à revivifier les dévotions d'antan telles que les pèlerinages mariaux ou l'adoration du Saint-Sacrement. En butte au « catholicisme de cafétéria, cette religion sans menu imposé, cantine plus que chapelle où l'on choisit librement son entrée, son plat, son dessert », ils ont soif d'appartenance, de sacré et de ritualisation, se voulant en quête d'absolu.

Jean-Pierre Denis, le directeur de *La Vie* et lui-même intellectuel croyant, les définit comme des « cathos + » ou des « cathos ++ », une génération nouvelle dont la ferveur bouscule l'institution et qui ne correspond à rien de connu jusqu'ici. « Une génération qui assume tout l'héritage et toutes les responsabilités, sans trier entre le social et le religieux, sans choisir entre l'identité et l'altérité, écrit-il. À l'heure du zapping et du relativisme, à une époque où l'on se tient à distance des formes contraignantes de l'engagement, les « cathos + » tranchent à la fois sur les autres jeunes et par rapport à leurs aînés ou à leurs parents. Très fortement pratiquants, ils font le choix d'un approfondissement et d'une adhésion presque complète au message et aux propositions de l'Église, tant sur le plan social que sur l'éthique. Marcel Gauchet, dont *Le désenchantement du monde* annonçait en 1985 « la sortie de la religion », voit dans cette génération le symptôme de « la montée identitaire » du catholicisme français. « C'est une mutation historique majeure, portée par une jeunesse à la fois conservatrice et moderne, qui fait l'effet d'un continent exotique », observe le philosophe dans *L'Obs*.

Ces cathos 2.0 sont les enfants de la génération Jean Paul II, elle-même marquée par l'élan de la nouvelle évangélisation impulsé par le pape venu de l'Est. On se souvient des apostrophes du pontife polonais lors de sa première visite en France en 1980, dès son arrivée à Paris, le 30 mai : « Reconnais, ô chrétien, ta dignité... Et moi, je vous dis à vous, mes frères et sœurs catholiques de France : reconnaissez votre dignité ! Soyez fiers de votre foi, du don de l'Esprit que le Père vous a fait ! » Ou encore le 1er juin 1980, au Bourget : « France, fille aînée de l'Église, es-tu fidèle aux promesses de ton baptême ? France, fille aînée de l'Église et éducatrice des peuples, es-tu fidèle, pour le bien de l'homme, à l'alliance avec la sagesse éternelle ? » Alors que depuis les années 1970 le catholicisme français, qui a le plus contribué à la pensée du Concile Vatican II, connaît à nouveau un de ces déchirements qui l'occupent depuis les Lumières, alors que les « cathos réacs » se réfugient dans la mouvance minoritaire et bientôt schismatique de l'intégrisme tandis que les « cathos de gauche » dominent la scène publique et endossent la sécularisation, alors que prévaut dans l'institution la théorie de l'enfouissement, Jean Paul II vient contredire toutes ces postures.

En tirant l'année suivante, en 1981, Jean-Marie Lustiger de son exil orléanais, en nommant ce converti du judaïsme archevêque de Paris et en le créant cardinal dès 1983, le pape donne à la France une figure incarnée apte à tenir la ligne de réaffirmation doctrinale, de retour à la tradition et de révolution interne que lui-même promeut depuis Rome. Intransigeant sur le dogme et l'enseignement mais attaché à la question sociale, insistant sur la prière et la liturgie mais ne manquant pas d'invoquer l'impératif de la transcendance auprès des gouvernants, Mgr Lustiger refuse toute captation idéologique, renvoie dos à dos progressistes et conservateurs, bouscule la bienséance convenue entre l'Église et l'État. Le voilà qui tonne contre l'abandon des pauvres aux mains de la toute-puissance financière, rappelle à François Mitterrand le catéchisme de son enfance, témoigne de sa foi dans l'enceinte de l'Académie française, commente de matière iconoclaste l'actualité culturelle, passe commande d'œuvres d'art religieux moderne, règle la polémique internationale sur le Carmel d'Auschwitz et dénonce à l'occasion la médiocrité de l'utopie européenne : « L'euro est-il devenu notre but, notre idéal ? Une monnaie, oui, mais pour faire quoi ensemble ? », s'interroge-t-il en 2002 lors de la naissance de la monnaie unique. De manière moins visible mais bien plus significative, il mène également un vaste chantier de réforme au sein de son diocèse. L'archevêque de Paris favorise l'éclosion de Radio Notre-Dame, de KTO, lance le projet du Collège des Bernardins, encourage les communautés nouvelles non sans les encadrer et, surtout, crée ses propres structures d'enseignement qui, de l'École cathédrale au nouveau séminaire, feront naître une nouvelle génération de prêtres.

C'est ce clergé, trié et formé sur le volet, affichant fièrement le col romain et le goût du débat, qui a guidé la jeune génération et l'a accompagnée jusque dans son insurrection spirituelle. Le père Alexis Leproux, ordonné prêtre par le cardinal en 1997, s'est voué à cette tâche éducative. Even, « pierre » en hébreu et acronyme de l'École du Verbe éternel et nouveau, l'instance de formation qu'il a fondée, propose un parcours d'approfondissement de la foi chrétienne. Chaque lundi soir, ce sont ainsi plus de 500 étudiantes et étudiants qui viennent ainsi écouter, dans la nef de l'église Saint-Germain-des-Prés, ce prédicateur que le journaliste Bernard Gorce décrit dans *La Croix* comme « un jongleur de mots pour jeunes ».

Ordonné en 2004 à Versailles, l'abbé Pierre-Hervé Grosjean, curé de Saint-Cyr, a choisi pour sa part de couler l'immutabilité du message dans les médiums de communication les plus modernes. En 2007, avec l'abbé Amar, curé de Limay, et l'abbé Guillaume Seguin, aumônier général du lycée Saint-Jean-de-Passy à Paris, il crée le *Padreblog*. Peu après, il lance Acteurs d'avenir, une université d'été dont l'objectif est de former les décideurs chrétiens de demain, mais dont les invités sont à côté des cardinaux Barbarin ou Sarah des politiques comme Laurent Wauquiez ou Emmanuelle Mignon, laisse voir aussi une ambition d'influence. Durant la Manif pour tous, le cybercuré prend place de représentant médiatique grâce à son hyperactivité sur les réseaux sociaux. Il compte aujourd'hui plus de 30 000 abonnées sur Twitter où il continue de mettre en garde les jeunes générations contre la double tentation de la dilution dans le monde et du repli sur soi, tout en les invitant au contraire à agir.

Les récentes promotions de l'École Normale Supérieure sont la meilleure illustration de ce renouveau catholique. Entre 2005 et 2009 sont passés par la rue d'Ulm trois figures de proue de la Manif pour tous, à savoir l'historien François-Xavier Bellamy élu à Versailles, l'historien Louis Manaranche à l'origine de la fondation Fonder demain, Madeleine Bazin de Jessey cofondatrice de Sens Commun. Là encore perce l'empreinte de Mgr Lustiger qui, dès 1981, y nomme comme aumônier le père Jean-Robert Armogathe. Lui-même normalien, théologien et historien patenté, enseignant à la prestigieuse cinquième section de l'École Pratique des Hautes Études et représentant, avec ses condisciples Rémi Brague et Jean-Luc Marion, la revue *Communio* chère à Joseph Ratzinger, le futur Benoît XVI, ce prêtre d'origine marseillaise va exercer cette fonction pendant 33 ans. Il ressoude les élèves catholiques autour de la vie sacramentelle, les lie à la chaîne de transmission de leurs grands aînés, les incite à affirmer leur appartenance et les projette dans le débat avec les cercles étudiants d'autres confessions ou convictions. « Il était écrit qu'une génération catholique de l'ENS serait féconde sur le plan politique. Il y a vraiment eu une lente maturation due à l'histoire », témoigne Louis Manaranche.

Or, la génération Manif pour tous, dont les parents ont connu la révolution Jean Paul II, est précisément la génération Benoît XVI. L'homélie que ce dernier prononce dans la basilique Saint-Pierre, le 19 avril 2005, quinze jours après la mort de Jean Paul II, avant même que les cardinaux n'entrent en Conclave, revêt une valeur programmatique : « L'on est en train de mettre sur pied une dictature du relativisme qui ne reconnaît rien comme définitif et qui donne comme mesure ultime uniquement son propre ego et ses désirs. » C'est contre cette dictature du rien que la jeunesse catholique dit se lever en 2013. Elle a trouvé dans une autre formule de Benoît XVI la justification de son mode d'action : « Ce sont les minorités créatives qui déterminent l'avenir », affirme le 26 septembre 2009 le pape qui a grandi sous le nazisme alors qu'il se rend en République Tchèque, où le communisme s'est efforcé d'effacer la foi religieuse.

En va-t-il autrement dans l'Europe de l'Ouest et ses terres d'abondance matérielle, de misère spirituelle ? En France, en 1990, plus d'un couple sur deux se mariait à l'église pour moins d'un sur trois aujourd'hui, cette décrue entraînant un sentiment de déclin. Outre la sécularisation, la diversification du paysage confessionnel, dont la pression d'un islam visible et expansif, est venue accentuer les ombres de ce tableau. Les jeunes catholiques ont compris qu'ils étaient en train de devenir « des juifs comme les autres » pour reprendre la formule de Jean-Pierre Denis. Mais ils ont aussi pris conscience de leur force et ont réalisé qu'ils n'étaient peut-être pas trop tard pour faire l'Histoire. « Ils se sont dit que s'il ne s'engageait pas pour défendre le modèle de société auquel il tenait, ce modèle de société pouvait changer, résume l'abbé Grosjean. Madame Taubira a dit quelque chose de très juste lorsqu'elle a parlé de changement de civilisation. Ce qui nous paraissait évident il y a dix ans ne l'est plus. » D'où cet appel à l'Église et son exigence existentielle, cet élan envers le pape et son autorité paternelle pour des jeunes en mal de pères et de repères et ce, quelles que soient leurs difficultés à poursuivre parfaitement ces idéaux : « J'observe qu'il y a une génération d'orphelins. Les orphelins de 68. Les parents sont parfois eux-mêmes étonnés, voire inquiets du besoin de retour aux sources de leurs enfants. Tout ce qu'ils ont cru devoir abandonner en 68 pour se libérer, leurs enfants le réclament aujourd'hui comme un patrimoine dont on les a spoliés », argue le fondateur du *Padreblog*. Ou, pour le dire avec les mots d'Arnaud Bouthéon, ladite jeunesse « refuse non seulement la précarité matérielle mais aussi, fait nouveau, la précarité morale et identitaire ».

Pour autant, c'est doublement que la génération militante de la Manif pour tous est le fruit paradoxal de Mai 68. Celles et ceux qui s'y engagent n'en sont pas moins des enfants de leur temps, des enfants du siècle. Si, à l'instar des autres jeunes, ils souffrent du vide existentiel, ont le sentiment d'être nés au milieu d'une époque déréglée, dans un monde sans ancrage, une civilisation en ruine, ils se reconnaissent également, comme leurs camarades d'âge, dans une culture de la festivité et de la fusion dont a témoigné l'appareillage de leurs cortèges contestataires affichant sur un mode wharolien les codes, les symboles et les musiques de la *Gay Pride*. Un détournement dont Gaël Brustier souligne l'ambivalence et qu'aurait sans doute désapprouvé le regretté Philippe Muray. Plus profondément encore, de la même façon que l'échec de l'espérance révolutionnaire et collective des Mao d'hier n'est pas allé sans engendrer une sous-culture de l'hédonisme et du développement personnel, l'inspiration religieuse et ecclésiale des insurgés d'aujourd'hui risque de nourrir une forme idéologique de conservatisme dégradé où le désir individualiste le disputerait à l'aspiration communautaire.

Pour l'intellectuel québécois Mathieu Bock-Côté, observateur attentif et précieux du réveil culturel français, ces jeunes redécouvrent avant tout, et de façon générique, la valeur de l'héritage après avoir fait l'expérience d'une liberté aliénante, « une liberté vide, autoréférentielle, qui est finalement une liberté triste et même autodestructrice. À force de chanter la possibilité de faire un choix, on n'en vient qu'à se perdre dans ce culte de tous les possibles, sans jamais faire de choix existentiels engageants qui pourraient donner un sens à une vie ».

C'est en cela que la Manif pour tous a été un révélateur, en ce qu'elle a fait resurgir, au bénéfice de la génération entrante, des aspirations fondamentales.

« Il s'est produit un changement déterminant : ceux qui ont participé au mouvement en sont repartis avec la certitude qu'il ne pouvait pas construire leur propre vie pour eux-mêmes, qu'ils avaient une mission à remplir, observe le philosophe François-Xavier Bellamy. Cela a changé le regard de beaucoup sur leur avenir personnel et professionnel. Il y a quelques années quand j'avais dit que je voulais être prof, tous mes amis se moquaient de moi. Aujourd'hui, ce ne serait plus le cas. Le rapport qu'a notre génération à la réussite et à sa propre carrière a changé. Des jeunes vont recentrer leur choix de vie et leurs choix professionnels sur les métiers d'influence : la culture, les médias, la politique. »

Une floraison de mouvements, associations et revues témoigne de cette mutation. Le succès de l'Institut de formation politique (IFP) en est un exemple. Cette structure modeste, néanmoins repérée et présentée par *Le Monde* comme l'école des « libéraux-conservateurs français », a été créée en 2004 par Alexandre Pesey, auteur d'une thèse sur les *néocons*, ces intellectuels américains souvent progressistes à l'origine mais passés avec armes et bagages chez George W. Bush par réaction à la *New Left*. Prenant pour modèle les *think tanks* ou « laboratoires d'idées » d'outre-Atlantique, ce groupe affiche pour ambition de « former des jeunes pour redresser la France » et, quelque peu à la manière léniniste, articule cours théoriques et ateliers pratiques, mêlant examens de géopolitique et exercices de *média-training*. Parmi les intervenants, on trouve des intellectuels, des journalistes, des politiques et des militants aux sensibilités diverses mais tous classables à droite dont Rémi Brague, philosophe, universitaire et membre de l'Institut ; Guillaume Perrault, grand reporter au *Figaro* ; Maxime Tandonnet, haut fonctionnaire et ancien conseiller de Nicolas Sarkozy en matière d'immigration ; Jean-Marie Le Méné, président de la fondation Jérôme-Lejeune qui lutte contre l'IVG et l'euthanasie ; Ludovine de la Rochère, présidente de la Manif pour tous. L'école, qui a formé plus de 800 étudiants, a vu le nombre des inscriptions exploser dans la suite de la Manif pour tous, dont celle inattendue de Marion Le Pen, et a pu s'offrir des locaux flambant neufs dans le chic 14e arrondissement de Paris.

Le temps a passé depuis le vote de la loi Taubira, et avec elle la question du mariage homosexuel s'est effacée pour partie, mais les insoumis ont trouvé d'autres combats de nature bioéthique, visant désormais l'enseignement de la théorie du genre à l'école, la libéralisation de la procréation médicalement assistée (PMA), la légalisation de la gestation pour autrui (GPA) ou la relaxation de l'appareil législatif encadrant l'euthanasie. Certains s'efforcent cependant d'élargir le spectre à la réforme du collège, à la transformation des modes de consommation ou encore à l'aide aux chrétiens d'Orient. La tentation de céder au communautarisme existe, de même que celle de se constituer en minorité égale aux autres et de jouer la carte de la concurrence victimaire. Par effet de rivalité mimétique avec les représentations supposées d'une communauté juive et d'une communauté musulmane homogènes dans leurs soucis et efficientes dans leurs revendications, on a ainsi vu apparaître la notion de « christianophobie » forgée sur le modèle de la « judéophobie », dénoncée par le sioniste polono-russe Léon Pinsker en 1882 et dont le dérivé et pendant « islamophobie » a été répandu par Tariq Ramadan à la suite du 11 Septembre 2011. Cependant, pour la majorité des jeunes catholiques, la recherche du bien commun prime la défense du clocher. Civitas est resté le groupuscule qu'il n'a jamais cessé d'être et le Printemps français n'a pas passé l'hiver. Les vrais nouveaux militants ont poursuivi leur combat sur le terrain médiatique et intellectuel. De jeunes essayistes et journalistes ont émergé du mouvement et participent à la recomposition idéologique en cours. Il en va pareillement sur le terrain politique où Sens Commun a intégré Les Républicains pour agir sur la ligne du parti de droite. Enfin, les Veilleurs n'ont pas abandonné la rue et continuent de méditer sur les places à la tombée du jour. Contre toute attente, leur mode d'action a inspiré un mouvement de gauche très médiatisé, Nuit debout.

Veilleurs contre Nuit Debout

Des morts assoiffés de sang s'attaquent aux vivants : ce scénario aussi simple qu'efficace est celui de *Night of the Living Dead*, le film d'épouvante signé George Romero qui connaît, à sa sortie en 1968, un succès immédiat, devient culte et ouvre la porte à une véritable saga. Derrière les scènes *gore* se cache, discours subversif, la métaphore d'une humanité déshumanisée, celle d'une Amérique ectoplasmique capable de basculer à tout moment dans la barbarie. En 1978, *Zombie*, le deuxième épisode, encore plus politique, relate le siège d'un centre commercial par une cohorte de revenants dont l'agglutinement aux vitrines évoque irrésistiblement la cohue des soldes, le film sonnant la charge contre la société de consommation.

Le mercredi 8 juin 2016, Nuit debout prend des allures de nuit des morts vivants. Alors que le mouvement fête son « 100 mars », le grand soir annoncé se transforme en un moribond crépuscule. Les Veilleurs, ces protestataires par le silence et la lecture qui ont nourri de leur pensée les accents les plus subversifs de la Manif pour tous, sont venus pour échanger, naïvement persuadés de partager avec les Noctambules un même combat contre le néolibéralisme mondialisé. Mais les « coucous » catholiques ne sont pas davantage les bienvenus que les philosophes curieux. Comme Alain Finkielkraut, quelques semaines auparavant, le petit groupe est chassé de la place de la République désormais privatisée par les prétendus contempteurs de la loi de la jungle du marché. « Partez, on ne prendra pas la responsabilité d'assurer votre sécurité », leur ordonne un homme du « pôle sérénité » tandis qu'une jeune femme hurle : « Je suis pour les

droits, vous êtes anti-droits, je suis homosexuelle ! »
Comme le précise cependant Axel Rokvam, cofondateur des Veilleurs : « On leur a assuré qu'on ne venait pas pour empiéter sur leur territoire, mais simplement pour contribuer à leur réflexion sur le travail. Mais certains ont décidé de nous chasser, quand bien même quelques voix s'élevaient pour rappeler que la place appartenait à tout le monde. »

Réfugiée sur une passerelle du Canal Saint-Martin, quai de Valmy, la petite troupe tente d'insuffler un peu de poésie dans un monde de brutes. Assis à même le sol, une soixantaine de Veilleurs, de toutes générations, entonnent des chants, lisent des textes de Péguy ou Bernanos. Le répit est de courte durée. Une autre nuit debout commence alors : une horde de *punks* à chien, armée de barres de fer, de tessons de bouteilles et de poings américains, débarque pour en découdre. Les intrus, qui tentent de résister pacifiquement, sont rapidement encerclés, et pour certains, en particulier les plus âgés, roués de coups. Les journalistes présents qui tentent de prendre des photos affrontent une pluie de menaces. Les passants, indifférents, profitent du spectacle tandis que la police arrive après la bataille. Une heure plus tard, alors qu'ils sont rassemblés rue de la Fontaine-au-Roi, les Veilleurs subissent une nouvelle agression. L'un d'eux, la tempe en sang, est transporté aux urgences de l'hôpital Saint-Antoine.

Certains observateurs jugent l'épisode anecdotique et renvoient dos à dos « Veilleurs et Antifas ». C'est faire fi de la violence extrême et délibérée des assaillants. La scène, loin d'être insignifiante, témoigne au contraire de la déliquescence d'une partie de la jeunesse et, singulièrement, de la jeunesse de gauche. Derrière des slogans aussi élaborés que « Cassez-vous les fachos ! » ou « connards d'homophobes ! », ces militants radicaux qui se revendiquent de Nuit debout cachent mal leur vacuité idéologique. La déconstruction d'hier s'est muée en désintégration ; l'anarchie joyeuse, en rage destructrice ; et le gauchisme culturel en inquisition effrénée. Au nom de leur liberté, ces sans-culottes postmodernes et résistants autoproclamés imposent leur loi et font régner leur terreur. S'ils ne sont pas armés de kalachnikovs, ils ont pour carburant le même mélange de nihilisme et de fanatisme que les pantins de Daech, moins l'excuse d'être décérébrés par le consumérisme et manipulés par les salafistes. Pascal Bruckner ne dit pas autre chose, quand, dans *Le Figaro*, il s'inquiète de la possible convergence de méthodes entre fous de la Révolution et fous de Dieu. « Une partie de ces casseurs, chauffés à blanc par la haine et encouragés par l'impunité judiciaire, pourra être tentée de basculer dans le terrorisme. On pourrait voir se produire sur notre territoire ce qui a eu lieu à la fin des années 1970 en Allemagne avec la Fraction armée rouge ou en Italie avec les Brigades rouges. » Nous n'en sommes heureusement pas là et le mouvement Nuit debout ne saurait, certes, être réduit à sa marge barbare. Pour autant, cette affaire témoigne de la fragmentation grandissante de la jeune génération au profit de l'émergence d'une faction zombie.

Plus largement, cet épisode introduit à la comparaison qu'il y a lieu d'établir entre les évolutions respectives des deux mouvements de contestation qui auront été emblématiques du quinquennat Hollande. Auteur à la fois d'un *Mai 68 conservateur* consacré à la Manif pour tous et d'une *#Nuit debout, que penser ?*, Gaël Brustier a été le premier à souligner l'effet de miroir inversé qu'entretiennent Indignados de droite et Veilleurs de gauche. Si en apparence tout les oppose, ils partagent en réalité de nombreuses similitudes : le désir de se rassembler, la volonté d'occuper de manière impromptue l'espace public, la pratique de l'horizontalité issue de la culture numérique. Plus surprenantes encore sont les passerelles idéologiques entre les deux mouvements. Les Veilleurs comme les Noctambules sont en butte à un système économique qu'ils perçoivent comme aliénant et inhumain. Les deux mouvements ne se sentent pas représentés par les partis traditionnels et nourrissent une approche écologique des questions de justice sociale. Ils se défient de conserve d'une organisation hiérarchique de leurs actions.

Ce n'est donc pas un hasard si les Veilleurs ont multiplié les tentatives de rapprochement. Toutefois, la comparaison s'arrête là et d'autant plus aisément que les Noctambules ont continûment refusé tout contact. C'est que, de ces deux mouvements, l'un est classé comme réactionnaire et l'autre comme progressiste. Le premier est en butte au libéralisme culturel tandis que le second célèbre la libéralisation des mœurs. D'où leur différence de traitement par la classe médiatique : les Veilleurs ont été ignorés ou stigmatisés tandis que Nuit debout a bénéficié d'une couverture imposante et bienveillante. Pourtant, des deux, celui qui est appelé à connaître le plus de répercussions dans les champs culturel et politique n'est pas celui qu'on croit.

Que restera-t-il en effet de Nuit debout ? Le 31 mai 2016, ou le 91 mars selon la terminologie militante, la place de la République s'est vidée. Trois mois seulement après ses débuts tonitruants, Nuit debout est repartie se coucher. S'est-elle abandonnée au sommeil éternel ou va-t-elle ressurgir de son songe ? Interrogé par *Le Figaro*, Patrick Farbiaz veut croire que le réveil se prolonge dans les esprits. « Nuit debout, c'est comme Mai 68, c'est un film, pas un clip comme a pu l'être le mouvement du CPE ou celui contre les retraites », assure l'ex-militant soixante-huitard qui s'est rendu quotidiennement place de la République, de 16 heures à minuit, pendant deux mois et demi pour y participer à la Commission Écologie. « Une génération d'intellectuels précaires s'est levée, poursuit-il. Ce sont eux qui ont fait la révolution tunisienne, les Indignados qui se sont transformés en Podemos, et Occupy Wall Street qui a donné lieu à la campagne de Sanders. » Un point de vue partagé par Gaël Brustier qui voit dans Nuit debout, « la Manif pour tous du camp progressiste » et considère que le mouvement influera sur l'élection présidentielle de 2017, mais aussi de 2022. Pourquoi ? Parce qu'impuissantes face à la mondialisation, la social-démocratie comme la gauche de la gauche sont épuisées aussi bien politiquement qu'idéologiquement. Dans ce paysage dévasté, le phénomène Nuit debout est le symptôme d'un changement de monde. Au cœur même des grandes métropoles qui semblaient pourtant épargnées par la violence économique et sociale, le mouvement révèle l'émergence d'un nouveau prolétariat, celui des bacs + 8 qui se retrouvent au chômage. Une génération précaire, produit de la désindustrialisation, qui va de CDD en chambres de bonne. Brustier voit en elle l'avant-garde d'une nouvelle gauche, laboratoire d'un Podemos à la française.

Toutefois, le mouvement issu de la mobilisation contre la loi El Khomri pourrait tout aussi bien se révéler une bulle médiatique, voire l'ultime convulsion de l'idéologie progressiste entrée en agonie terminale. Une sorte de Mai 68 de la décomposition là où la Manif pour tous a été un Mai 68 de la conservation. Comme le rappelle le sociologue Jean-Pierre Le Goff, dans un entretien au *Figaro Magazine*, le fameux printemps libertaire s'inscrivait dans le contexte de prospérité et de développement des Trente Glorieuses. Le mouvement était porté par des enfants gâtés qui allaient former quelques années plus tard des élites satisfaites. La situation actuelle est toute différente : les Noctambules de la place de la République sont les enfants du chômage de masse, de la fin des utopies et de l'ère du vide. « Nous sommes passés de l'insouciance à la revendication crispée d'un CDI pour tous dans un monde désabusé où l'emploi devient une préoccupation centrale tout en gardant quelques schémas d'un bon vieux temps mythifié », analyse l'auteur de *Mai 68, l'héritage impossible*. Il en va de même pour les actes de violence contre les forces de l'ordre ainsi que de vandalisme envers les lieux publics. Ceux-ci existaient déjà, mais n'étaient pas aussi autistes et chaotiques. Ils étaient encadrés par des organisations qui s'inscrivaient dans la tradition révolutionnaire du mouvement ouvrier. Jamais, en marge d'une manifestation, les soixante-huitards n'auraient brisé les vitres de l'hôpital Necker comme l'ont fait des agitateurs d'ultragauche le 14 juin 2016. Enfin, Mai 68 était un mouvement de masse alors que Nuit debout n'est jamais parvenue à réunir plus de quelques milliers de personnes. Et Jean-Pierre Le Goff de conclure : « Nuit debout apparaît comme une sorte de Mai 68 à l'envers où se retrouvent des formes dégénérées de ce mouvement, mais elle est avant tout significative de la fin d'un cycle historique qui se termine dans le morcellement et le chaos. »

Pour saisir la face cachée de Nuit debout, sans doute faut-il lire « Un mouvement tombé amoureux de lui-même », l'article de l'essayiste Thomas Franck paru initialement aux États-Unis en 2012 dans la revue *The Baffler*, puis en traduction française dans *Le Monde diplomatique* de janvier 2013. Il y est certes question d'un autre mouvement de contestation, mais dont les

Noctambules revendiquent le modèle. Bien qu'il sombrera dans l'oubli quelques mois plus tard, lors de son apparition en septembre 2011, Occupy Wall Street (OWS), dont le nom dit tout le programme, est présenté par les médias comme ouvrant une nouvelle ère révolutionnaire. Thomas Frank analyse sans concession les raisons de cet échec. Au départ, l'auteur de *Pourquoi les pauvres votent à droite* a pourtant été enthousiasmé par cet OPNI, cet objet politique non identifié, qui entend faire trembler le capitalisme financier en plantant des tentes au parc Zuccotti, au cœur du quartier d'affaires de Manhattan. Son enthousiasme initial retombe après avoir vu sur Internet la vidéo, malheureusement exemplaire, d'un débat entre militants. On y voit un intervenant s'interroger sur l'insistance de ses camarades à affirmer qu'ils ne s'expriment que « pour eux-mêmes » là où il aimerait qu'ils assument leur appartenance au collectif. Un de ceux qu'il prend à partie lui réplique : « Chacun ne peut parler que pour soi-même, en même temps le "soi-même" pourrait bien se dissoudre dans sa propre remise en question, comme nous y invite toute pensée poststructuraliste menant à l'anarchisme. » À ne rien y comprendre ? Exact et tel est le sentiment de Thomas Frank, abandonné à l'unique certitude que l'épopée citoyenne tourne à la mascarade sans queue ni tête. Les enjeux économiques et politiques premiers, dont la régulation d'un système bancaire devenu insensé, ont été emportés par une logorrhée pseudo-conceptuelle et le renouveau de la démocratie englouti par des postures antihiérarchiques d'adolescents attardés. Aux yeux de l'essayiste, le mouvement est tombé dans le piège d'une contestation sans revendication. « Pour ses militants, la culture horizontale représente le stade suprême de la lutte : "Le processus est le message", entonnaient en chœur les protestataires. En s'interdisant d'exiger quoi que ce soit, OWS s'est enfermé dans ce que Christopher Lasch appelait – en 1973 – le "culte de la participation". Autant dire dans une protestation dont le contenu se résume à la satisfaction d'avoir protesté. » Le mépris des militants d'OWS pour l'homme de la rue, coupable de mal penser ou de mal voter ne manque pas, pareillement, de le rebuter. « Dans leurs déclarations d'intention, les campeurs du parc Zuccotti célébraient haut et fort la *vox populi*. Dans la pratique, pourtant, leur centre de gravité penchait d'un seul côté, celui du petit monde universitaire », détaille Thomas Frank avant de s'interroger : « Est-ce ainsi qu'on bâtit un mouvement de masse ? En s'obstinant à parler un langage que personne ne comprend ? » Deux mois seulement après le début de l'occupation, la police évacue les campements. Quant aux revendications, il n'en reste rien.

Nuit debout, comme Occupy Wall Street, est un mouvement tombé amoureux de lui-même. Né dans la foulée de la mobilisation contre la loi El Khomri, cette trahison ultime pour l'électorat de François Hollande, il a lui aussi d'abord bénéficié d'une curiosité bienveillante et a même connu, dans ses premiers jours, la douce illusion d'une recherche sincère teintée d'utopie. Mais la kermesse héroïque est vite devenue une cour des miracles, l'université populaire un colloque sociologique, l'agora athénienne un agrégat de tribus sectaires. Toutes les différences idéologiques y ont été interdites de séjour. Les « cisgenres », ou mâles hétérosexuels si l'on a bien compris, ont été exclus par les féministes « non mixtes » ; les « coloniaux », les Blancs et les Juifs faut-il en déduire, par les Indigènes de la République ; et Finkielkraut et les Veilleurs, par la meute.

Un des initiateurs de Nuit debout, François Ruffin, le rédacteur en chef du journal *Fakir* et le réalisateur de *Merci Patron*, avait pourtant rêvé d'une convergence entre la France des centres villes et la France des périphéries. Mais cette dernière n'a eu ni le temps ni l'envie de jouer les Noctambules. À la fin des fins, le mouvement aura surtout révélé le fossé culturel entre le peuple des grandes métropoles et les classes populaires des banlieues et des campagnes. Au moment même où la place de la République se rêvait en épicentre d'une nouvelle révolution sociale, mais aussi multiculturelle, des habitants de Saint-Denis passaient la nuit debout pour lutter contre les *dealers*. Or, note Thomas Frank, tandis qu'OWS se disloquait, le Tea Party, dédaigné par les élites et les médias, continuait de se développer. De la même façon, Nuit debout n'a pas empêché Marine Le Pen de dormir.

Le retour de la limite

La percée conservatrice consécutive à la Manif pour tous s'est, elle, poursuivie. Les Veilleurs en sont l'un des symboles. L'épisode qui les a vus battre en retraite devant Nuit debout signerait une initiative candide et un relatif échec s'il ne s'apparentait à ces victoires à la Pyrrhus dont ils sont coutumiers tant l'on ne saurait oublier que, à l'été 2013, Gaultier Bès, l'une de leurs figures emblématiques, avait déjà été chassé en fanfare de Notre-Dame-des-Landes par les zadistes. Sincères dans leur volonté de faire converger les luttes, les Veilleurs n'ignorent pas pour autant les savants calculs de communication et montrent un fort sens de l'agit-prop. « Le bruit ne fait pas de bien et le bien ne fait pas de bruit » ou encore « la vertu naît dans l'ombre », aime à répéter le chef putatif du mouvement Axel Rokvam. Force est cependant de noter que, menacés de tomber dans l'oubli médiatique, les Veilleurs ont trouvé dans leur nuit debout l'occasion de revenir en pleine lumière et l'opportunité, alors que la presse de gauche les taxe parfois d'« extrémistes radicaux », d'endosser un statut victimaire tout en renvoyant la violence à l'autre camp. « Dans notre monde orwellien où les valeurs sont inversées, le fait d'aller physiquement au contact comme on l'a fait permet de faire éclater au grand jour une vérité », reconnaît Axel Rokvam.

Serait-ce que le mouvement a éclos sous le soleil noir de la défaite ? Le 12 avril 2013, la loi Taubira est votée au Sénat. Les militants de la Manif pour tous sont découragés. Mais les plus jeunes parmi eux ne veulent pas en rester là. Une année de lutte en vain ? Hors de question. Il faut prolonger le combat autrement. Ainsi que le relate Henrik Lindell, le journaliste à *La Vie*, dans *Les Veilleurs, enquête sur une résistance*, le mouvement naît quelques jours plus tard. Axel Rokvam se souvient en avoir prévenu un matin, au téléphone, sa future épouse Alix de Prémare : « Ça s'appellera les Veilleurs. On va s'asseoir sur la pelouse avec des bougies. On est des résistants. On brandira des phrases de Gandhi. » La première veillée a lieu le soir du 16 avril 2013 sur l'Esplanade des Invalides. Peu préparée, elle réunit cependant 800 personnes. Sept autres suivront consécutivement sur le même lieu jusqu'à rassembler 5 000 participants. Chaque nuit, reposant sur l'herbe à la lumière de fragiles bougies, ces sentinelles font résonner les mots de Saint-Exupéry, Péguy, Camus, mais aussi de Vaclav Havel, Alexandre Soljenitsyne ou Martin Luther King. Peu à peu des veillées sont organisées à Nantes, Strasbourg, Lille, Nice, Toulouse ou encore Bordeaux. Deux mois après la fondation parisienne, ce ne sont pas moins de 170 groupes qui se réunissent sur l'ensemble des territoires, y compris ultramarins.

Souvent des normaliens, les initiateurs des Veilleurs viennent de familles relativement aisées. Pour la plupart des citadins, ils se déploient au sein des grandes villes. Contrairement aux Noctambules, ils rencontrent un écho notable en province, notamment auprès de leurs homologues de la petite et moyenne bourgeoisie en voie de déclassement. De manière certes moins féroce que la France périphérique, cette autre France des invisibles subit elle aussi les conséquences de la mondialisation. S'il n'est pas de véritable jonction entre eux et les classes populaires, le mouvement est néanmoins envisagé avec bienveillance par les catégories modestes. Celles-ci partagent les mêmes valeurs et le même sentiment de dépossession face aux grands vents de la globalisation.

Loin de la caricature qu'en dressent certains médias, les Veilleurs ne sont pour la plupart ni « intégristes et homophobes », ni n'ont pour seul « horizon obsessionnel » la question du mariage homosexuel. Dans un monde de plus en plus ouvert et instable, sans frontières et sans repères, à la fois antimodernes et postmodernes, ils prônent le retour aux « limites pour résister au rouleau compresseur libéral-libertaire ». S'ils assument leur conservatisme, les Veilleurs entendent eux aussi dépasser le traditionnel clivage entre la droite et la gauche. Volontiers transgressifs, ils empruntent leurs références à la bibliothèque du christianisme comme à la librairie de la révolution et lisent avec le même intérêt Simone Weil et Antonio Gramsci. C'est qu'à la différence de Nuit debout, les Veilleurs ont entrepris un travail théorique dont témoigne leur manifeste, *Nos limites*, écrit à six mains par Gaultier Bès, Marianne Durano et Axel Rokvam. Ils y questionnent l'existence et le marché, la contemplation et la géopolitique et, selon un concept popularisé par le pape François, placent l'écologie intégrale au centre de leur réflexion. Que faut-il entendre par cette formule ? « Face aux rêves démiurgiques de l'humanité, l'écologie intégrale propose une éthique de la sobriété choisie, fondée sur la conscience amoureuse de notre finitude, répond Gaultier Bès au *FigaroVox*. Seule la reconnaissance de notre propre vulnérabilité permet la solidarité : respecter toutes les fragilités, c'est déjà sortir d'une vision marchande de la vie, qui confond rentabilité et dignité. » L'environnement est pour eux inséparable de la vie et, des embryons aux écosystèmes, des OGM au mariage gay, ils tirent un indissoluble trait d'union. Là où, à la veille de Mai 68, l'Internationale situationniste invitait à « jouir sans entraves », les Veilleurs, au lendemain de leur propre printemps, demandent à chacun de « consentir à voir ses désirs circonscrits par la nature ou par la société ».

Signe des temps et désir d'horizontalité à l'ère de la multitude, la Manif pour tous et Nuit debout sont allées sans susciter un nouveau Daniel Cohn-Bendit. Les Veilleurs disposent en revanche de multiples et divers talents, tous nés après 1990, dont le mouvement a permis l'éclosion. Considéré comme leur chef historique, Axel Rokvam en est aussi la figure charismatique. C'est en participant à Even, le programme d'évangélisation du prêtre Alexis Leproux, que l'idée d'un tel mouvement lui est venue. Le jeune homme travaillait alors sur un projet paroissial intitulé « Les Veilleurs de proximité », qui visait à favoriser des rencontres de quartier afin « d'annoncer le Christ ». Les veillées actuelles n'en sont que la version laïcisée et aujourd'hui encore Axel Rokvam anime, à côté de son métier de relieur, celles qui se tiennent à Paris. Si les Veilleurs étaient un mouvement purement religieux, cet orateur doué qui se dit « en mission » en serait, outre le supérieur, le prédicateur. Le lyonnais Gaultier Bès pose plutôt pour sa part à l'idéologue du groupe. Grosses lunettes, barbiche mal taillée et tricot rustique, il cultive le *look* baba, la transition vers le végétarisme et le verbe gauchiste. « Je hais les indifférents. L'indifférence c'est l'aboulie, le parasitisme, la lâcheté, ce n'est pas la vie... Je vis, je suis partisan. C'est pourquoi je hais qui ne prend pas parti. Je hais les indifférents. » Lue à haute voix le 21 avril 2013 à Paris face à un parterre de CRS, cette imprécation du marxiste Antonio Gramsci, écrite en 1917, l'impose parmi les Veilleurs dont il lui revient de rédiger les textes fondateurs. Ce lecteur de *Décroissance* est également l'un des pivots de la revue d'écologie intégrale *Limite*. Enfin, Madeleine Bazin de Jessey est la politique du mouvement. Qualifiée de « bourgeoise parisienne catho, belle gosse et bien élevée » par le site Rue 89, elle est pourtant une veilleuse de la première heure, bousculée à plusieurs reprises par les CRS pour cause de lecture poétique sur la voie publique. Normalienne et agrégée de lettres, son goût des beaux textes a compté dans l'essor du mouvement. Elle a cependant choisi de poursuivre son engagement sous une forme plus traditionnelle en créant le mouvement Sens Commun, affilié aux Républicains de Nicolas Sarkozy, dont elle est devenue, à 27 ans, la porte-parole.

Trois ans après les débuts, une quarantaine de rencontres a lieu chaque mois et l'activité reste florissante sur la toile et les réseaux sociaux. À l'été 2016, le mouvement a lancé un nouveau site Internet doté d'une une sorte de médiathèque en ligne, pour « propager la culture », et d'une carte interactive dans le but « de rendre plus visible et accessible cette réalité et d'inciter de nouveaux groupes à se former dans les villes où les Veilleurs n'existent pas », explique Axel Rokvam. Le site contient également une importante base de textes à laquelle pourrait s'ajouter une base de musiques, de tableaux et de livres. Les Veilleurs comptent également prendre part à la campagne présidentielle de 2017. Pour ce faire, outre une présence accrue sur « des lieux symboliques et politiques » au gré d'événements significatifs, Axel Rokvam envisage de créer « un réseau de résistance », qui serait en fait une plate-forme de tractage. « Les gens pourront imprimer sur un site conçu à cet effet, des tracts avec un message politique au sens noble du terme. On proposera aussi des affiches avec des citations. Les gens organiseront eux-mêmes leurs tractages et leurs collages de manière autonome, explique le chef des Veilleurs. Il s'agit de poursuivre notre travail métapolitique à travers la diffusion de contenus. L'objectif est que les gens s'interrogent, qu'ils cherchent le bien commun et leur propre liberté. » Il est difficile de savoir si les Veilleurs parviendront à retrouver le souffle et l'élan des premiers jours dont on ne peut néanmoins minorer l'impact. « On a inventé un mode d'action et de présence qui n'existait pas. Nous sommes le signe d'une mutation intellectuelle. Le signe du besoin en Occident de retrouver une vie intérieure, une spiritualité, les facultés de l'âme, résume Axel Rokvam. Nous avons semé l'espérance chez plein de gens qui auraient abandonné après les manifs de 2013. Plusieurs mouvements sont l'émanation des Veilleurs, dont les Gavroches et Sens Commun ». En ce sens les Veilleurs auront été une véritable organisation, pour avoir été une école de formation.

Les « néo-néo-réacs »

Elle a 23 ans, le regard déterminé et un culot à toute épreuve. Lorsqu'elle est née en 1991, Jacques Attali était auprès de François Mitterrand, à l'Élysée, depuis une décennie. Ce vendredi 25 septembre 2015, sur le plateau de l'émission de Frédéric Taddeï, *Ce soir ou jamais*, Eugénie Bastié affronte l'ancien conseiller du premier président socialiste de la Ve République sur la question des migrants. « L'immigration, ce n'est pas Erasmus, monsieur Attali. C'est une tragédie », lui lance la journaliste du *Figaro* et rédactrice en chef politique de la revue *Limite*. Avant d'enfoncer le clou : « Le vieux monde est de retour. » Ulcéré et intrigué, Jacques Attali lui lâche après l'émission : « Vous êtes pire que Zemmour. » Le même week-end, cette fois sur le plateau d'*On n'est pas couché*, l'émission de Laurent Ruquier, celui qui est alors le rédacteur en chef politique de *Valeurs Actuelles* se montre tout aussi à l'aise. « J'ai 27 ans », précise Geoffroy Lejeune à Léa Salamé et Yann Moix avant de présenter son premier livre, *Une élection ordinaire*, un roman de politique-fiction qui portraiture Éric Zemmour élu chef de l'État en 2017. Dans son article du 28 septembre suivant, ironiquement intitulé « Les détendus », Daniel Schneidermann, rédacteur en chef du site *Arrêt sur images*, analyse cette double séquence médiatique et rapproche les deux jeunes figures. « La relève de Zemmour, Finkielkraut ou Buisson est là, le monde lui appartient, écrit-il à propos de Bastié et Lejeune, moqueur. Découvrant la gloire des plateaux télé, ils regardent autour d'eux : ô délices, tous leurs contradicteurs sont, au bas mot, quinquagénaires. Où sont les jeunes voix de gauche ? »

Sur le mode du sarcasme, le journaliste pointe la signification de l'heure : la gauche exsangue politiquement est également en train de perdre son hégémonie culturelle et médiatique. Les soixante-huitards n'ont pas d'héritiers et une nouvelle génération de journalistes, intellectuels et polémistes conservateurs émerge. Renvoyés dans le camp de la réaction par la religion du progrès, ils sont bel et bien les enfants de Zemmour, de Finkielkraut, de Houellebecq ou encore d'Élisabeth Lévy et de Natacha Polony. Génération de l'« après politiquement correct », ils ont incontestablement bénéficié du courage de leurs aînés qui ont su briser le mur du conformisme intellectuel pour leur ouvrir la voie. « Il y a une dizaine d'années, je ne voyais que des jeunes qui pensaient tous pareil, en particulier chez les journalistes. Aujourd'hui, je vois arriver des individualités, des jeunes qui pensent par eux-mêmes », explique la fondatrice de *Causeur*, Élisabeth Lévy, qui a été la première à faire confiance à Eugénie Bastié. « Cela s'inscrit dans un mouvement plus général. Nous sommes dans une période où la pensée d'une certaine gauche est épuisée, rattrapée par le réel, continue-t-elle. Il y a un mouvement de révolte de toute la société contre le progressisme niais qu'on lui a donné comme étant la vérité révélée. »

La Manif pour tous, dont ils ont pour la plupart été acteurs, constitue également pour ces jeunes « réacs » un événement fondateur qui les relie. Leur ascension aussi inattendue que fulgurante témoigne de l'influence culturelle de cet épisode bien au-delà de la question du mariage homosexuel. « La Manif pour tous a marqué la possibilité d'une dissidence massive, populaire et déclarée avec le consensus progressiste de 68 qui domine la vie publique française depuis plusieurs décennies », synthétise l'essayiste Mathieu Bock-Côté. « Soudainement, la contestation du système idéologique dominant n'était plus seulement celle de dandys cultivant un désaccord esthétique avec l'époque, de francs-tireurs philosophes vaincus d'avance et combattant seulement pour l'honneur, ou de partis populistes médiatiquement disqualifiés. La rue n'était plus le monopole des manifs aux slogans progressistes. Pour ceux qui ressentaient un malaise avec l'époque, la Manif pour tous a été une occasion et un moment de politisation. »

Beaucoup ont compris alors qu'ils n'étaient pas seuls, que leurs idées et leurs valeurs étaient partagées par tout un peuple dont ils ne soupçonnaient pas l'ampleur. Cela a été le cas pour Eugénie Bastié. L'enfant du Sud-Ouest a pris la pleine mesure des idées qui étaient déjà les siennes pendant les manifestations. Alors étudiante à Sciences Po Paris, elle s'y rend d'abord en traînant des pieds, convaincue d'avoir perdu d'avance, d'être « une erreur statistique » condamnée à sombrer dans l'oubli. « Ceux qui croyaient au ciel s'étaient réfugiés dans les grottes de l'histoire. Dehors soufflait le vent du progrès, emportant le vieux monde. Je faisais partie de ceux-là, terrée dans ma nostalgie comme dans un bunker », écrira-t-elle dans *Causeur*. Ce sont le sectarisme et le mépris du camp adverse qui lui donne malgré tout envie de s'engager dans la lutte. « La contestation n'était même pas possible tant nos adversaires étaient convaincus d'être dans le sens de l'Histoire. Je trouvais ça insupportable. Cette négation de la démocratie et du pluralisme, cette célébration sans recul du progrès, m'ont choquée. Cela m'a donné de la sympathie pour un mouvement dans lequel je ne me reconnaissais pas totalement : les manifs, les slogans et les tenues roses et bleues me gonflaient un peu », glisse-t-elle. Les larmes de son père qui n'en revient pas de voir autant de gens qui pensent comme lui, son entrain à faire l'aller-retour dans la journée depuis Toulouse pour prendre part à l'événement, achèvent de la convaincre. « J'ai senti une énergie dont je ne soupçonnais pas l'existence sortir des entrailles de mon pays. J'ai croisé la route des Veilleurs. J'ai compris que l'alternative à la civilisation libérale-libertaire que je cherchais depuis toujours était là en évidence, sous mes yeux. Que le plus important était le combat culturel, et que nous pouvions le gagner. Que l'idée d'un sens de l'histoire inéluctable était fausse. Que rien n'était irréversible. J'ai compris que nous pouvions refaire ce qu'ils avaient défait. » L'étudiante studieuse renonce à passer le concours de l'Ena pour porter la plume dans la plaie tout en connaissant une réussite foudroyante.

Avec sa silhouette juvénile, François-Xavier Bellamy, 30 ans, a un air de scout éternel. L'auteur de *Les Déshérités ou l'urgence de transmettre*, essai à succès sur l'école, n'en est pas moins l'un des intellectuels les plus brillants de sa génération. Prof en prépa littéraire le jour, maire adjoint de Versailles le soir, ou l'inverse, certains lui prêtent un grand avenir politique. En 2013, lorsqu'il s'engage à l'âge de 27 ans dans la Manif pour tous, il est normalien, agrégé de philosophie et a connu deux expériences en cabinet ministériel, au côté de Renaud Donnedieu de Vabres à la Culture et Rachida Dati à la Justice. Tout commence par une colère. Bellamy est ulcéré par le cliché qui voudrait que tous les jeunes soient favorables au mariage homosexuel et que seuls quelques vieux scrogneugneux s'opposent à « ce progrès indiscutable ». Il écrit une tribune pour *Libération* intitulée « Mariage pour tous, justice nulle part » que, dit-il, « je ne voulais pas signer seul, m'étant fixé pour objectif de trouver une centaine de signataires en trois semaines ». Au bout de trois jours, il en a recueilli mille, non pas seulement de catholiques versaillais, mais de jeunes de tous milieux sociaux et culturels. « J'ai compris qu'il se passait quelque chose, qu'une partie de la jeunesse aspirait à autre chose que le faux progressisme que les politiques voulaient bien lui vendre. Nous étions en train de cristalliser une ébullition qui avait commencé bien avant. »

Le voilà qui signe un brûlot antilibéral comme on n'en lit plus dans *Libé* depuis 1983 et le tournant de la rigueur : « Nous voulons parler pour les plus vulnérables d'entre nous. Les jeunes, dans notre pays, sont touchés de plein fouet par la précarité ; comme partout, quand la crise frappe, c'est vers leur famille qu'ils se tournent. Dans les années d'épreuves qui s'annoncent pour notre génération, dans l'instabilité du monde qui vient, nous aurons plus que jamais besoin de la stabilité des repères familiaux. Le bouleversement que susciteraient ces filiations artificielles, séparées de la complémentarité des sexes, fragiliserait définitivement la structure la plus nécessaire. Le mariage pour tous, c'est, en fin de compte, la famille pour personne. C'est le législateur qui fuit son rôle, parce qu'il abandonne, au nom d'un faux progrès, la norme et le bien communs. C'est la République qui perd du terrain, au profit de l'individualisme consumériste et du communautarisme identitaire. Et quand le terrain perdu est celui de la famille, alors, le perdant, c'est l'enfant. » Sa critique de l'atomisation marchande parle à sa génération. François-Xavier Bellamy devient la figure de proue d'une jeunesse militante. Trois ans après la Manif pour tous, il multiplie les conférences, débat avec Luc Ferry ou Michel Onfray et continue à signer des tribunes coup de poing dans la presse. Deux fois par mois, il anime des soirées philo gratuites au théâtre de l'Œuvre à Paris devant près de 400 personnes, son université populaire à lui.

Geoffroy Lejeune est aujourd'hui le plus jeune directeur de rédaction en France. À défaut d'avoir été un acteur direct du mouvement de contestation, il en a été l'un des meilleurs observateurs au point qu'en 2015 la Manif pour tous l'a choisi pour animer les débats avec les candidats aux régionales. Lejeune est surtout l'un des rares journalistes à avoir compris la révolte souterraine qui, depuis une dizaine d'années, traverse la France silencieuse. « Quelque chose s'était passé sous nos yeux et nous l'avions ignoré », écrit-il dans son roman *Une élection ordinaire*. Nul doute que son intuition a participé de l'accroissement du lectorat de *Valeurs Actuelles*. Sa nomination à la tête de l'hebdomadaire après une trajectoire météorique est un des signes du basculement culturel et générationnel en cours.

Une difficile traduction politique

La nouvelle génération s'efforce cependant de prendre ses distances avec la Manif pour tous, la critique au besoin, sévèrement parfois, en s'attachant à formuler une pensée originale qui, si elle est souvent imprégnée de catholicisme, ne saurait pour autant être qualifiée d'uniment chrétienne. Pareillement, si elle assume sa rupture avec la génération 68 et accepte de se dire conservatrice, elle rechigne cependant à endosser l'épithète de réactionnaire et s'inscrit plus volontiers dans la filiation d'un Albert Camus en affirmant avec lui que sa « tâche n'est pas de refaire le monde, mais d'empêcher qu'il ne se défasse ».

Cinquante ans après *Les Héritiers* de Pierre Bourdieu, François-Xavier Bellamy publie *Les Déshérités*. L'ancien professeur de philo au lycée d'Asnières-sur-Seine dresse le constat d'une césure entre les générations à partir précisément de l'école, de la transmission et de la culture. Pour lui, Bourdieu, qui continue d'une certaine manière Rousseau, a contribué à produire, au nom même de l'égalité, le système éducatif la plus inégalitaire qui soit. L'idéologie de la déconstruction a privé les élèves les plus modestes de l'histoire et de tout héritage pour les transformer en enfants de personne. Trente ans après la mort de Simone de Beauvoir, auteur du *Deuxième Sexe*, Eugénie Bastié fait paraître *Adieu Mademoiselle*, essai en forme de pamphlet qui dénonce les néoféministes pétries de relativisme, de théorie du genre et de transhumanisme, mais aussi méditation grave sur la condition humaine aliénée par la postmodernité. Presque un demi-siècle après la disparition François Mauriac, Solange Bied-Charreton, remixe dans *Les Visages pâles*, une critique acerbe de la bourgeoisie dévote, « celle qui sort dans la rue pour protester contre la loi Taubira, mais envoie ses enfants travailler à New York. Celle dont la seule angoisse existentielle se résume à sa feuille d'impôt, explique-t-elle. J'ai moi-même défilé contre la loi Taubira et je suis radicalement opposé à la PMA et à la GPA, mais je regrette l'égoïsme et la schizophrénie d'une partie des catholiques français. Qui donnent des leçons de morale et profitent de la globalisation ».

Ces jeunes penseurs brouillent volontiers les pistes idéologiques, à moins que leurs recherches mêmes ne les égarent, à tout le moins momentanément, tant le défi de lire le monde qui vient peut sembler insurmontable à vue humaine. L'unique certitude, pour eux comme pour leur meilleur ennemi Emmanuel Macron, est que la ligne de partage se situe entre ceux qui rêvent déjà de l'individu ubérisé et ceux qui croient encore à l'homme enraciné. Ils puisent paradoxalement leur sens de la frontière chez des intellectuels inclassables tels que Georges Orwell et Jean-Claude Michéa. Comme l'écrivain britannique, quand on leur présente un quelconque progrès supposé, ils demandent d'abord si ce dernier rend plus ou moins humain. Comme le philosophe montpelliérain, ils considèrent que libéralisme économique et libertarisme sociétal sont les deux faces d'une même pièce.

Faut-il suivre Samuel Pruvot, le rédacteur en chef de *Famille chrétienne*, lorsqu'il voit en ces jeunes pousses les héritiers des non-conformistes des années 1930 ? Il y avait certes à cette époque une effervescence intellectuelle sur fond de crise économique et civilisationnelle. « Les non-conformistes étaient de jeunes auteurs qui avaient à peine la trentaine. Ils cherchaient une voix nouvelle. Ils voulaient agir dans le champ politique, mais ils n'avaient pas envie de le faire avec les instruments de leurs aînés qui leur paraissaient abîmés, éculés, inappropriés. Plutôt que d'être dans des mouvements politiques, ils étaient dans le fleurissement de la pensée : l'écriture dans des revues, des essais, ou des romans était leur principal mode d'action, explicite Pruvot. Ils avaient le sentiment de la fin des temps, la sensation que la civilisation européenne était au bord de la disparition. Cela donnait une grandeur tragique à leur réflexion. »

Pour autant, la comparaison butte sur une différence essentielle : l'Europe de l'entre-deux-guerres était la forge de l'histoire, prise entre deux bornes terribles, celle passée de Verdun, celle à venir d'Auschwitz. Aujourd'hui, le Vieux-Continent aspire au contraire, selon le mot de Régis Debray, à « sortir de l'histoire » et, sous la pression des technocrates bruxellois, y réussit malheureusement plutôt bien, effaçant par-là même toute eschatologie, ce futur absolu sans lequel le moindre avenir est impossible.

Par ailleurs, s'il n'y a pas lieu d'adhérer à la thèse de Zeev Sternhell reprise par Bernard-Henri Lévy, selon laquelle les non-conformistes des années 1930 auraient représenté une forme supérieure du « fascisme français », on ne peut oublier que leur front commun s'est divisé entre la Collaboration et la Résistance et que, dans le meilleur des cas, le personnalisme dont ils faisaient état aura indistinctement nourri le régime arbitraire des partis sous la IVe République et l'idéalisme impuissant de la deuxième gauche sous la Ve République, tous héritages qu'Emmanuel Macron serait précisément en droit de revendiquer.

Cette difficulté de la transversalité, déjà rencontrée par les Veilleurs, se retrouve au cœur de la revue *Limite* qu'animent Paul Piccarreta, Gaultier Bès, Eugénie Bastié, Camille Dalmas et dans laquelle figure, comme invité Phillip Blond, penseur *red tory* du « conservatisme pour les pauvres », lequel est censé avoir inspiré le programme de l'ancien Premier ministre britannique David Cameron, mais moins sûrement son action. En perpétuelle recherche d'une troisième voie, la bande de *Limite* n'hésite pas à mécontenter régulièrement une partie de son lectorat comme le préconisait Péguy. Sur la question des migrants, elle estime pouvoir renvoyer dos à dos « ceux qui appellent à l'ouverture totale des frontières et à l'accueil inconditionnel de tous ceux qui se présentent » et « ceux qui évoquent une invasion et pensent qu'il suffit d'ériger des montagnes de barbelés pour retenir ces gens » sans pour autant dépasser en pratique cette double négation de principe. Sur la question de la laïcité et de l'islam, dans le sillage de Pierre Manent, elle tente au contraire de conjuguer multiculturalisme des accommodements raisonnables et exaltation des racines chrétiennes, sans emporter plus de conviction sur la viabilité d'un tel appareillage. Sur la question de la double aliénation du marché et de la machine, le traitement est indéniablement talentueux de verve polémique, mais l'on vient inévitablement à se demander s'il ne sert pas de cache-sexe idéologique, sur le plan des mœurs, à un certain puritanisme commandé par la dogmatique. Dans le premier numéro de *Limite*, le texte de Marianne Durano, « Comment baiser sans niquer la planète », a fait couler beaucoup d'encre. Férocement drôle et stimulant, loin de toute pudibonderie, il n'en demeure pas moins une diatribe sans nuance, en bordure de l'anathème : les jeunes femmes recourant à la pilule contraceptive sont-elles vraiment toutes des « petites jouisseuses des Temps modernes » qui « payent [leur] soutif 200 balles chez Chantal Thomas pour éveiller la libido saturée de [leur] copain du jour » ? L'écologie intégrale a cela de bon, selon Mathieu Bock-Côté, qu'elle « permet de faire valoir un certain anticapitalisme de droite, ou plutôt, un antimatérialisme, qui plaît naturellement aux jeunes esprits qui ne rêvent pas de devenir des jeunes cadres dynamiques au service du capital ! La jeunesse, on le sait, se veut rarement bourgeoise et la rupture déclarée avec le capitalisme contemporain, qui est un capitalisme mondialisé et souvent aliénant, lui permet de dire qu'elle ne se porte pas seulement à la défense des privilèges de ses parents ».

Plus essentiellement, à se vouloir à la fois antimodernes et postmodernes, les jeunes réacs partagent avec les jeunes islamistes ou djihadistes et avec les jeunes frontistes ou identitaires d'être des contempteurs impitoyables de la technique et des enfants gâtés de la révolution numérique. Ils dominent les réseaux sociaux, multiplient les blogs et les sites, de *Riposte catholique* au *Salon Beige* en passant par *Le Rouge et le Noir*, et c'est avec justesse que le journaliste Tugdual Denis souligne « la présence massive des militants de LMPT sur Twitter ». Si, longtemps, il leur a fallu exister hors des médias traditionnels globalement hostiles à leurs discours, ils ont depuis intégré les codes de la société cathodique au point d'en avoir fait, pour certains, leur agora. Eugénie Bastié, qui a 15 000 *followers* sur Twitter, se voit désormais requise sur les plateaux de télévision. « Je ne saurais me taire. Mais ma plus grande crainte demeure d'être digérée par le système », confie l'étoile montante de la réacosphère tant elle sait que, pour échapper au sort d'étoile filante de la société du spectacle, il lui faudra incessamment travailler. Le moloch médiatique n'aime que trop, en effet, dévorer celles et ceux qu'il considère comme ses créatures.

Cette visibilité nouvelle qu'ont initiée une décennie plus tôt les « néoréactionnaires » signifie-t-elle qu'eux-mêmes et leur progéniture ont gagné la bataille des idées ? Rien n'est moins sûr. Pour Élisabeth Lévy, « il ne faut pas confondre la majorité et l'hégémonie. Le fait qu'une sensibilité réac soit majoritaire dans la société ne signifie pas qu'elle est au pouvoir. Or aujourd'hui, les gens qui détiennent les manettes sont toujours les mêmes ». Un point de vue que partage Mathieu Bock-Côté : « Le nouveau régime issu de Mai 68 est quand même beaucoup plus fort que ne le croient ceux qui pensent le renverser avec quatre ou cinq essais à succès. Pour se défendre, il diabolise, il psychiatrise, il pénalise les dissidents, et n'hésite pas à se radicaliser devant ceux qui le contestent trop ouvertement. Cela dit, comme le montre le vote en faveur du Brexit en Grande-Bretagne, il est vrai que notre époque révèle un puissant désir de ré-enracinement. Je suis curieux de voir comment ce désir parviendra à se traduire politiquement. »

Pour que la révolution culturelle soit complète, le basculement idéologique doit s'accompagner d'un bouleversement politique. François Xavier Bellamy, maire adjoint sans étiquette de Versailles, surveillé de près par Nicolas Sarkozy et courtisé par plusieurs ténors de la droite, a un pied dans cet univers. Il hésite pourtant à sauter le pas, convaincu d'être pour l'heure plus utile en œuvrant au sein de la société civile. N'a-t-il pas refusé d'entrer dans divers cabinets ministériels pour réaliser son rêve, devenir prof de philo ? « L'équation pour moi se présentait de la manière suivante : est-ce que je dois privilégier le fait d'être utile de manière infime au niveau national ou être utile de manière décisive pour les trente élèves que j'aurai en face de moi ? J'ai choisi la seconde option. Je suis sûr qu'on ne changera pas le monde par la politique », assène-t-il. Et si le prochain président de la République lui proposait le poste de ministre de l'Éducation nationale ? « J'accepterais volontiers cette mission si j'avais un président courageux pour me soutenir face aux corps intermédiaires qui ne manqueraient pas pour faire obstacle », se laisse-t-il à imaginer avant de préciser : « Je pense que je l'appréhenderais comme mon dernier poste. La première chose que je me dirais serait : c'est la fin de ma carrière politique. De toute façon, on y laisse sa peau donc autant que ce soit pour de bonnes raisons. »

Avec Sens Commun, Madeleine Bazin de Jessey a choisi pour sa part la voie de la partitocratie. Au sein des Républicains, elle-même et Sébastien Pilard se sont alliés, en mars 2016, avec Olivier Vial, qui préside l'Union nationale interuniversitaire (UNI) et Guillaume Peltier, le chef de file de La Droite forte, pour former le collectif Horizon. Leur ambition est d'influer sur le débat d'idées en cessant, disent-ils dans une tribune publiée par *Le Figaro* le 16 avril 2016, de « plier, courber et s'agenouiller » devant « le magistère moral et le ministère de la parole » de la gauche. Le projet, qui a pour axes prioritaires la famille, l'éducation et l'Europe, coïncide avec la nature même de Sens Commun, dont le nom même est un clin d'œil à la théorie gramscienne du combat culturel, mais il est moins certain qu'une telle stratégie de contournement soit concluante à terme.

Comment transformer un mouvement social en un mouvement politique ? L'idée de créer un nouveau parti, susceptible d'envoyer des candidats sous l'étiquette Manif pour tous aux élections, a d'abord été évoquée. Toutefois, au printemps 2013, dans sa chronique de *Valeurs Actuelles* l'essayiste et ancien conseiller à la présidence de la République de Nicolas Sarkozy, Camille Pascal alerte sur l'absence de précédent historique et glisse : « Faites avec l'UMP ce qu'on fait les trotskistes dans les années 1970 en infiltrant le Parti socialiste ! » Cette stratégie d'entrisme est finalement privilégiée. Sens Commun naît en décembre 2013, quelques mois après la dernière grande manifestation du 26 mai 2013 et, lors de la soirée de lancement, fait salle pleine. Ses fondateurs se sont connus en battant le pavé de la contestation : Madeleine Bazin de Jessey éveillait les veilleurs, Sébastien Pilard pilotait la Manif pour tous dans l'Ouest, Arnaud Bouthéon dirigeait le cabinet de Frigide Barjot, Marie-Fatima Hutin témoignait pour les adoptés, Gaspard Le Pomellec mobilisait les juristes et Faraj Benoît Camurat était déjà encarté et n'attendait plus que l'arrivée de ses camarades. Vite, ils ont fait souffler un vent d'air frais sur l'UMP, puis les Républicains.

« Pour cette génération, la politique ne peut pas être réduite à une affaire de calcul. Elle pose la question ontologique : en quoi croyez-vous ? Beaucoup à droite n'ont rien compris à l'exigence d'authenticité, de valeurs et de suivi de cette génération. Au lendemain de la Manif pour tous, ils se sont dits, on va les enrôler de force. C'était ignorer les ressorts profonds ce mouvement » commente Laurent Wauquiez, se disant réjoui que ces « cathos trotskos » brisent les codes, même si c'est à son initiative et sur sa proposition que Madeleine Bazin de Jessey a été promptement nommée, à 25 ans, secrétaire nationale des Républicains.

« Lors de mon premier Conseil exécutif, j'ai eu le trac comme un premier jour d'école », avoue-t-elle modestement. La gêne n'a cependant pas duré comme a pu le constater Alain Juppé lors de la sortie, en septembre 2015, de son livre *Mes chemins pour l'école*. La jeune femme a interpellé abruptement le vieux ténor, lui faisant remarquer que la droite ne pouvait se contenter d'« un empilement de mesures techniques » sur une question aussi fondamentale. « Juppé l'a regardée avec mépris du haut de son statut d'ancien Premier ministre, se souvient un participant. Il était sidéré et ulcéré qu'une jeune militante de Sens Commun, dont il ignorait le nom, puisse ainsi s'adresser à lui. Nous avons assisté à la rencontre entre deux planètes. » D'autres, qui se sont abstenus lors du vote sur le mariage pour tous, ne seront pas plus épargnés.

Dans un entretien au magazine *Grazia*, paru en octobre 2015, Nathalie Kosciusko-Morizet, candidate malheureuse à la mairie de Paris, qualifie-t-elle la Manif pour tous de mouvement « agressif envers les femmes », l'accusant pêle-mêle de promouvoir « l'hypersexualisation des petites filles », « une vision très asymétrique des relations homme-femme » ou encore «l'assignation à résidence» des mères de famille? Dans une tribune au *FigaroVox*, Sébastien Pilard et Madeleine Bazin de Jessey répliquent en proposant à NKM de prendre sa carte au PS. «On retrouve tous les raccourcis simplistes dont la gauche nous affublait il y a peu. Plutôt que de les recycler contre les membres de votre propre camp politique, pourquoi ne pas aller cueillir la rose qui vous attend sur l'autre rive?» écrivent-ils.

Bruno Le Maire confie-t-il au *Journal du Dimanche*, en juillet 2015, sa fierté d'avoir été hué pour ses convictions lors d'une réunion organisée par Sens Commun? Pilard et de Jessey ripostent à nouveau dans le *FigaroVox*: «Vous n'avez pas été sifflé pour vos convictions, mais pour ce que les militants ont alors perçu comme une absence de conviction. Car le discours que vous avez tenu était le suivant: on ne reviendra pas sur la loi Taubira car "c'est impossible". Comprenez dès lors que nos militants n'y aient pas vu la preuve de vos convictions profondes, mais bien plutôt la marque d'une soumission passive à une fatalité en laquelle ils ne croient pas, car ils savent, à juste titre, que le sens de l'histoire n'existe pas et qu'une volonté politique fondée sur des convictions solides peut tout. C'est cette résignation à la "fatalité" qui a trop souvent conduit la droite à ne pas revenir sur des réformes de gauche qu'elle décriait pourtant, tant sur le plan sociétal que sur le plan économique ou éducatif. Nous ne voulons plus de cela.»

Le coup d'éclat de Sens Commun demeure cependant ce samedi 14 novembre 2014, durant la campagne pour la présidence de l'UMP, qui voit Nicolas Sarkozy déstabilisé par une salle de 3 000 personnes criant « Abrogation ! ». Les militants et sympathisants du mouvement expriment leur colère face aux ambiguïtés de l'ancien chef de l'État au regard de la loi Taubira. Hué, vexé, chaviré, Nicolas Sarkozy se résigne à prononcer le mot attendu. L'incident reflète le nouveau rapport de forces entre le sommet et la base au sein des partis, lequel renvoie lui-même au décalage croissant entre « les représentants et les représentés », dont témoignent la montée du vote FN et la poussée de l'abstention. En faisant plier Nicolas Sarkozy, la faction autrefois silencieuse a obtenu une victoire symbolique majeure. Mais Sens Commun n'a pas su maintenir la pression. La question du mariage homosexuel n'est plus la priorité des Français, la mobilisation a décru et l'ancien président de la République, désormais candidat à la primaire, est revenu sur sa promesse d'un trait de plume. « Il ne saurait être question de démarier les mariés, ce serait injuste, cruel et en outre juridiquement impossible, écrit-il dans son livre, *La France pour la vie ?*, paru le 25 janvier 2016. J'avais pensé à l'époque que les ambiguïtés de la loi Taubira sur certains points imposeraient une nouvelle rédaction. À la réflexion, je crains que le remède soit pire que le mal. »

Déjà bien représenté au sein du Conseil national des Républicains, Sens Commun a eu le bénéfice d'engranger dix élus lors des régionales de 2015. Cependant, le mouvement est désormais menacé par le double écueil de la radicalisation et de la normalisation. Dans une tribune publiée dans *Le Monde* le 12 février de la même année et intitulée « Cessons ce chantage aux valeurs qui déchire inutilement la droite », Matthieu Schlesinger, Enguerrand Delannoy et Maël de Calan voient dans Sens Commun le ferment d'un Tea Party à la française. « Aux États-Unis, les effets ont été ravageurs : par une stratégie de harcèlement et de chantage, le Tea Party a hystérisé le débat public, fait battre des candidats modérés et favorisé la réélection de Barack Obama en 2012, avant de favoriser l'avènement en 2016 de candidats qui rivalisent de démagogie », écrivent les fondateurs de la Boîte à idées, *think tank* libéral proche d'Alain Juppé. « À court terme, le Tea Party a fait battre son camp. À moyen terme, il le rend inapte à l'exercice du pouvoir », préviennent-ils. Néanmoins, comme l'a tôt rappelé Gaël Brustier, la France présente une constitution théologico-politique bien différente de celle de l'Amérique. Aussi l'hypothèse d'une « teapartisation » de Sens Commun apparaît-elle peu crédible alors que l'éventualité d'une rupture de la direction avec la base par excès de normalisation ressort crédible, si ce n'est probable. Autrement dit, comme les trotskistes ayant noyauté le PS sont devenus de parfaits sociaux-démocrates, les infiltrés de la droite deviendraient de bons chrétiens-démocrates. Sens Commun servirait alors de caution conservatrice opportune à un parti dominé par les libéraux.

D'autres conjonctions ont toutefois été opérées. Si d'anciens militants de la Manif pour tous sont tentés par le FN ou s'y sont affiliés, il en est qui regardent encore plus à droite, vers l'Action française qui en profite pour se renouveler. Ainsi, en mai 2016, le mouvement royaliste, qui revendique 3 000 adhérents, fête en grande pompe son centenaire par un colloque auquel participe Marion Maréchal-Le Pen.

Enfin, les plus désabusés tournent tout simplement le dos à la politique. Tel est le cas de Nicolas Bernard-Buss, pourtant consacré comme « le prisonnier politique » de la Manif pour tous. Dans un pays où chaque année des milliers de peines de prison fermes ne sont pas exécutées, ce jeune homme alors âgé de 23 ans et au casier judiciaire vierge aura purgé une peine absurde en étant placé à l'isolement total, du 19 juin au 9 juillet 2013, dans une cellule de 3 mètres carrés, devenant tout ce temps le numéro 404 247 sous la lettre d'écrou Z, classification réservée aux détenus les plus dangereux ! « J'ai dormi dans un trou sur des paillasses imbibées d'urine. Pourquoi ? Pour qu'une bande de bourges ait aujourd'hui sa petite place dans les partis du système ! », s'insurge Nicolas Bernard-Buss. Le jeune homme qui a perdu son idéalisme aspire désormais à gagner beaucoup d'argent pour un jour, tel le comte de Monte-Cristo, se venger de ceux qui l'ont jeté en prison. « Je refuse de payer un centime d'impôt à l'État », précise-t-il.

Quel avenir peut-on prêter, dès lors, à l'alliance de Sens Commun avec la Droite forte et l'Uni au sein d'Horizon ? Aucun candidat majeur de la primaire ne sera véritablement rendu à la ligne du collectif et l'intégration par François Fillon d'une « réécriture » de la loi Taubira, soit moins qu'une révision, en est le meilleur symptôme. Pour Dominique Reynié, la génération Manif pour tous n'est pas en mesure d'arrimer la droite et de l'amener à une révolution doctrinale. « La droite partitocratique a d'abord voulu suivre ce mouvement à la manière du surfeur qui prend une vague. La plupart des élus étaient convaincus que la vague allait mourir et que son élan leur serait profitable à eux, explique le directeur général de la fondation pour l'innovation politique (Fondapol). Ce n'était pas une vague, mais une idéologie bien charpentée. Une vision de l'Homme et du monde trop exigeante pour des hommes politiques sans doctrine qui gouvernent en fonction des sondages. » Pas beaucoup plus optimiste, Denis Tillinac note pour sa part le décalage entre l'aspiration culturelle de cette droite nouvelle et les discours comptables des poids lourds du parti et y voit une raison de lui accorder un avantage symbolique. Plus pragmatique, Camille Pascal leur reproche un manque de maturité politique. « Ce sont encore des gamins idéalistes. Comme disait Charles Péguy, les idéalistes ont les mains blanches, mais ils n'ont pas de mains. La politique c'est aussi de la cuisine et des compromis. C'est comme ça qu'on transforme un mouvement en lame de fond ! », assène l'ancien conseiller élyséen. Selon lui le changement viendra plutôt de la société tout entière que de nouveaux dirigeants. « Je crois beaucoup au temps long. En 1974, Giscard tente de surfer sur Mai 68, mais n'y comprend rien. Finalement les idées soixante-huitardes n'arrivent réellement au pouvoir qu'en mai 1981 avec l'élection de François Mitterrand et plus encore avec sa réélection en 1988. » Mais un tel schéma suppose une recomposition politique plus profonde. Comme l'a démontré le politologue et sondeur Jérôme Sainte-Marie dans *Le nouvel ordre démocratique* et comme en témoigne notamment la victoire du Brexit en Grande-Bretagne ou la percée du Parti de la liberté (FPÖ) en Autriche, le clivage ancien entre la droite et la gauche tend à disparaître au profit de l'opposition entre le peuple et les élites. Ainsi, en France, on trouve d'ores et déjà au sein de chaque parti, du Front de gauche au Front national, en passant par le PS et les Républicains, un légataire désigné ou improvisé du chevènementisme, en tant qu'expression consensuelle du souverainisme.

La génération des limites sera-t-elle celle qui bousculera les frontières traditionnellement admises entre les formations politiques ? Dans son numéro de juin 2016, l'hebdomadaire *Famille chrétienne* a organisé un débat entre Madeleine Bazin de Jessey et Marion Maréchal-Le Pen. Les « sœurs rivales de la droite » affichent des divergences, principalement à propos de la position du pape François sur l'immigration ou du concept de grand remplacement. Mais comme pour mieux ouvrir toutes les deux la porte à un rapprochement. « Nous allons au-devant de recompositions majeures en 2017. Il existe un espace politique – conservateur et souverainiste – qui n'est pas investi. Je verrais d'un très bon œil que cet espace se structure, avance Madeleine de Jessey. Son objectif serait de rassembler le peuple français autour de l'identité culturelle de la France. » Une idée qu'approuve Marion Maréchal-Le Pen : « J'ai un rêve. Plus exactement, il s'agit d'un rêve qui ferait suite à plusieurs cauchemars, explique la députée du Vaucluse. Imaginons Alain Juppé désigné candidat de la primaire à droite. Second cauchemar, Alain Juppé victorieux à l'élection présidentielle. Mon rêve serait de voir se lever tous ceux qui, au sein des Républicains, n'en peuvent plus de cette ligne fédéraliste et laxiste. » Le propos est à l'évidence aisé pour ces anciennes camarades de classe qui se connaissent depuis l'enfance et se vouent l'une l'autre une amicale estime. Mais c'est aussi la limite de cette entente que d'être générationnelle, alors que ladite génération est disloquée et morcelée comme jamais, tandis que les enfants du siècle se pressentent hostiles entre eux.

4.

Fracture générationnelle

Divisions et inversions

Il n'y a pas une France, mais deux France, nous dit le géographe Christophe Guilluy, celle métropolitaine des classes dominantes mondialisées et celle périphérique des classes populaires paupérisées. On pourrait ajouter qu'il est désormais une troisième France, celle des banlieues et autres territoires perdus pour les « petits blancs » et les « petits juifs » parce que gagnés par les islamistes. Ou encore une quatrième France, celle provinciale ou rurale, catholique et bourgeoise, en voie de déclassement et en prise au sentiment d'abandon. Alors que l'adjectif républicain revient comme jamais dans le débat politique, la République indivisible n'a jamais semblé aussi morcelée. Alors que l'élite propage pour idéologie dominante l'abolition des frontières, elle érige toujours plus de murailles physiques, sociales et culturelles pour mettre en quarantaine la plèbe.

Les jeunes n'échappent pas à cette réalité. Au contraire, ils sont en première ligne et se présentent également divisés. Comme il y a plusieurs France, il y a plusieurs jeunesses que tout oppose, singulièrement lorsqu'elles émergent islamiste, identitaire, réactionnaire, mais qui toutes s'opposent à la jeunesse bobo perçue comme privilégiée, de plus en plus déracinée, minoritaire et dont l'insouciante légèreté qui fait fi de la tragédie de l'époque ne lui évitera pas, tôt ou tard, d'être elle aussi rattrapée par l'histoire.

Qu'est-ce qui, dès lors, par-delà les différences et divergences de leurs révoltes, unit les nouveaux enfants terribles du siècle ? Précisément, ils sont le miroir d'une France en morceaux. Ils forment une génération fracturée dont les multiples lignes de failles sont encore plus complexes que celles définies par Guilluy pour leurs parents. Elles expliquent pourquoi les jeunes, censés être davantage « tournés vers l'avenir » et « ouverts sur le monde » que leurs aînés, inclinent majoritairement vers différentes formes de « radicalités » et y basculent volontiers. S'il convient de ne pas mettre les formes exacerbées d'engagement qu'ils se choisissent sur le même plan, elles sont néanmoins le fruit d'une même rupture qui est en premier lieu d'ordre générationnel.

À l'automne 2013, les jeunes de 18 à 34 ans sont invités par France Télévisions à répondre à un long questionnaire en ligne intitulé, par quelque communicant ou publicitaire à l'humour involontaire, « Génération quoi ? ». Les 210 000 retours enregistrés dressent un tableau sombre de la jeunesse française. Dans *Le Monde* du 25 février 2014, deux sociologues qui ont été en charge du dossier, Cécile Van de Velde et Camille Peugny, en tirent les principaux enseignements en se focalisant sur la tranche d'âge des 18-25 ans. Il en résulte que les jeunes ont majoritairement le sentiment d'appartenir à une génération «perdue», « sacrifiée » ou encore « désabusée ». Pour 51 % d'entre eux, vingt ans n'est pas le plus bel âge de la vie. 25 % à peine sont convaincus que leur vie sera meilleure que celle de leurs parents et 45 % pensent au contraire qu'elle sera plus difficile. 33 % imaginent qu'ils ne connaîtront jamais autre chose que la crise et 43 % sont persuadés que la vie de leurs propres enfants sera encore plus dure que la leur. Devant cette impasse les trois quarts des sondés se disent tentés par l'expatriation, à croire qu'ils se considèrent déjà des exilés de l'intérieur.

« Ce qui apparaît ici, c'est le poids du discours de crise dans lequel nous baignons désormais, et le sentiment d'être pris dans une spirale du déclassement », souligne Camille Peugny. Selon Cécile Van de Velde, « les jeunes se sentent abandonnés par la société. Ils ne sont pas aux commandes de leur vie, ils subissent, sont frustrés de ne pas pouvoir faire leurs preuves, montrer qui ils sont. » Or, fait essentiel, à exprimer un tel ressentiment à l'égard de ses aînés, toute une classe d'âge laisse ainsi poindre un conflit de générations. « C'est assez nouveau en France, et l'on peut penser que cela monte, surtout chez les étudiants, analyse

Cécile Van de Velde. Le problème d'équité entre générations se conscientise, sans doute du fait de la politique d'austérité, de la réforme des retraites et des débats sur le poids de la dette. Les jeunes pensent qu'ils font les frais de tout cela. » Une situation potentiellement explosive selon les deux sociologues qui vont jusqu'à recourir à l'image d'« une cocotte-minute qui n'aurait pas de soupape ». Et de conclure : « C'est une génération qui veut entrer de plain-pied dans une société vieillissante. Elle enrage de piétiner à son seuil. Ce sentiment d'être privés de l'essentiel constitue un terreau fertile à la contestation. »

En février 2015, la violente polémique suscitée par un clip des Restos du cœur atteste de cette guerre latente des générations. Un groupe de jeunes fait face aux Enfoirés et leur lance : « Vous aviez tout : liberté, plein-emploi. Nous, c'est chômage, violence et sida. » Les chanteurs leur répondent en chœur « Tout ce qu'on a, il a fallu le gagner, à vous de jouer, mais faudrait vous bouger. » « Vous avez raté, dépensé, pollué », poursuivent les jeunes. « Je rêve ou tu es en train de fumer ? », rétorquent les Enfoirés. Branle-bas de combat, « hymne antijeunes », « cacophonie indécente », « chanson malaise » : les critiques pleuvent, excessives pour une ritournelle somme toute insipide. Elles prouvent cependant que Jean-Jacques Goldman a touché sans le vouloir une question sensible. Celle du legs des baby-boomers, en particulier des soixante-huitards, à leurs enfants et aux enfants de leurs enfants. Ou, pour le dire autrement, les vieux auraient-ils fait plus que déshériter les jeunes, en tirant de surcroît une traite exorbitante sur eux et en les y asservissant ?

Dans *Le principe responsabilité*, où il définissait « une éthique pour la civilisation », Hans Jonas, le philosophe du « silence de Dieu » après les totalitarismes, écrivait en 1979 : « Notre responsabilité est d'œuvrer pour leur ouvrir un avenir au moins aussi bénéfique que le présent dont nous disposons, et surtout de nous abstenir d'accroître notre bonheur présent s'il doit induire le malheur des générations à venir. » Une parole elle aussi restée sans écho. « Est-ce bien ce que nous faisons ? », s'interroge vingt ans plus tard le sociologue Louis Chauvel qui, dans *Le destin des générations*, est le premier à souligner une « injustice générationnelle » qui s'apparente à une spoliation à l'immoralité abyssale. Jamais, en effet, de toute l'histoire humaine, aucune génération n'a été aussi dorée que celle des baby-boomers. Pour reprendre la formule de Jean-François Sirinelli, être jeune dans les années 1960, c'est avoir grandi dans la France des 4P, progrès, prospérité, plein emploi, paix, alors que ceux qui suivront ne connaîtront que la France des 4C, chômage, crise de la dette, crise écologique, crise identitaire. La génération 68 a joui sans entrave comme aucune autre avant elle et après elle. Ses enfants paient l'addition. Endettée dès la naissance, frappée par le malheur, étranglée par la fatalité, la jeunesse française forme une masse de damnés voués à l'enfer de l'éternelle précarité.

Les nouveaux enfants du siècle

Dans un dossier publié dans *Le Point*, intitulé « Génération pigeon », l'économiste François Lenglet détaille les raisons de « la défaite des jeunes » et consigne, parmi les plus importantes, « un État-providence biaisé », « un marché du travail sélectif » et « un immobilier inaccessible ». Certains chiffres sont édifiants. Jusqu'à la fin du XXe siècle, les anciens ont toujours été les plus humbles car ils n'avaient plus d'activité. En 1970, le taux de pauvreté des 75-79 ans était trois fois plus important que celui des 18-24 ans. Depuis vingt ans, cette réalité s'est inversée. Le taux de pauvreté des jeunes est plus élevé que celui de toutes les autres classes d'âge, y compris celui des seniors et des personnes très âgés. « Cet écart est unique dans l'histoire de nos sociétés », souligne Lenglet. Ce déséquilibre est dû à la montée en puissance de l'assurance retraite. Il pourrait encore s'accentuer avec la « séniorisation de la pyramide des âges ». Pour financer les retraites de leurs aînés, qui se sont pourtant comportés en cigales, les jeunes vont devoir payer des cotisations sociales de plus en plus élevées. Cela grèvera d'autant leur salaire et leur pouvoir d'achat.

Beaucoup cependant n'ont même pas la chance d'avoir un travail. Parmi la population des 15-24 ans entrée dans la vie active, un jeune sur quatre pointe à Pôle emploi, soit plus du double de la moyenne française déjà élevée (10,1 %). La quasi-totalité des embauches (90 %) se fait sous formes de CDD ou en intérim, pour raison de structuration de marché du travail. « Ceux qui sont en poste, en CDI pour une très forte majorité, bénéficient d'une protection élevée et d'un système prud'homal souvent généreux dans les indemnités de licenciement qu'il accorde, explique Lenglet. Au moins autant que le coût, c'est l'imprévisibilité des tribunaux qui dissuade les entreprises d'embaucher. Les recruteurs refacturent cette incertitude aux nouveaux arrivants, les jeunes, sous la forme de contrats précaires. » Un système qui bénéficie davantage aux *insiders* qu'aux *outsiders*.

Trouver un logement représente également un parcours du combattant pour cette « génération pigeon » qui n'est pas moins une « génération Tanguy » du fait que nombre de jeunes adultes quittent toujours plus tard le foyer parental. Si dans la comédie d'Étienne Chatiliez cette situation est voulue, dans la réalité elle est subie et souvent vécue comme une frustration. Le marché locatif est difficile. La demande étant supérieure à l'offre, une double caution est exigée par les propriétaires qui privilégient les rejetons des familles les plus aisés. Se loger devient un casse-tête en particulier pour les jeunes d'origine modeste. Devenir propriétaire est mission impossible. Les baby-boomers ont bénéficié d'un puissant mouvement d'accession à la propriété, la génération née en 1950 ayant acheté son logement en moyenne à 34 ans contre 56 ans pour ceux qui étaient nés en 1910. Mais tandis que la part des propriétaires a continué à progresser chez les seniors, elle s'est tassée chez les 45-55 ans et effondrée chez les jeunes, en particulier chez les ouvriers et les employés. Depuis 1996, le prix des logements anciens en France métropolitaine a progressé de 147 % en région et de 223 % à Paris alors que, sur la même période, le revenu moyen par ménage n'a augmenté que de 15,6 %. « Ceux qui étaient déjà propriétaire avant la grande hausse – en majorité les plus de 50 ans – ont vu leur patrimoine progresser, alors que les autres sont restés à la porte, constate François Lenglet. L'envolée de l'immobilier a accru l'écart de niveau de vie et de richesse entre les générations. » Selon les chiffres de l'INSEE, le patrimoine net d'un ménage dont le chef de famille a 30 ans est de 32 700 euros, soit onze fois moins que celui des Français âgés de 60 à 69 ans qui est en moyenne de 345 000 euros. Il y a vingt ans, le multiplicateur était de sept. Ce sont pourtant les générations montantes qui devront s'acquitter de la dette abyssale contractée par les seniors. Autant crier à l'arnaque du siècle !

La fracture générationnelle ne se limite cependant pas à son simple aspect économique et ne saurait être réduite à une affaire de retraite et de déficit. Plus grave, elle est également idéologique, politique et culturelle. Les pères et mères qui ont refusé de se concevoir tels ne se sont pas seulement approprié le pouvoir financier, ils ont inventé et promu une idéologie pour s'en justifier. Dans *La lutte des âges*, l'essayiste Hakim El Karoui décrit parfaitement cette évolution : « En 1968, à 20 ans, les baby-boomers ont d'abord été les chantres de la liberté sexuelle. Vingt ans plus tard, à 40 ans, ils devenaient les prophètes de la libéralisation financière. À 50 ans, dans les années

2000, ils étendaient le libre-échange au monde entier. » La liberté des mœurs a été le cheval de Troie de la libre circulation des capitaux et la libéralisation des frontières a rendu possible la marchandisation des flux humains, l'ensemble définissant le néolibéralisme comme horizon de la nouvelle utopie impériale et pour la première fois réellement globale. « Cette génération née après la guerre a adopté de nouveaux modes de vie, de nouvelles exigences qui ont peu à peu décrédibilisé le moralisme et le paternalisme issus du XIXe siècle. Le progrès technique avec l'invention puis l'autorisation de la pilule contraceptive, la libéralisation des mœurs avec le développement de la sexualité avant le mariage pour les garçons et les filles, tout a concouru à placer au centre de la société non pas la norme sociale mais le désir de l'individu qui est devenu peu à peu autonome, écrit El Karoui. La montée en puissance de l'individualisme des babyboomers a fait voler en éclats les protections collectives (Église, idéologies, nation). »

Aujourd'hui, la génération fracturée rejette cette idéologie et réclame le retour à la tradition. Les nouveaux enfants du siècle sont en demande de protection, de mesure et de limite car ils sont les enfants du divorce, souvent celui de leurs parents, immanquablement celui entre le monde et le sens. Dans *Our Kids. The American Dream in Crisis*, que François Lenglet commente longuement, le sociologue américain Robert Putnam montre que l'éclatement de la cellule familiale traditionnelle est l'une des principales causes des difficultés sociales de la jeunesse, indépendamment des choix économiques et politiques opérés par les élites. Les baby-boomers, dans leur immense majorité, ont été éduqués par leurs deux parents biologiques, ce qui, selon Putnam a conféré à leur enfance un cadre stable, aussi bien sur le plan psychologique que matériel. Tous leurs héritiers n'ont pas eu cette chance. Pour un tiers d'entre eux, les plus fortunés, la famille a résisté et s'est même renforcée. Pour les deux tiers restant en revanche, elle a au contraire éclaté, le nombre d'enfants élevés par une mère célibataire progressant au fur et à mesure que le niveau social baisse. Dans le premier tiers, les enfants, fruit d'un véritable désir partagé, bénéficient d'un investissement humain et financier considérable qui les conduit généralement à une réussite toute tracée. Ce n'est pas le cas dans les deux tiers restants, ce qui explique souvent, selon le sociologue, l'échec scolaire et la dégringolade sociale. Robert Putnam va jusqu'à faire de la fréquence des « vrais » repas familiaux, pris assis autour d'une table, un indicateur d'investissement au bénéfice des enfants et un facteur mélioratif de leur probabilité de réussite. Entre 1983 et 2007, les dépenses par enfants ont ainsi augmenté de 75 % dans les 10 % de foyers les plus aisés, alors qu'elles ont baissé de 22 % dans le dixième le plus démuni. « Il s'agit d'évolutions et de chiffres américains, mais il y a toutes les chances que la tendance soit voisine chez nous », avance Lenglet.

Fracture générationnelle

C'est bien le libéralisme-libertaire de la génération précédente qui est contesté par la jeunesse et ce, de plus en plus. Les tenants de l'idéologie dominante ont cependant triomphé politiquement et veulent se maintenir au pouvoir comme le montre un rapide coup d'œil sur l'état civil des candidats majeurs à la présidentielle de 2017, la plupart d'entre eux étant nés dans la décennie suivant la fin de la Seconde Guerre mondiale et tous ayant occupé à plusieurs reprises de très hautes fonctions. Mais ils sont également avantagés par l'évolution démographique et le renversement de la pyramide des âges car le manque criant de renouvellement politique s'explique en partie par le vieillissement de la population. L'analyse des résultats des divers scrutins électoraux en date que Christophe Guilluy et Serge Guérin ont publiée dans *Le Monde* le 5 décembre 2015, éclaire le lien entre fracture générationnelle et fracture politique. Pour le géographe et le sociologue, le vote senior est l'ultime rempart à la vague dite « populiste ». Or, cette dernière est majoritairement portée par la jeunesse tandis que les retraités, dont le poids est considérable, continuent à plébisciter des partis et des candidats dont la mentalité est issue de la pseudo-révolution soixante-huitarde.

La lutte des âges conduit ainsi à une lutte de pouvoir entre les papy-winners et les baby-loosers. Les premiers ne veulent pas céder la place tandis que les seconds tentent de briser le plafond de verre. Le risque est que les papy-winners gèrent le pays en fonction de leurs seuls intérêts, ceux de retraités, aux dépens des actifs et des plus jeunes. Une classe d'âge entière pourrait être ainsi sacrifiée et dépossédée de son destin. Ce serait un suicide pour la France qui tirerait un trait sur son avenir pour devenir un pays de rentiers. Le 3 janvier 2011, dans une tribune du *Monde* titrée « Les jeunes sont mal partis », Louis Chauvel a porté cette interrogation : « Faut-il s'étonner que notre Assemblée nationale, la plus vieillie au monde, fondée sur la quasi-absence des moins de 50 ans, professionnalisée autour de députés mâles sexagénaires réélus depuis plus de vingt ans, cumulant souvent un mandat et de généreuses retraites, réforme les pensions en conservant ses propres droits acquis et fait porter l'ajustement sur les députés de demain, absents des débats ? [...] Les derniers retraités aisés du début du baby-boom décident de l'appauvrissement des générations nées trop tard, victimes muettes d'enjeux où leur absence est sciemment organisée. »

Les baby-boomers ont également refusé de transmettre les biens immatériels qu'ils avaient reçus en apanage. La spoliation n'a pas été seulement économique, sociale, morale, mais aussi culturelle. À partir de 1968, tout héritage devient réactionnaire. Il faut tuer les pères et les maîtres, bannir l'histoire et la mémoire, conjurer le passé, en finir avec une transmission forcément bourgeoise et fasciste. Le maître mot est l'autonomie, l'individu se prend pour sa propre norme et l'atomisation qui en découle conduit au transhumanisme, ce fantasme prométhéen de l'autoengendrement. La déconstruction débouche sur la démolition. Les soixante-huitards ont oublié qu'avant de se vouloir des rebelles, ils ont été les dépositaires d'une culture qui leur a permis de s'émanciper mais qu'ils se sont empressés de jeter aux oubliettes comme quelque secret ou trésor qu'il faudrait impérativement soustraire à ceux qui suivront afin de les empêcher de comprendre le honteux passe-passe. « Ils vont se révolter contre la culture juive et chrétienne, humaniste et républicaine, mais ils ont été encore, qu'ils le veuillent ou non, éduqués dans son creuset, écrit Jean-Pierre Le Goff dans *La France morcelée*. Il n'en est plus de même pour les générations suivantes : le fil a été déjà rompu. » Les soixante-huitards ont ainsi privé leur descendance de tout recours contre leur hubris infanticide et leur appétit cannibale, y sacrifiant d'abord les filles et fils des plus pauvres qui ne pouvaient compter que sur l'instruction.

Les nouveaux enfants du siècle sont le fruit de cet héritage dérobé et annulé. Ils sont les enfants de personne, condamnés à errer sans ancrage et sans appartenance dans un *no man's land* existentiel étendu à la planète et sans plus d'ailleurs à rêver. C'est en cela qu'ils partagent le sentiment de vivre amputés d'une partie d'eux-mêmes, la part symbolique, donc la plus essentielle. Pour les enfants issus de l'immigration, ce sentiment est encore plus cruel. Élevés par des parents souvent eux-mêmes coupés de la culture française, c'est à eux, plus encore qu'aux autres, que l'école de la République devait faire don de notre héritage. En exaltant leur différence, elle a, au contraire, contribué à les enfermer dans leur identité reconstruite, fantasmée, asphyxiante et, à terme, si mortifère que suicidaire.

Faillite sociale et failles culturelles

À la lutte des âges s'ajoute la fracture sociale. Souvent attribuée à Emmanuel Todd, l'expression a été en réalité forgée par Marcel Gauchet méditant sur la lutte des classes : « Il est devenu indécent d'en parler, mais ce n'est pas moins elle qui resurgit là où on ne l'attendait pas pour alimenter la poussée électorale continue de l'extrême droite. [...] Un mur s'est dressé entre les élites et les populations, entre une France officielle, avouable, qui se pique de ses nobles sentiments, et un pays des marges, renvoyé dans l'ignoble, qui puise dans le déni opposé à ses difficultés d'existence l'aliment de sa rancœur », écrit-il dans *Le désenchantement du monde* en 1985. Dix ans plus tard, Jacques Chirac en fait le thème de sa campagne victorieuse. Dans son livre programme, le futur président de la République, alors maire de Paris, écrit : « La fracture sociale menace, je pèse mes mots, l'unité nationale. » Et d'ajouter : « Dans les banlieues déshéritées règne une terreur molle. Quand trop de jeunes ne voient poindre que le chômage ou des petits stages au terme d'études incertaines, ils finissent par se révolter. Pour l'heure, l'État s'efforce de maintenir l'ordre et le traitement

social du chômage évite le pire. Mais jusqu'à quand ? »
Deux décennies ont passé depuis ce cri qui se voulait prophétique, et le Front national n'a jamais été aussi haut, la situation dans les banlieues jamais aussi explosives. La fracture sociale a continué de se creuser. Elle s'est surtout complexifiée. Le traditionnel affrontement entre capitalisme et prolétariat ou entre élite et plèbe a laissé place au conflit inédit entre les « planétaires et sédentaires » ou les « monades et manants ». Il n'y a plus un peuple, mais des peuples. Aux enjeux sociaux se mêlent désormais des enjeux culturels et cultuels.

La jeunesse, plus encore que le reste de la population est marquée par ces nouvelles fêlures et brisures. Comme le note le politologue Vincent Tournier, elle est profondément divisée, mais connaît surtout un segment détaché de tous les autres. « À une extrémité de la chaîne, on va trouver une jeunesse qui a accès à toutes les promesses de la modernité, qui baigne dans un univers cosmopolite et intellectualisé, où la culture se vit au quotidien, qui a le monde pour horizon, et dont les valeurs directrices sont la tolérance et l'humanisme, même si cela n'exclut pas la soif de la réussite matérielle et sociale, voire un certain égoïsme. » Le penseur libéral Gaspard Koenig incarne cette jeunesse dorée des grandes métropoles mondialisées. À 25 ans, après des études à Columbia, à New York, il devient la plume de la ministre de l'Économie et future patronne du FMI Christine Lagarde. À 27 ans, ce fils spirituel de Jacques Attali, en plus *rock and roll*, est nommé conseiller stratégique à la Banque européenne, la BERD. Début 2013, il démissionne pour créer le *think tank* GénérationLibre. Le 24 juin 2016 au matin, le voilà qui voyage sur un vol transatlantique à destination de Londres où il réside depuis six ans. C'est dans le ciel, à des milliers de pieds au-dessus de la Terre, que Gaspard Koenig apprend la terrible nouvelle qui, de son propre aveu, le rend plus livide que les pires turbulences. L'impossible s'est produit. Albion a pris le large. La Grande-Bretagne, où est né le libéralisme cher à Koenig, a décidé de recouvrer sa liberté. Près de 52 % des électeurs, en majorité ceux des petites villes, se sont prononcés pour la sortie de leur pays de l'Union européenne. Le jeune homme enrage. Dans une tribune que publie le *FigaroVox* le jour même, il dit toute sa colère. « Ce référendum a fait ressurgir l'autre Angleterre, celle des *hooligans* et des *Little Englanders*. Cela semble méprisant ? Oui. Je hais les nations, épiphénomène sanglant de l'histoire humaine, et méprise les nationalistes. La "souveraineté nationale", c'est un os à ronger lorsqu'on a perdu la seule souveraineté qui compte : celle de soi-même. Oui à la démocratie, non au "peuple", fiction de romancier. » Il envisage alors de quitter l'Angleterre avant d'imaginer un autre scénario : faire sécession ! Londres a voté majoritairement contre le Brexit ? La capitale devrait à son tour proclamer son indépendance ! « Après tout, plutôt que de partir, pourquoi ne pas nous approprier Londres ? s'interroge-t-il. Que les esprits cosmopolites du monde entier fassent de Londres leur pays, un pays libre, jeune, ouvert et prospère. » Koenig ne fait pas que rêver un monde qui ressemblerait à la Silicon Valley, il idéalise un être humain qui serait à lui-même son propre univers. À la fois lecteur érudit de Spinoza et monade mobile, il est le « jeune homme nouveau » imaginé par les prophètes de la fin de l'histoire dans les années 1990. Un voyageur sans bagage aux semelles de vent.

Ses frères de lait sont cependant en nombre infime, tout un chacun ne pouvant être *golden boy* à Wall Street ou *trader* à la City. Pour la masse des jeunes Français, l'utopie de la globalisation heureuse s'est transformée en cauchemar et la nation représente un ultime repère qu'ils aimeraient ardemment conserver. « Entre les jeunes de milieux populaires qui sortent précocement de l'école, souvent sans diplôme, et ceux qui se dirigent vers les grandes écoles, c'est tout un monde qui les sépare, explique Vincent Tournier. On peut même penser que, dans la société actuelle, ces disparités prennent une nouvelle vigueur. Je ne parle pas des inégalités de richesse, qui sont relativement contenues dans un pays comme la France où il existe une importante politique sociale. Je parle plutôt des inégalités culturelles. Car si les progrès techniques ouvrent de nouvelles opportunités, tous les jeunes savent-ils s'en saisir ? Ne risque-t-on pas d'aller vers une sorte de *clash* des civilisations au sein même de la jeunesse ? »

Les petits Français de la périphérie, pour beaucoup d'entre eux, fréquentent peu les aéroports et n'ont même jamais pris l'Eurostar. Quand ils ont la chance d'avoir une gare près de chez eux, c'est pour monter dans un RER ou un TER bondé, en retard une fois sur trois et qu'il leur est déconseillé d'emprunter à partir d'une certaine heure. Leur horizon est jalonné du béton qui a recouvert la campagne de leurs grands-parents et des briques des usines où travaillaient leurs parents et qui ont fermé. Beaucoup ont le sentiment d'être devenus des réfugiés là où ils ont grandi. La fracture sociale se double alors d'une fracture territoriale. À la lutte des classes se superpose une guerre des identités, hier latente, aujourd'hui toujours moins sourde. Selon la démographe Michèle Tribalat, « les dynamiques migratoires montrent que le processus d'ethnicisation des territoires va se poursuivre et qu'il s'accompagnera de plus en plus d'une substitution de population. »

Une exagération ? En Seine-Saint-Denis, entre 1968 et 2005, la part des jeunes d'origine étrangère est passée de 18,8 % à 50,1 % et à Clichy-sous-Bois, ville d'où ont jailli les émeutes de 2005, de 22 % à 76 %. Dans le même temps, toujours dans le 93, la part des enfants dont les deux parents sont nés en France n'a cessé de décroître : la déperdition totale a été de 41 % contre 13,5 % au niveau national. Peu à peu le citoyen laisse la place à un individu qui se définit d'abord par ses origines. « Le sentiment minoritaire exacerbe la question ethnique. C'est vrai pour les minorités visibles ; c'est désormais le cas pour les "blancs" qui vivent dans les mêmes quartiers parfois en minorité. Dans les quartiers et villes multiculturelles, les "blancs", hier "Français " ou "Gaulois", sont de plus en plus désignés comme "blancs", parfois comme "colons" », explique Tribalat. Cette montée des communautarismes s'accompagne d'un ressentiment à l'égard des classes aisées des centres villes que le romancier Aymeric Patricot, un temps professeur de lycée en banlieue parisienne, résume à son tour : « Le petit Blanc ne se sent pas aimé des autres blancs plus aisés. Il se dit : "En face de moi, il y a des minorités soudées, tandis que moi je ne suis pas aidé par le bourgeois ou le bobo". »

La montée en puissance de l'islam ces dix dernières années a également donné une dimension religieuse à ces tensions identitaires. Les jeunes banlieusards désintégrés ne se définissent plus comme « Algériens » ou « Marocains », mais comme « musulmans ». Ils ne brandissent plus le drapeau de leur pays d'origine, mais celui du Califat. Pour eux, le « petit Blanc » n'est plus un « céfran » ou un « bolos », mais un *kuffar*, un « mécréant » nécessairement hostile à leur nation qu'est l'Oumma. Or, ce phénomène de désaffiliation touche désormais des « souchiens » qui se convertissent sur un mode sociologique qu'on ne connaissait plus en France depuis plusieurs siècles, c'est-à-dire en adoptant la religion dominante pour appartenir au groupe majoritaire, en l'espèce les codes collectifs de l'islam radical. Quoique de manière plus marginale, le retour des régionalismes, breton des bonnets rouges ou corse des natio-maffieux, participe du même mouvement d'éclatement. « La dissociation entre nationalité administrative et sentiment d'identité est désormais banale. Elle n'est pas le monopole de certains ''Franco-Algériens'', note l'essayiste Paul-François Paoli dans *Quand la gauche agonise*. On la rencontre chez moult jeunes issus de l'immigration mais aussi dans une région comme la Corse, où le corsisme, ce nationalisme sans volonté de responsabilité historique, tient lieu d'identité à de nombreux insulaires. Si les jeunes Corses sont français, juridiquement parlant, ils n'attribuent plus à la nationalité française de valeur affective : ils se sentent corse avant tout. »

L'actualité du premier week-end de février 2016 dans le Nord résume à elle seule les tensions ethnico-culturelles qui traversent le pays. Le 6 février au matin, devant la gare de Calais, se forme un rassemblement d'une centaine de personnes, pourtant interdit par la préfecture. Son objet ? Réclamer l'évacuation des migrants. Des slogans fusent, tels que « On est chez nous ! », « État dictateur ! », « Migrants dehors ! » ou, pour faire bonne mesure, « Journalistes collabos ! ». La manifestation est organisée par Pegida France, version française et groupusculaire du mouvement d'extrême droite allemand qui entend barrer la route à « l'islamisation de l'Occident ». Son président, Loïc Perdriel, est un Normand de 25 ans au chômage. Pour lui, l'arrivée de Pegida en France était inéluctable car « le combat contre l'islamisation est [...] la chose la plus importante aujourd'hui, on voit que les mosquées poussent comme des champignons, sont financées par l'État ». Le lendemain, le 7 février, se tient à Lille la neuvième Rencontre annuelle des musulmans du Nord (RAMN), organisée par l'UOIF, qui a pour thème « Une jeunesse en quête de sens », et à laquelle s'adresse ainsi Tariq Ramadan : « La France est une culture maintenant musulmane. L'islam est une religion française. La langue française est une langue de l'islam. Vous avez la capacité culturelle de faire que la culture française soit considérée comme une culture musulmane parmi les cultures musulmanes. Tous ce que j'ai dit est dangereux pour ceux qui aimeraient qu'on continue à se penser comme béni-oui-oui minoritaires. » À une journée d'intervalle, les deux événements se répondent, évoquent la même exacerbation identitaire, à la différence près que, pour l'heure, l'UOIF a d'ores et déjà quadrillé le territoire de centaines d'associations de Frères musulmans tandis que Pegida France n'est encore qu'un groupuscule d'une dizaine de personnes réussissant tout au plus à faire parler de lui. Mais qu'en sera-t-il demain sur un fond croissant de chaos des flux migratoires et d'impéritie des pouvoirs publics ?

Toutefois, le désordre établi ne comprend pas seulement des oppositions potentielles mais aussi de possibles conjonctions. Jusqu'à quel point les rapprochements de culture peuvent-ils l'emporter sur les césures de classe ? « En grossissant le trait, on peut dire que le débat sur le mariage homosexuel a opposé les deux bourgeoisies des métropoles : "bobo-sociétale" contre "traditionnelle et catholique" », note à raison

Christophe Guilluy dans *La France périphérique*. Lors de la Manif pour tous, certains animateurs ont imaginé une alliance de revers entre catholiques et musulmans pactisant autour de valeurs supposées communes. Du côté chrétien, une telle perspective a fait plus que débat et est demeurée confinée aux franges les plus extrêmes, selon un paradoxe qui n'est qu'apparent, des nostalgiques et défenseurs d'une « chrétienté » fantasmée. De l'autre côté, Camel Bechikh, qui est à la fois membre de l'UOIF et proche d'Alain Soral selon un appariement nettement moins surprenant, n'a pas manqué de vouloir se saisir de l'occasion en tant que président de Fils de France, un mouvement qui s'affiche comme « musulman patriote » mais dans lequel il n'est pas interdit de voir un cheval de Troie des Frères musulmans. Cette hypothèse d'un front commun des croyants a naturellement ému le camp laïque, mais en vain. Le spectre d'une union de la Croix et du Croissant s'est vite révélé une fabrication de politique-fiction.

D'une part, cet entrisme s'est vite enlisé face à l'opposition interne qu'il a rencontrée. D'autre part, bien qu'hostiles dans une très large majorité à la notion même de mariage homosexuel, les « musulmans » sont restés plus que marginaux dans les cortèges et tout au plus a-t-on noté le déploiement d'une banderole rédigée en arabe. Cette absence traduit un faible sentiment d'appartenance à la communauté nationale, mais aussi une profonde indifférence à l'égard d'une loi de la République jugée étrangère aux prescriptions de la Charia qui détermine les unions de type religieux. Au contraire, la Journée de retrait de l'école a connu un réel succès dans les quartiers à fortes populations musulmanes. Cette initiative censée contrer l'enseignement de la théorie du genre en primaire a été menée par Farida Belghoul, hier militante antiraciste et aujourd'hui islamo-soralienne déclarée selon un tête-à-queue idéologique devenu habituel et, peut-être, normatif demain. Le succès de cette mobilisation s'explique sans doute par le sentiment parental de responsabilité à l'égard des enfants, mais il recoupe surtout le décrochage grandissant entre la gauche et le prolétariat de substitution qu'elle s'est choisie.

L'opposition commune au mariage homosexuel et la communauté d'adhésion au fait de croyance n'ont pas suffi à briser les barrières sociales, mais plus encore culturelles entre catholiques et musulmans. L'absence de solidarité de Français musulmans à l'égard des chrétiens d'Orient, et plus largement leur difficulté à intégrer la dimension universelle de la question des minorités à l'ère de la globalisation, n'a pas facilité la convergence des luttes. Enfin, si l'égorgement du père Jacques Hamel par des islamistes radicaux le 26 juillet 2016 à Saint-Étienne-du-Rouvray a débouché le dimanche suivant sur la visite de délégations musulmanes dans les paroisses catholiques lors de la messe, on ne saurait surévaluer la signification de cet événement. Plus clairsemées qu'on ne l'a dit, lesdites délégations furent surtout composées de pratiquants de l'ancienne génération, souvent en dette à l'égard de l'Église de France pour son accompagnement, accoutumée par elle au dialogue interreligieux et eux-mêmes inquiets de la réislamisation de leur jeunesse militante qui brilla ce jour-là par son absence. L'élément dominant de cette tragédie restera que, face à un gouvernement sidéré et apeuré par le risque d'explosion violente, ce sont les évêques de France qui ont tenu le discours républicain, laïque et national de paix civile qui a ramené l'ordre, au point que Bernard Cazeneuve s'est rendu à Lourdes pour saluer le miracle et que François Hollande, jusque-là ostensiblement dédaigneux du catholicisme, s'est envolé pour Rome afin d'en remercier le pape – le tout, à l'entour du 15 août, fête de Marie consacrée protectrice de la France par Louis XIII !

Si le mouvement de la Manif pour tous a peu mobilisé les classes populaires de la France périphérique, c'est pourtant avec les « petits blancs » que les « néo-cathos » ont le plus d'affinités. L'écart social entre ces deux jeunesses est important, mais elles ont en commun les mêmes valeurs. Elles sont notamment unies par un même patriotisme et un même souci de préserver leur identité. Du rapprochement, ou non, entre ces deux jeunesses dépendra pour une part la possible traduction politique de la recomposition idéologique en cours. Plus largement, ce sont bien les questions culturelles qui, en s'intégrant au champ public, sont en train de bouleverser la donne traditionnelle. Là où les baby-boomers continuent de voter

Fracture générationnelle

en fonction d'enjeux sociaux ou économiques, la génération fracturée se détermine prioritairement en fonction de thématiques identitaires qui rendent le clivage entre droite et gauche inopérant. Là où la victoire, imaginée par Michel Houellebecq, d'un candidat musulman face au FN à la présidentielle de 2022, relève du pur roman, l'hypothèse d'une campagne marquée en 2027 par le conflit frontal entre une Marion Le Pen et un Tariq Ramadan est déjà moins improbable et, de ce point de vue, les velléités électoralistes d'Alain Soral et d'Olivier Besancenot, certes inégales mais jouant mêmement de la question du voile, ont valeur de symptôme.

Lors des derniers grands rendez-vous démocratiques, l'offre politique a commencé à se conformer à cette nouvelle donne. L'élection présidentielle de 2012 a ainsi été marquée par l'opposition entre d'une part, la ligne de Terra Nova dirigée vers le centre urbain des minorités ethniques et néobourgeoises qu'a endossée François Hollande et, d'autre part, la stratégie de Patrick Buisson orientée vers le cercle périphérique des classes populaires et laborieuses que n'a fait sienne qu'à moitié Nicolas Sarkozy, bien qu'elle lui ait permis d'échapper à un échec sinon autrement humiliant. Le tournant « identitaire » de la vie politique française s'est cependant produit en décembre 2015, à l'occasion des élections régionales et tout particulièrement en Île-de-France, ce miroir le plus peuplé et le plus jeune des fractures du pays, avec Paris la métropole bobo par excellence pour foyer et ses deux ceintures distinctes, l'une courant du nord au sud par l'est et concentrant de façon superposée populations paupérisées et immigrées antagoniques, l'autre à l'ouest regroupant de manière homogène populations aisées et intégrées.

De cette campagne, les Français auront retenu deux mots prononcés par le candidat PS et président de l'Assemblée nationale, Claude Bartolone : « race blanche ». Plus précisément, dans un entretien vengeur que *L'Obs* publie entre les deux tours, l'élu de Seine-Saint-Denis, distancé, accuse Valérie Pécresse, sa rivale des Républicains, de défendre « Versailles, Neuilly et la race blanche ». Le même soir, lors d'un meeting à Créteil, il enfonce le clou fustigeant la candidate de la Manif pour tous, de l'« uniforme » et du « serre-tête dans les cheveux ». Les propos de Claude Bartolone sonnent comme un appel au « vote ethnique ». Le président de l'Assemblée nationale se présente comme le candidat de dérives communautaristes réelles contre une communauté imaginaire, néanmoins désignée concrètement comme non pas l'adversaire, mais l'ennemie et qu'il stigmatise de surcroît caricaturalement, n'hésitant pas au nom d'un antiracisme dépassé à s'abandonner à un inquiétant préjugé racialiste.

Or, pour combler son net retard électoral, Claude Bartolone n'aura eu de cesse de parier sur le clientélisme ethno-culturel. On retiendra, au choix, sa comparaison entre les migrants musulmans et les Juifs déportés de 1942 : « Après l'étoile jaune, on aurait le croissant vert ? » ; son tweet : « L'IDF elle est black, elle est jaune, elle est beur, c'est ça l'IDF » ; son insistance à recruter sur ses listes de candidats proches des Indigènes de la République promus sauveurs de la France, ou à tout le moins de sa candidature. Ce faisant, il s'est contenté de pousser à outrance la complaisance délibérée d'une certaine gauche vis-à-vis du communautarisme musulman et attestée, dès l'orée de la campagne, par le traitement que son parti a réservé à Céline Pina. Pour avoir critiqué la présence active de prédicateurs salafistes au salon de la femme musulmane de Pontoise, pourtant une mairie de droite, pour avoir dénoncé les liaisons dangereuses de certains élus, quel que soit leur bord, avec l'islam radical, la conseillère régionale a été menacée d'exclusion du PS.

Juste retour d'ascenseur, les militants communautaristes ont versé leur obole à l'entre-deux-tours en organisant à Saint-Denis un meeting illustré par la présence de Tariq Ramadan et visant à protester « contre les dérives racistes et islamophobes de l'état d'urgence, la politique guerrière de la France, le tout sécuritaire et l'état d'exception liberticide ». La percée au premier tour d'une liste communautaire, l'Union des démocrates musulmans français, dans certaines villes de Seine-Saint-Denis ou des Yvelines et qui a atteint 5,90 % des voix à Mantes-la-Jolie, a sans doute incliné Claude Bartolone à la surenchère. En vain. Ce qui lui a peut-être enfin laissé le temps de s'interroger sur l'exacte nature démocratique de cette concurrence d'un nouveau type qu'il aura largement contribué à officialiser.

La campagne régionale du Front national en Île-de-France n'a pas dérogé à la symptomatologie générale. Tête de liste en Seine-Saint-Denis, produit de l'immigration assimilée d'origine italienne, ne ratant aucune occasion d'invoquer et de citer Christophe Guilluy, Jordan Bardella, 20 ans, rêve de repeindre la banlieue « black-blanc-beur » en « bleu-blanc-rouge ». Il a grandi et habite encore aujourd'hui à Saint-Denis, à deux rues de l'immeuble pris d'assaut par le Raid le 18 novembre 2016, où il a été témoin de la scène. Ce jour-là, il accuse le Parti communiste d'avoir livré « sa » ville « à la violence, aux trafiquants ainsi qu'à l'islamisme radical » et en demande la « mise sous tutelle immédiate ». Pareillement, sa campagne lie insécurité et communautarisme non sans sommer les électeurs : « Choisissez votre banlieue ». Tandis que le PS cible ouvertement les jeunes d'origine arabo-musulmane, le FN s'adresse explicitement aux jeunes « petits blancs », les deux partis convergeant dans une instrumentalisation consciente des fractures culturelles qui traversent la jeunesse.

En menant campagne de manière plus classique sur le budget, l'aménagement et le transport, Valérie Pécresse, la candidate LR, n'a pas moins veillé à enrôler sur sa liste des militants de la Manif pour tous afin d'adresser un signal à l'électorat catholique, décisif dans le cadre de cette élection serrée. Son calcul n'a pas été sans effet puisque les provocations de Claude

Bartolone ont ulcéré les habitants de la banlieue ouest qui se sont rendus massivement dans les bureaux de vote tandis que les habitants de la Seine-Saint-Denis ne se sont pas déplacés. De surcroît, plus désireux que jamais de faire chuter le président de l'Assemblée nationale, des électeurs FN du premier tour se sont reportés sur Valérie Pécresse au second tour, élevant la candidate LR en icône, malgré elle, de la revanche de la stratégie Buisson sur la ligne Terra Nova.

Or, nonobstant le caractère intermédiaire du scrutin, le tour qu'il a pris en région parisienne suggère qu'elle pourrait bien se révéler, rétrospectivement, le laboratoire de la France de demain. Dans une note pour la Fondation Jean-Jaurès, les sondeurs Jérôme Fourquet et Sylvain Manternach soulignent le rôle central que les enjeux culturels y ont joué et y voient un avant-goût de la configuration des élections à venir, à commencer par la présidentielle de 2017.

Un procès en héritage

« Et nous, nous sommes quoi ? » demande à sa mère une gamine de 12 ans dont des camarades de classe ont choisi de porter le voile ; laquelle, cadre supérieur dans une banque, lui répond spontanément : « Nous, nous ne sommes rien. » L'anecdote, rapportée par Hervé Juvin dans *La Grande séparation, pour une écologie des civilisations*, rappelle que, par-delà les fractures qui les divisent, les nouveaux enfants du siècle sont liés par une même quête d'identité, non pas seulement ethnique ou communautaire, mais aussi métaphysique et existentielle. Ils ont soif d'absolu, d'idéal, de spiritualité. Tous sont unis par un même besoin d'appartenance qui dénote un même souci de sens. Djihadistes, identitaires ou réacs, musulmans, agnostiques ou catholiques, doctrinaires ou pratiquants, illettrés ou éduqués, mal ou bien lotis matériellement, tous sont hantés par cette même question : « Qui sommes-nous ? »

« Les valeurs de la République et les droits de l'homme sont devenus des mots creux qui ne signifient plus rien à part pour quelques juristes éclairés. Cela ne suffit pas. La consommation non plus. Notre génération a besoin de transcendance, d'être au service d'une cause qui la dépasse », lâche Pierre Larti. Il y a quelques années, le porte-parole de Génération identitaire a lui-même ressenti ce qu'il appelle « un grand vide du commun », au point se s'interroger sur ce que peuvent être aujourd'hui la famille, le groupe, la communauté, la patrie et tout ce qui est censé sceller le lien social. « Pour certains de mes amis, le plus important est de faire de bonnes petites études, puis d'avoir un bon petit métier et la retraite à 60 ans. Ils se complaisent dans une espèce de médiocrité avec leur petit appart, leur petit emploi et leur petit crédit. Ils ne rayonnent pas, ne transpirent pas la volonté et la joie de vivre, déplore-t-il. J'ai été comme eux. Et puis un jour je ne me suis plus supporté. Je me suis dit qu'il fallait recréer les solidarités traditionnelles. Je me suis rapproché de mes parents. »

Ce vertige qui saisit une génération est le signe d'une profonde crise de civilisation. En 1996, dans *Le droit au sens*, ouvrage méconnu qui mérite d'être relu à la lumière d'aujourd'hui, François Bayrou avait pressenti cette crise : « Je voudrais poser la question à ma manière : et si, en analysant la crise, nous nous trompions de verbe ? Et si la crise était une crise du verbe « être » au lieu du verbe « avoir » ? Si le plus dangereux et le plus graves des périls de notre temps n'était pas dans les défauts, nombreux, de notre organisation économique, mais dans notre incapacité collective à parler aux esprits et au cœur ? Si ce n'était pas seulement notre vie matérielle qui était en cause dans nos angoisses et dans nos manques ? Si le mal venait de plus loin, avait des racines plus profondes ? Si, aujourd'hui comme hier, les êtres humains voulaient d'abord savoir ce qu'ils construisent ? » s'interrogeait celui qui était alors ministre de l'Éducation nationale. Avant de poursuivre : « De nos déclarations économiques, budgétaires, monétaires, les Français ont, chaque jour, leur content, jusqu'à satiété et lassitude. Mais ils ont l'impression que ces rois sont nus et que les moulinets de leurs sceptres de carton-pâte ne répondent en rien à l'attente profonde qui est la leur, comme elle fut celle des générations d'hommes de tous les temps : ils attendent des raisons de vivre et meurent de soif de n'en pas trouver. » Bayrou avait fait le bon diagnostic, mené la juste critique. Mais comme tant d'autres, nulle réponse ne lui est venue et il n'a pu offrir ni discours rassembleur, ni grand récit.

« Qui sommes-nous ? » ou plutôt, et parce qu'il est de l'ordre du politique d'assurer que toute personne puisse porter librement et sereinement cette interrogation au tréfonds d'elle-même, « qu'est-ce qu'être français en ce début de XXIe siècle ? ». Une question à laquelle les hommes politiques, de Jaurès à Mitterrand en passant par Blum, De Gaulle et Pompidou ont su répondre, chacun en son temps. Une question qui, aujourd'hui, plonge dans un désarroi mutique l'intégralité ou presque du personnel politique. Une question qui, désormais, ne peut plus être laissée sans réponse tant l'horizon est lourd d'orages menaçants.

Quand les Français invoquent les racines et l'histoire, l'identité la transmission, les politiques évoquent le point de croissance et la réduction du déficit, l'ouverture des supermarchés le dimanche et la réouverture de lignes d'autocars. « Nous défendons rageusement le droit des peuples à disposer d'un écran plat », résume Natacha Polony dans *Nous sommes la France*. Mais qui irait mourir pour l'iPhone 8 ? « Un jeune ne cherche pas seulement des raisons de vivre, mais aussi, surtout – parce que nous ne pouvons pas vivre toujours – des raisons de donner sa vie. Or y a-t-il encore en Europe des raisons de donner sa vie ? » s'interroge le philosophe Fabrice Hadjadj dans le *FigaroVox*. Au cours de cette tribune, intitulée « Les djihadistes, le 11 janvier et l'Europe du vide », il rappelle qu'Amedy Coulibaly avait été reçu au palais de l'Élysée par Nicolas Sarkozy avec neuf autres jeunes choisis par leurs employeurs pour témoigner de la formation par alternance, lui-même bénéficiant alors d'un contrat de professionnalisation à l'usine Coca-Cola de Grigny. Il revient également sur la déclaration du responsable du centre éducatif où ont grandi les frères Kouachi : « On a du mal à s'imaginer que ces gamins qui ont été parfaitement intégrés puissent comme ça délibérément tuer. Durant leur parcours chez nous, ils n'ont jamais posé de problème de comportement. » Il place ce propos en parallèle de celui du maire de Lunel, s'étonnant des dix jeunes partis faire le djihad en Syrie alors que la commune a refait un magnifique *skate park*. « Quelle ingratitude ! ironise Fabrice Hadjadj. [...] Comment leur désir d'héroïcité, de contemplation et de liberté ne s'est-il pas senti comblé par l'offre si généreuse de choisir entre deux plats surgelés, de regarder une série américaine ou de s'abstenir aux élections ? » Et le philosophe de conclure : « Comprenez-moi : les Kouachi, Coulibaly, étaient ''parfaitement intégrés'', mais intégrés au rien, à la négation de tout élan historique et spirituel, et c'est pourquoi ils ont fini par se soumettre à un islamisme qui n'était pas seulement en réaction à ce vide mais aussi en continuité avec ce vide, avec sa logistique de déracinement mondial, de perte de la transmission familiale, d'amélioration technique des corps pour en faire de supers instruments connectés à un dispositif sans âme. »

Un an après le 11 Septembre, Philippe Muray, l'éternel chroniqueur de la postmodernité, publie prophétiquement *Chers Djihadistes*, un court essai sous forme de lettre adressé par le « dernier homme » aux fanatiques islamistes. « L'Occident s'achève en bermuda », écrit-il, avant de lancer cette menace : « Craignez la colère du consommateur, du touriste, du vacancier descendant de son camping-car ! Vous nous imaginez vautrés dans des plaisirs et des loisirs qui nous ont ramollis ? Eh bien nous lutterons comme des lions pour protéger notre ramollissement. [...] Nous nous battrons pour tout, pour les mots qui n'ont plus de sens et pour la vie qui va avec. » Mais non sans achever sa missive sur une tonalité apocalyptique qui l'autorise à dépasser les oppositions convenues : « Chers djihadistes, chevauchant vos éléphants de fer et de feu, vous êtes entrés avec fureur dans notre magasin de porcelaine. Mais c'est un magasin de porcelaine dont les propriétaires de longue date ont entrepris de réduire en miettes tout ce qui s'y trouvait entassé. À la différence des nôtres, vos démolitions s'effectuent en toute illégalité et s'attirent un blâme quasi unanime. Tandis que c'est dans l'enthousiasme général que nous mettons au point nos tortueuses innovations et que nous nous débarrassons des derniers fondements de notre ancienne civilisation. » C'est bien la domination implacable de la mondialisation que dénonce en conclusion le créateur d'*homo festivus* : « Chers djihadistes, nous triompherons de vous. Nous vaincrons parce que nous sommes les plus morts. »

Aux États-Unis, dès l'automne 2001, comme le rappelle Guillaume Bigot dans *Le Zombie et le Fanatique*, une agence de tourisme vend des visites accompagnées du *Terror site* sur lequel les amateurs de souvenir pourront acheter des cartes postales. En France, à l'été 2016 alors que l'on pleure encore les 85 victimes broyées sous un camion bélier à Nice, alors que le Père Jacques Hamel vient d'être rituellement assassiné près de Rouen, trois millions d'*aficionados* partaient à la chasse aux Pokémons. Le virtuel abolit le réel, la farce de Muray tourne à la tragédie planétaire et triomphe l'Empire du rien.

Coupée de ses héritages gréco-romain et judéo-chrétien, l'Europe a perdu son âme. La civilisation de l'Écriture et de l'image, de la philosophie et du droit est devenue un centre commercial dédié à la malbouffe et au high-tech pour ses habitants livrés aux antidépresseurs, un musée à ciel ouvert pour ses visiteurs avides de *selfies*. Les causes du désastre seraient lointaines, à chercher en 1492 ou 1789 pour les uns, en 1914 ou 1917, si ce n'est en 1936, voire 1939 ou 1945 pour les autres, et plus selon affinités idéologiques. La jeunesse d'aujourd'hui sent-elle ou pressent-elle, de manière plus immédiate qu'elle vit la fin d'un cycle entamé en 1968. C'est à cette date qu'a débuté la révolution libérale-libertaire qui s'achève aujourd'hui sur la montée de l'islamisme, en ayant scellé au passage la fin des utopies sociales.

There is no alternative, proclame Margareth Thatcher après la chute du mur de Berlin. La paix entre l'Est et l'Ouest consacre l'omnipotence de l'Amérique du marché. L'Europe suit, docile. Un nouveau monde émerge, gouverné par les multinationales tentaculaires, la finance dérégulée, la technocratie numérique et le paradigme biologique. Il marque le triomphe de l'individualisme consumériste, cet « esprit de Mai » devenu global et qui entend affranchir l'homme de tous les déterminismes en détruisant une à une les communautés traditionnelles et protectrices, à commencer par la nation. L'avènement de la démocratie libérale universelle, comme stade ultime et indépassable du progrès, reste cependant aveugle sur le monde tel qu'il va. « Malgré la puissance démontrée par l'islam dans son renouveau actuel, il reste cependant que cette religion n'exerce virtuellement aucun attrait en dehors des contrées qui ont été culturellement islamiques à leurs débuts. Le temps des conquêtes culturelles de l'islam est passé : il peut reprendre des pays qui lui ont échappé un temps, mais n'offre guère de séduction à la jeunesse de Berlin, de Tokyo, de Paris ou de Moscou », écrit en 1992, dans *La Fin de l'histoire*, Francis Fukuyama, thuriféraire du « dernier homme » dont la vie n'est dédiée qu'à son propre bien être.

Les enfants du siècle sont nés pour la plupart après 1989 et s'ils se sentent les derniers des hommes, c'est parce qu'ils se savent étreints par un mal d'être qui leur paraît inexorable. S'il leur faut un grand ancêtre, ce n'est pas Jean Monnet, comme voudrait leur faire accroire Bruxelles, mais Stefan Zweig qui lui aussi rêva d'un monde humaniste avant de devoir fuir son

Autriche natale en 1934 et de se suicider, en 1942, au Brésil désespéré à la contemplation de l'enfer auquel avait tourné le Vieux continent. Son testament, *Le monde d'hier*, se présente comme un hymne à l'Europe cosmopolite d'avant 1914 quoiqu'il contienne aussi cette confession plus inattendue : « Quand on n'a pas sa propre terre sous ses pieds – cela aussi, il faut l'avoir éprouvé pour le comprendre – on perd quelque chose de sa verticalité, on perd de sa sûreté, on devient plus méfiant à l'égard de soi-même. Et je n'hésite pas à avouer que depuis le jour où j'ai dû vivre avec des papiers ou des passeports véritablement étrangers, il m'a toujours semblé que je ne m'appartenais plus tout à fait. Quelque chose de l'identité naturelle entre ce que j'étais et mon moi primitif et essentiel demeura à jamais détruit. Il ne m'a servi à rien d'avoir exercé près d'un demi-siècle mon cœur à battre comme celui d'un "citoyen du monde". Non, le jour où mon passeport m'a été retiré, j'ai découvert, à cinquante-huit ans, qu'en perdant sa patrie on perd plus qu'un coin de terre délimité par des frontières. » L'exil en terre étrangère est un déchirement. Le sentiment d'exil sur ses propres terres est un traumatisme encore plus grand. Précisément celui qu'éprouvent les jeunes, perdus dans le *hub* anonyme qu'est devenue l'Europe de Dante, Cervantès, Goethe, Hugo et Dostoïevski.

En cela, la jeunesse d'aujourd'hui ressemble à la jeunesse d'hier, telle que dépeinte par Alfred de Musset dans *La Confession d'un enfant du siècle* : « Ce fut comme une dénégation de toutes choses du ciel et de la terre, qu'on peut nommer désenchantement ou, si l'on veut, désespérance, comme si l'humanité en léthargie avait été crue morte par ceux qui lui tâtaient le pouls. De même que ce soldat à qui l'on demanda jadis : À quoi crois-tu ? et qui le premier répondit : À moi ; ainsi la jeunesse de France, entendant cette question, répondit la première : À rien », écrit-il en 1836. Près de deux siècles plus tard, certes sans le même génie littéraire et avec d'autres motifs idéologiques, Markus Willinger, né en 1992, reprend cette antienne crépusculaire dans sa Déclaration de guerre contre les soixante-huitards, devenue le manifeste du mouvement identitaire germanophone : « Nous vivons dans le monde dont vous avez rêvé, mais ce monde nous dégoûte. Grâce à vous, nous pouvions nous développer sans valeur et sans obligation sociale ; grâce à vous, nous avons erré et nous nous sommes retrouvés seul dans la vie. [...] Nous organisons les fêtes les plus débauchées et nous nous rencontrons dans les centres d'achats lumineux ; nous dansons toute la nuit, nous prenons de la drogue ou nous nous cachons derrière nos écrans. Tous les moyens sont bons pour surmonter cette solitude, mais à la fin, nous demeurons toujours seuls. »

Demain, la guerre ?

Est-ce cette solitude que veulent rompre les nouveaux enfants du siècle ? Mais à quel prix ? Et dans la perspective de quel plus grand malheur ? Les jeunes recrues des cercles salafistes, du Front national ou de la Manif pour tous, se posent les mêmes questions. La force des radicalités nouvelles qu'ils embrassent est de leur apporter des réponses. Démagogiques, binaires, illusoires peut-être, violentes certainement pour ce qui est du djihadisme, ces idéologies de crise l'emportent aisément sur le discours fait de novlangue molle et de dureté comptable des politiques contemporains. Absolues, intransigeantes, proposant une vision du monde systématique et un imaginaire puissant, ces communautés de combat recourent en pratique aux drapeaux, accoutrements, slogans et autres codes ou symboles de la grande histoire mythifiée et revivifiée. Chacune à sa manière, avec plus ou moins de légitimité et de cohérence, et de brio, elles renvoient toutes à la mystique de l'engagement, à la sacralité de l'appartenance et, plus prosaïquement, à la désignation de l'adversaire qui rend justice au militant, quitte à remplir le désert d'aujourd'hui des images héroïsées d'hier.

Les islamistes sont imprégnés de la légende des croisades et du djihad que leur rappellent incessamment les communiqués de Daech revendiquant les attaques à l'encontre de l'Occident qui « porte la bannière de la Croix ». Les identitaires s'identifient à Charles Martel et ont choisi Poitiers pour appeler « les jeunes Européens à la reconquête ». Les réacs ont le cœur qui bat pour Jeanne d'Arc et se sont rendus au Puy du Fou pour célébrer le retour de l'anneau de la sainte et lui demander de faire « renaître le royaume spirituel de France ». C'est aussi la Pucelle d'Orléans qu'exaltent les frontistes, mais en elle, ils privilégient la guerrière qui a su lever une armée pour « bouter l'étranger hors des frontières ». Ces imageries ont en commun d'être médiévales, comme si ces jeunesses, malgré leurs profondes différences, aspiraient à vérifier la prédiction d'un « nouveau Moyen Âge », d'un temps de symbiose entre le collectif et l'individuel qu'ont illustré, parmi les penseurs de l'existence au XXe siècle, le juif Martin Buber et le chrétien Nicolas Berdiaev.

Cependant, le lointain passé n'est pas tout et l'imagerie postmoderne procédant par collage, voire bricolage, s'opèrent des adoptions ou des intrusions inattendues. Le Gandhi quelque peu christianisé des Veilleurs en est un exemple ; les Black Panthers, tous islamisés par confusion avec Malcolm X, un autre exemple, mais cette fois chez les salafistes d'origine subsaharienne. C'est toutefois au Front national, sans doute par effet de croissance et souci d'électoralisme que variation et modernisation sont les plus marquées. En raison du virage républicain de Marine Le Pen impulsé par Florian Philippot, une partie des jeunes frontistes est davantage fascinée par l'imagerie révolutionnaire, de Robespierre à Marianne en passant par le soldat de Valmy. Mais ils se sont trouvés, et avec eux plus largement toute une partie de la jeunesse de droite, une icône contemporaine en la personne de Vladimir Poutine, symbole d'un pouvoir fort, personnel, auto-référent, gardien des frontières et censément défenseur des traditions, en bref l'antithèse supposée des dirigeants européens. La représentation fait évidemment fi des interrogations que peut soulever la politique intérieure et extérieure de l'actuel maître du Kremlin. Comme le note Matthieu Slama, dans *La guerre des mondes : Réflexions sur la croisade idéologique de Poutine contre l'Occident* : « Le succès grandissant des partis conservateurs, souverainistes ou anticapitalistes en Europe et même aux États-Unis avec Donald Trump le montre : la révolution conservatrice de Poutine correspond à un esprit du temps. »

On pensera sans doute qu'anciennes ou contemporaines, ces mythologies ont toutes un fond belliciste, mais il faudra alors admettre que la guerre est la première réalité du monde dans lequel sont nés ces jeunes et que les nouvelles technologies ayant dilaté, si ce n'est annulé l'espace et le temps dans la perception de l'information, ils vivent projetés, au seuil de l'âge d'homme, dans ce « troisième conflit mondial en bribes et morceaux » qu'évoque le pape François. On estimera probablement que l'esprit de corps qui les anime ne peut que nuire à la conscience critique ou personnelle et précipiter le passage à l'acte violent, mais force sera toutefois de reconnaître que la violence joue un rôle bien inégal dans les représentations qui guident les uns et les autres, que la radicalité des discours n'entraîne pas la radicalisation des actions chez la plupart, à l'exception des djihadistes qui constituent précisément un cas en soi. On relèvera enfin, et avec plus de raison, cette voie, que ces générations au sein d'une même génération ne sont pas uniquement étrangères entre elles, mais antagoniques et que, puisque l'avenir leur appartient, au moins pour partie, il est nécessaire de se préparer à un temps de troubles. Le fait est que, aujourd'hui, ces trois jeunesses se regardent en chien de faïence. Si elles en venaient à s'affronter, ce serait parce que, plus largement, serait advenue la guerre de tous contre tous.

Or, bien avant les attentats de 2015, Éric Zemmour, le premier, évoque le risque de guerre civile. Personne ne veut alors l'écouter et il est considéré comme un pyromane puisque, comme le notait déjà Nicolas de Chamfort au XVIIIe siècle, « en France, ceux qui mettent le feu sont laissés au repos et on persécute ceux qui sonnent le tocsin ». À l'instar de Dostoïevski qui imagine tout du personnage et de son agir avant même que le terroriste Netchaïev n'apparaisse dans la réalité, Michel Houellebecq projette dans *Soumission* un climat suffocant, insurrectionnel, des fusillades sporadiques et de durs affrontements opposant « identitaires » et « jeunes africains » dans l'entre-deux-tours de l'élection présidentielle qui va porter un musulman au pouvoir. Avant même sa parution, prévue le 7 janvier 2015, l'écrivain subit à son tour le matraquage de la police de la pensée. Le jour même, alors que les premiers exemplaires s'écoulent en librairie, les journalistes de *Charlie Hebdo* tombent sous les balles.

Fracture générationnelle

« Nous sommes au bord d'une guerre civile », ce ne sont ni Zemmour ni Houellebecq, ni Alain Finkielkraut ni Ivan Rioufol ou autres prophètes de malheur qui s'expriment ainsi, mais Patrick Calvar et au nom de la Direction générale de la sécurité intérieure (DGSI). Le chef des services secrets français s'adresse aux députés de la commission d'enquête parlementaire sur les attentats du 13 novembre. On ne refera pas ici la chronique des scènes de guérilla urbaine qui nous sont devenues habituelles ces dernières années et qui justifient le ton alarmé de sa communication. Georges Bensoussan ne dit pas autre chose lorsqu'il note que, préparant un nouvel ouvrage, il a été frappé que « l'expression, qui aurait fait ricaner il y a dix ans ou surpris il y a cinq ans, est aujourd'hui dans les bouches d'un grand nombre, tant d'élus de terrain, de policiers, de médecins hospitaliers ou de banlieue. Le sentiment que deux peuples sont en train de se former, côte à côte, et qui se regardent souvent avec hostilité, ce sentiment-là est aujourd'hui partagé par beaucoup ». Christophe Guilluy souligne pour sa part, fataliste, qu' « il faut accepter l'idée qu'une société multiculturelle soit de fait une société sous tension. Ces tensions ne vont pas disparaître dans les dix ans à venir ». Ce que Jean Baudrillard avait tôt annoncé dans un entretien à *Libération* : « Une bonne part de la population se vit ainsi, culturellement et politiquement, comme immigrée dans son propre pays, qui ne peut même plus lui offrir une définition de sa propre appartenance nationale. Tous ces exclus, ces désaffiliés, qu'ils soient de banlieue, africains ou français "de souche", font de leur désaffiliation un défi, et passent à l'acte à un moment où un autre. »

Pascal Bruckner s'est attaché, dans *Le Point*, à décrire une rupture plus généralisée qui, en raison de sa dimension collective, prendrait la force d'une situation de non-retour. « Il suffirait d'un dérapage et le pire pourrait se produire : une équipée d'identitaires allant attaquer des mosquées tandis que les banlieues s'embraseraient sous la bannière coranique. Deux formes de sauvagerie se feraient face : l'une renouant avec le fascisme d'hier, l'autre invoquant la mythologie du colonisé, rejouant sur le territoire français une nouvelle guerre d'Algérie. » Rien n'est écrit, certes, mais les identitaires sont en réalité groupusculaires et pour l'heure non violents. Et il y a plus qu'un fossé entre le FN qui joue le jeu de la démocratie et les islamistes qui veulent l'anéantir. Pour autant, la colère des « petits blancs », en particulier des jeunes victimes de l'insécurité au quotidien à l'école ou dans les transports en commun, est profonde et il n'est pas exclu qu'ils basculent un jour eux aussi dans la violence. On assisterait alors moins à un embrasement qu'à un éclatement.

Parmi tous les scénarios, celui d'une islamisation complète de la France paraît en effet peu probable. L'époque n'est plus à la structuration générale de la société par des grandes religions institutionnellement centralisées, mais à l'émiettement et au tribalisme. Les îlots séparatistes déjà présents dans les banlieues pourraient s'étendre et se transformer en archipels puis en pans entiers du territoire, entraînant par contrecoups d'autres morcellements, les grandes métropoles globalisées pouvant à leur tour faire sécession. Plus encore qu'aujourd'hui, elles deviendraient des forteresses interdites aux pauvres, des citadelles postmodernes où une hyperclasse mondialisée communierait dans l'entre soi. Les « minorités visibles » seraient bien présentes dans ces cités états, mais seulement les plus riches et les mieux intégrées, tant l'abandon des classes populaires et l'autonomisation des métropoles est d'ores et déjà en cours. Le lundi 27 juin 2016, au lendemain du Brexit, Anne Hidalgo et Sadiq Khan ont publié une tribune commune dans *Le Parisien* et le *Financial Times* en forme de plaidoyer pour la ville globale. « Le XIXe siècle a été défini par les empires et le XXe siècle par les États nations, le XXIe siècle est celui des villes-mondes. En tant que maires de Paris et de Londres, nous sommes déterminés à travailler plus étroitement, afin de construire des alliances encore plus fortes entre les villes d'Europe et du monde. Ensemble nous pouvons être un contrepoids puissant face à la léthargie des États nations et des lobbys. Ensemble, nous façonnons le siècle à venir. »

Avec ce partage des territoires physiques et mentaux entre islamisation et élitisme, la République sombrerait dans un conglomérat d'ethnies, de cultes et de communautés pour devenir, comme le disait Mirabeau, « un agrégat inconstitué de peuples désunis ». L'Union européenne, qui a encouragé l'explosion des flux migratoires et a favorisé le développement des régions pour mieux affaiblir les nations, se retrouverait prise à son propre piège et ne résisterait pas à l'effondrement de la France. Ce serait bien alors la fin d'un monde.

Est-ce là ce que nous désirons ? La vérité veut, elle, que la société française soit traversée par un conflit interne de basse intensité en rien neuf et qui dure depuis déjà deux décennies. Les jeunes de la nouvelle génération étaient alors dans l'enfance et c'est donc à leurs parents qu'il faut imputer ce désastre. Et si le pire n'est pas certain, c'est aux enfants du siècle, et sans doute grâce à leur esprit insurrectionnel que viendra sublimer quelque miraculeuse inspiration, que nous devrons de l'avoir conjuré.

Conclusion

LE SIÈCLE QUI VIENT

Le rendez-vous a été donné chez Lipp, à Saint-Germain-des-Prés. François-Xavier Bellamy arrive le premier, simple, discret et élégant à son habitude. Long manteau sombre, foulard rouge, Michel Onfray entre d'un pas vigoureux et, comme toujours, sa poignée de main est ferme. La rencontre entre les deux philosophes est à l'initiative de Vincent Trémolet de Villers et moi-même. Leur dialogue donnera lieu à une belle page dans les débats du *Figaro*. Les deux hommes rivalisent en formules brillantes, en analyses profondes. Tout devrait opposer le fondateur de l'Université populaire de Caen, athée farouche, et l'ancien élève de la rue d'Ulm, chrétien affirmé. Mais Onfray et Bellamy sont d'accord sur presque tout. Tous deux fustigent l'oppression du nouveau clergé médiatico-politique, s'insurgent contre la dictature du néolibéralisme et partagent les mêmes inquiétudes quant à la faillite de l'école et au triomphe de l'inculture. Cependant, comme le notera très justement le journaliste et essayiste Gérard Leclerc sur les ondes de Radio Notre-Dame, la différence entre les deux hommes se redessine au terme de leur conversation. Moins qu'une dissension et plus qu'une dissonance, elle porte sur l'avenir de notre civilisation. À la question « Que dire à un jeune de 20 ans ? » Michel Onfray répond, tragique et empanaché : « Le bateau coule, restez élégant. Mourez debout. » François-Xavier Bellamy, avec la fougue de ses 29 printemps, rétorque : « L'histoire n'est jamais écrite d'avance : le propre de la liberté humaine, c'est de rendre possible ce qui, en apparence, ne l'était pas. » Les scénarios d'Onfray et Bellamy sont tous deux crédibles. Chaos ou sursaut ? Suicide ou réveil ? Décadence ou renaissance ?

« Là où croît le péril croît aussi ce qui sauve », selon la formule du poète Hölderlin. Du sang et des larmes qui ont coulé à flots en 2015 et en 2016 ont surgi les premiers signes d'un réveil français. Les attentats ont été suivis par une libération de la parole publique et un regain de patriotisme. Les marches ont montré la volonté de la majorité de défendre les libertés. *La Marseillaise* et le drapeau tricolore sont revenus au-devant. Dans le débat, les mauvaises mythologies ont toujours laissé place à un retour du réel. Certes, tout cela n'est pas allé sans exagération psychodramatique et captation politique. Les fractures françaises dont l'amplitude a été révélée comme jamais ne sont pas comblées. Le parti du déni de l'autre, qui contre toute évidence entretient la fable du multiculturalisme heureux, n'a pas entièrement désarmé. Il continue d'accuser, d'intimider, de pourfendre, entretenant désespérément la flamme d'un pseudo-humanisme devenu fou qui a déjà semé la graine du ressentiment dans le cœur de beaucoup trop de jeunes Français. Cependant, il est de moins en moins écouté. Quelque chose s'est passé, fragile et pugnace à la fois.

Et si on aimait la France, tel est le titre du livre posthume de Bernard Maris, assassiné lors de l'attentat contre la rédaction de *Charlie Hebdo*. À son exemple, des intellectuels de tous bords, longuement cités au cours du présent ouvrage et à la liste desquels il faudrait ajouter les noms d'Élisabeth Badinter, Chantal Delsol, Jacques Julliard, Laurent Bouvet, Robert Redeker et de tant d'autres, réussissent à faire entendre, chacun à sa manière, une autre voix que celle des éternels procureurs d'une France moisie, d'une idéologie française corrompue, d'une nation coupable tout au long des mille ans de son histoire. Dans sa *Lettre ouverte aux djihadistes qui nous ont déclaré la guerre*, le journaliste Brice Couturier traduit ce retournement : « Chers djihadistes, grâce à vous, je comprends un peu mieux ce qui me relie à ce vieux pays, la France. Je dois vous l'avouer, chers djihadistes, la France ne m'était pas grand-chose. Son exceptionnalité m'énervait. Je rêvais de la noyer dans la normalité européenne, écrit ce fils de maquisard FFI à 18 ans. Pour Pascal et Paul Valéry, pour Montaigne et Proust, Watteau et Debussy, pour Lamartine en février 1848 et Charles de Gaulle en juin 1940, je me sens soudain fier d'être Français. Vous croyez pouvoir nous soumettre par la terreur, vous vous trompez. Vous prenez de grand risque en prenant notre longue tolérance pour de la lâcheté. Nous détestons la violence et sommes lents à répondre aux provocations. Mais sachez que, dans le passé, nous avons affronté des ennemis bien autrement redoutables que votre horde miteuse. Et que nous les avons vaincus. Par vos provocations sanguinaires, vous nous avez réarmés moralement. C'est une bonne chose. C'est pourquoi la peur va changer de camp. Vous voilà prévenus. »

C'est dans la jeunesse que l'élan a été le plus puissant. En 2015, le nombre des candidats désireux d'accomplir le service civique ou d'entrer dans l'armée a bondi, pour quasiment doubler. Volontaires, ces jeunes Français de toutes origines pensent répondre à l'appel de la nation et se sentent animés par le souci du bien commun. En quête d'héritage et d'appartenance, ils rêvent de renouer avec un passé glorieux. C'est à cette génération qu'il appartient la lourde tâche de bâtir la France d'après. C'est elle qui a les clés de la décomposition et de la recomposition à laquelle nous assistons et qui pourrait balayer les anciens systèmes et clivages en politique comme dans l'éducation et la culture. C'est à elle qu'il revient de renvoyer tous les partis, sans exception aucune, au passé auquel ils appartiennent, à la matrice du malheur dont ils sont issus et qu'ils ont entretenue.

Le principal défi du siècle sera, une fois de plus, de renouer avec la nation pour échapper à une uniformisation planétaire qui sera également synonyme de fin de la démocratie. En France, il lui faudra retrouver une forme et une force républicaine face à l'Europe multiculturelle. Il s'agira également de réconcilier la nation et la République afin d'éviter toute rétractation identitaire. Sans la nation, la République n'est qu'une abstraction sans chair. Sans la République, le risque d'un nationalisme ethnique est réel. Or, le modèle français est assimilationniste en tant que, précisément, il est transhistorique et universaliste. Le catholique Charles Péguy l'avait bien compris lorsqu'il évoquait « la République, notre royaume de France », et le républicain Jean-Pierre Chevènement ne dit pas autre chose lorsqu'il affirme qu'« une France qui s'aimerait attirerait à nouveau et pourrait reprendre le processus séculaire d'intégration de ses nouveaux citoyens ». Quant au retour du grand récit national que d'aucuns appellent de leur vœu, il est en cours, même s'il n'est pas encore parfaitement lisible. Et là encore, ce sont les jeunes générations qui ont la main.

« Je suis né trop tard dans un monde trop vieux », écrivait Musset. Ses lointains descendants sont au contraire les légataires d'une histoire féconde qui les dépassent et les excèdent alors qu'ils doivent faire face à un futur qui emporte pour unique certitude qu'il leur faudra en arracher le sens plutôt que de le recevoir. Nostalgiques d'épopées qu'ils n'ont pas connues, conscients qu'ils ne vivront pas une existence aussi propice au risque et à la grandeur que celle de leurs prédécesseurs, ils auraient pu se laisser gagner par le spleen. « Du passé, ils n'en voulaient plus, car la foi en rien ne se donne ; l'avenir, ils l'aimaient, mais quoi ? comme Pygmalion Galathée. C'était pour eux comme une amante de marbre, et ils attendaient qu'elle s'animât. Il leur restait donc le présent, l'esprit du siècle, ange du crépuscule, qui n'est ni le jour, ni la nuit. »

Pour ceux d'aujourd'hui aussi, il aurait été « doux de se croire malheureux quand on n'est que vide et ennuyé ». Néanmoins, ils ont finalement choisi d'écrire leur histoire, face à la provocation sans précédent d'être gommés par la fin de l'histoire. Le cycle des béatitudes terrestres s'est clos, l'ère suivante ne fait que débuter, et se rouvrent tous les possibles. Ce ne sont pas les nouveaux enfants du siècle qui se montrent impatients ou jusqu'au-boutistes, c'est le siècle commençant qui se montre extrême. Ils sont en fait nés trop tôt dans un monde trop précoce. Mais, pour la plupart, à l'exception de celles et ceux qui ont accepté de se dissoudre dans les empires du fanatisme meurtrier ou du marché assassin, mortifères et suicidaires, les voilà qui ont commencé de se mettre en marche, même si les fruits communs de leurs quêtes encore brouillonnes, encore opposées, sont à venir.

Lors de son discours de réception du prix Nobel de Littérature à Stockholm, le 10 décembre 1957, Albert Camus déclarait : « Chaque génération, sans doute, se croit vouée à refaire le monde. La mienne sait pourtant qu'elle ne le refera pas. Mais sa tâche est peut-être plus grande. Elle consiste à empêcher que le monde se défasse. » Les nouveaux enfants du siècle savent, eux, qu'il leur faudra refaire ce qui a été défait.

Remerciements

Je tiens à remercier tous ceux sans qui ce livre n'aurait jamais pu voir le jour. En particulier Vincent Trémolet de Villers, qui m'a tant appris, Noémie, pour sa patience, et Jean-François Colosimo pour sa confiance.

Table des matières

Dix ans après 9

Introduction. – La fin de « la fin de l'histoire » 19

Chapitre 1. – Génération Dieudonné 37
   De la banlieue rouge à la banlieue verte 37
   Ni Charlie, ni Paris 48
   L'erreur de diagnostic 57
   Tariq Ramadan et ses petits frères 69
   Du salafisme au djihadisme 85
   Un prosélytisme oblique, numérique, impérieux 97
   Les enfants d'Al-Baghdadi et de Cyril Hanouna 110
   La vengeance des « islamo-racailles » 117
   Démons, idéalistes, califettes 128

Chapitre 2. – Génération Zemmour 143
   Petits blancs et petits juifs ou le retour des invisibles .. 143
   Tournants politiques 152
   Sciences Po
   De la rive gauche à la rive droite 167
   La jeunesse « n'emmerde plus » le FN 178
   Marion Maréchal-Le Pen, la Daniel Cohn-Bendit du
   Mai 68 conservateur 191
   Une brèche pour quel lendemain ? 199
   Identitaires, les cavaliers de l'an 2000 207

Chapitre 3. – Génération Michéa 223
    De Mai 68 à la Manif pour tous 223
    Pour l'insurrection contre le désordre 230
    Veilleurs contre Nuit Debout 241
    Le retour de la limite 252
    Les « néo-néo-réacs » 258
    Une difficile traduction politique 265

Chapitre 4. – Fracture générationnelle 283
    Divisions et inversions 283
    Faillite sociale et failles culturelles 296
    Un procès en héritage 311
    Demain, la guerre ? 320

Conclusion. – Le siècle qui vient 329

Remerciements 335

Imprimé en France

Composition : Le vent se lève...